天皇制と闘うとはどういうことか

菅　孝行

航思社

天皇制と闘うとはどういうことか

目次

第Ⅰ部　日本君主制の制度悪を問う

天皇制と闘うとはどういうことか

第Ⅰ部

日本君主制の制度悪を問う

第1章

天皇制と闘うとはどういうことか

制度悪の一掃のために

本稿は、二〇一五年夏、樋口陽一氏との対談（本書次章）に先立って、樋口氏に筆者の問題意識をお伝えするべく執筆したものである。その後三年間、解題に記したような経緯で発表されなかったが、本書収録にあたり一般読者向けに若干の加筆修正を行ったものの、対話の文脈を損ねないよう、対談以後三年に起きた事態に関しては、原則として補筆していない。読者には、二〇一五年夏、戦争法制の議論が沸騰していた時期の視野でお読みいただきたい。

I　近代国民国家の統治形態としての天皇制

共和制か立憲王制か

絶対王政から近代への移行期、欧米を中心に多くの国民国家が誕生した。それらの国家の統治形態は、市民革命の起きたいわゆる先進国においては、立憲君主制（Constitutional Monarcy）と共和制（Republic, République）に二分される。大英帝国や、北欧諸国、ベルギー、オランダは立憲君主制を選択した。国民を代表する議会の意思に基づいて成立する限りにおいて、近代の国民国家は君主制を是認する。議会制民主主義を国是とするイギリスの統治形態は、かつてチャールズ一世を議会軍の意思に基づいて処刑したにもかかわらず、「立憲君主制」を選択した。

共和制に価値を見出す「共和主義」（Republicanism）には二つの意味がある。一つは、市民革命に先立つ時代、絶対王政を打倒して樹立することを求めた思想や、その思想に基づく政体のことである。この段階での共和主義の意味は、今日の視野から見ると民主主義（Democracy）と厳密に区分することは難しい。Republicanism も Democracy も、どちらも君主制に反対し、市民の政治的自由の獲得、平等な権利を有する市民による統治を要求する思想であった。

「共和主義」には、もう一つの意味がある。それは市民革命成立後に有力となった。立法権を重視し、選良《エリート》の熟議を重んじ、政治への大衆の直接参加を警戒する保守主義の思想である。もっとも、レジス・ドゥブレは、「あなたはデモクラットか、共和主義者か」（『思想としての〈共和国〉』所収）で、到底、保守主義とは相容れないラディカルな革命的共和主義者の立場から、英米型の「デモクラット」に猛烈な批判を加えている。ドゥブレの議論の根幹は、徹底したライシテ（世俗主義）、社会に対する国家の優位、私的な便益に対する公共の規範の優位、教会と証券取引所（ビジネス）に対する議会と学校と軍隊の優位である。ドゥブレの共和主義は異色であるが、ドゥブレの革命的共和主義もアメリカ共和党の保守的共和主義も、〈強い個〉を前提に、立法権に価値を置き、デモクラットが強調する多様性の尊重と政治への直接参加とを嫌う点ではよく似ている。

また、時代を異にするいずれの「共和主義」も民意に基づかない君主の支配を否定する点では共通している。絶対王政下のフランスの共和主義はフランス革命に結実し、独立運動下のアメリカの共和主義はイギリス帝国からの独立革命による建国をもたらした。ただ、フランス共和国は教会の権威からの世俗権力（政府）の切断に重大な意義を見出したのに対し、アメリカ合衆国はライシテを徹底しなかった。つまり国家が宗教に「寛容」だった。

近代日本　二つの天皇制

今日、国民国家の一つとしての日本が立憲君主制国家であること自体は、それほど例外的ではない。問題は帝国主義戦争での敗戦という、ドイツ、イタリア、オスマン、オーストリア＝ハンガリーなど世界の歴史を鑑みて通常なら君主制による統治が切断されるべき歴史経験を経たにもかかわらず、この国は再び君主制を選択したことにある。世界の歴史で、これはかなり、稀有の事態である。

明治維新後の君主制は、当初の統治形態の整わない実効支配の時代から、明治一四年政変[*1]で「欽定憲法制定権力」とでもいうべき権力が樹立され、さらに時を経て、一八八九年に大日本帝国憲法を公布、擬似的な立憲君主制にたどり着いた。欽定憲法体制は、形式上は神聖不可侵の絶対的天皇主権国家、実質的には維新後に生き残った「元勲」たちの合議に基づく制限君主制であった（坂野潤治『近代日本の国家構想』）。

この国は、「大東亜戦争」の敗戦を経験したが、そのときも共和制を選択しなかった。アメリカの占領政策＝「日本計画」（加藤哲郎『象徴天皇制の起源』参照）の骨子と、裕仁および旧支配層の意思（河原宏『日本人の「戦争」』）が天皇制存置で一致したからである。その結果、象徴天皇制と戦争放棄・日米安保という両輪による戦後統治体制が成立した。裕仁は「欽定憲法」下の「絶対君主」と戦後憲法の下での主権を持たない象徴君主を経験することとなった。裕仁が戦後、象徴君主に「なった」というのは不正確である。王権である限り象徴機能――それは国家神道の権威が担保した――は必ず保持している。だから、戦後天皇制下の裕仁の機能は、主権と統帥権から切り離された象徴機能に「純化された」というべきである。

旧憲法下の天皇は、実態は制限君主であったとはいえ、それでも属人的な専権を保有していた。また当然、制度に由来する君主の権能をも併せ持っていた。これに対して象徴君主の機能は、憲法上の規定からすれば、「政府の助言」がなければ国事行為一つしてはならない。その役割は徹底的に制度

＊1　一八八一年、プロシア憲法を踏襲したい伊藤博文、井上毅が、イギリスの立憲君主制を支持する大隈重信を明治政府中枢から追放した。

由来の機能だけに特化されている。

裕仁は、明治憲法が天皇に保証していた属人的権限を駆使して象徴君主制を米軍権力に加担して作り上げ、かつ、退位せずに新制度の中に地位を得た。旧制度下における〈主権を持った君主〉の地位を根拠に、天皇の機能を非人格化（象徴に特化）する制度を設計するというアクロバティックな役割を演じたのである。

Ⅱ　裕仁と明仁の差異

権力を行使して「象徴」を作った裕仁

戦前、裕仁は「独裁」権力を時折現実に行使した。第一が、一九二九年の田中義一首相の統帥権干犯問題である（原田熊雄『西園寺公と政局第一巻』、ハーバート・ビックス『昭和天皇』による）。裕仁は田中を悶死させるほどの「ベトー」（拒否）を行った。裕仁は西園寺らに諭されて、以後ベトーはしないことにしたと回想している（『昭和天皇独白録』）。次は二・二六事件の決起将校徹底弾圧（『本庄日記』『木戸幸一日記』）である。天皇親政を要求したクーデターへの弾圧の徹底性は裕仁の政治意思（人格）なくしては不可能だった。

第三は敗戦の決断である。ちなみに裕仁は、米英の力量を高く評価していたので、「大東亜戦争」の戦端を開くことに必ずしも積極的ではなかったようだ（ビックス前掲書）。アメリカへの宣戦布告は裕仁によって「独裁」的に行われたとは考えにくい。これに対して戦争終結に際しては、主権者であった裕仁の主導で〈天皇制存置を引き替え条件とする無条件降伏〉という（形容矛盾としか言いようのない）決断がなされた。

裕仁は、新しい憲法が制定され、主権を失ったのちにも、幣原・吉田両政権に対して、一種の「例外状態」的権力を行使した。四五年九月から「独立」直前の時期まで、ふたつの憲法を跨ぎこして、一一回マッカーサーと会談（豊下楢彦『昭和天皇・マッカーサー会見』）し、その過程でアメリカに従属的な日米安保体制の骨子を定めるよう、幣原・吉田を督励した。これが四度目の、最後の天皇の権力の発動である。

日本占領は実質的にはほとんどアメリカの単独占領であったが、建前上、占領政策は四六年二月二六日に開催される極東委員会における連合国側諸国の合意の下に行われなくてはならなかった。アメリカは、極東委員会開催前に既成事実を作り上げる必要があった。そのため、天皇制存置の憲法素案と極東軍事裁判における天皇免責の布石を迅速に打ち固めていった。それは裕仁の利益にも適った。裕仁はまだ旧憲法下にあった四五年末、全国巡幸を開始した。四六年元旦には「新日本建設に関する詔書」を出した。新憲法施行後、沖縄のアメリカによる長期占領を「希望」した（四七年九月九日シーボルト宛書簡、ビックス『昭和天皇』下巻）。冷戦が激化した五〇年代初頭、裕仁はダレス国務長官と会談し、（中ソを排除した）部分講和を望むと発言した。

戦後四四年間、天皇の座にあった裕仁は、制度的には、「国民」でも「個人」でもありえない「象徴」に変身したはずであったが、衣の下の随所に主権を持った「君主」の鎧が露顕した。近過去に制度上「絶対君主」の地位にあった天皇が能動的に国政に関与する意思を示せば、「臣下」であった首相以下が従わないわけにはいかなかっただろう。この威圧力を裕仁は活用した。それが、即位の時から象徴であった明仁との違いである。

明仁時代の象徴天皇制

明仁は、国民主権・基本的人権・平和主義を謳った憲法の下で「国民の総意」に基づく純粋な象徴であることを責務とし、平和主義的な「主権者の意思」に沿うことを心がけ、ことあるごとにそのように発信してきた。戦後の世相は、八〇年代あたりまで、何はともあれ「平和」を価値——それは本質的に内向きで、やがてその実態は消費者民主主義と揶揄されるものとなったが——としていた。明仁の主観（天皇職公務員の職業意識とでも言おうか）には〈平和と民主主義の守護者〉たらんという使命感が膨らんでいったと推測される。

筆者が「天皇制の最高形態」（一九七三年、『天皇論ノート』、のちに『天皇制論集』所収）と呼んだのは、裕仁在位の後半、「独立」後に国政への関与を控え、無色透明・無味無臭で平穏無事の日本社会における天皇の存在様式が持続している状態のことだった。天皇は政治から完全に身を隠し、主権者は天皇の存在を意識せず、透明で国家の権威の中心は一見「空虚」のごとくであった。それが戦後日本は「平和と民主主義」の民主国家であると国民に幻想させるのに最適だったのである。

皮肉なことに、明仁が即位してしばらくすると、天皇が「平和と民主主義の守護者」であることと、権力が期待する天皇の役割の間に乖離が生じた。もっとも、すでに裕仁の在位期間末期の八〇年代後半から、裕仁の在位六〇年式典（八六年）、八八年秋からの裕仁の病気の時期の自粛、死去に伴う代替わり儀式（八九年）などを通じて、戒厳令的空気が官憲やマスコミによって作為的に醸成されてはいた。だがバブル全盛期には、大衆の側の排外主義や国粋主義の機運は、それほど顕在化しなかった。

天皇代替わりの三年後、九二年にバブルが崩壊し、国民生活の危機が実感され始め、それと軌を一にして戦争の記憶が風化していくと、大衆の集合的な意識は平和・民主・善隣友好から離脱し始めた。小林よしのりの『ゴーマニズム宣言』シリーズがベストセラーとなり、藤岡信勝や西尾幹治らによって新しい歴史教科書をつくる会が結成され、東京裁判を「自虐史観」とする彼らの主張に、かなりの支持が集まり始めた。

こうした国民の側の自画自賛的歴史修正主義の機運を煽るように、閣僚が植民地支配を肯定する発言（古くは藤尾正行、一九八六年、今世紀では麻生太郎、二〇〇三年）を繰り返したり、首相が一五年戦争の英霊を祀る靖国神社に公式参拝（小泉純一郎、二〇〇一年の就任以降、〇六年退陣まで毎年。安倍晋三、二〇一三年）したり、「日本は神の国」と口走った（森喜朗、二〇〇〇年）りした。このほかにも歴史認識において近隣諸国を挑発する政府要人や都知事・県知事が目につくようになった。教科書検定でも日本の侵略を否定する記述が要求されるようになった。

III　明仁天皇制のアポリア

明仁の「平和と民主主義」をどう見るのか

明仁の発言や行動の〈現れ〉から見ると、一貫してこうした排外主義や歴史修正主義を抑制し、思想表現の自由を重視する発言を繰り返してきた。二〇〇一年の誕生日の会見では、桓武天皇の母が百済の武寧王の子孫であるのは感慨深いと述べた。〇三年の誕生日の会見では、沖縄に心が痛む、沖縄をよく理解しなければならないと述べた。〇四年の園遊会では、国旗国歌の掲揚・斉唱を強制するのはよくないと、当時の東京都教育委員・米長邦雄を説諭した。〇五年には、日米戦争の激戦地サイパン島を訪れ、日米両国の死者を慰霊した。〇六年には、思想の自由の抑圧への危惧を示唆した。こうした言動は、天皇を道具にした専制政治をもくろむ勢力の反発を招き、中間層やソフトな革新派の支持を集めた。

もちろん、桓武天皇の母云々は、日鮮同祖論の再来だとか、沖縄への理解とか米長への説諭やサイパン慰霊は、政府の政策の悪行を隠蔽するための欺瞞だとか、瑕疵を指摘しようと思えば幾らでもできる。だが、時系列で発言や行動の文脈を見れば、〇一年の発言は、日本国内に沸き起こりつつあった嫌韓の機運、〇三年の沖縄に向けた発言は、前年の在沖縄米兵の強姦未遂事件で再燃していた日米地位協定問題、〇四年の園遊会での発言は、米長個人の言動にとどまらず、東京都の卒業式などにおける国歌斉唱拒否を理由とする弾圧の連続、〇五年のサイパン慰霊は小泉首相の靖国連続参拝が醸した近隣諸国との軋轢を意識した言動であったと考えられる（韓国人の団体から、韓国人も慰霊せよという要求が出たことも付記すべきだろうが、ここでは主に、靖国という慰霊施設は「敵国」の軍人兵士は絶対に祀らないことを旨としていることに着目すべきである）。〇六年の発言は、第一次安倍内閣の教育基本法改定に対して、韓国の記者からなされた質問に対する応答だった。ちなみに私は必ずしも明仁の平和主義を称賛したいのではない。一個の人格の主体としての明仁の言動と、象徴天皇制の機能とは別のものだといいたいだけである。

繰り返すが、天皇は現行憲法において「内閣の助言」がなければ国事行為さえ行えない。「個人」の公的な政治的発言や行動は許されていない。しかし、ほとんどの天皇の公的言動は、政治的機能を帯びる。その限りにおいてすべて「憲法違反」である。そういう矛盾の極致の制度を作ったことによって、戦後の統治は護持されてきたのだ。

この制度には二つの意味があった。一つは、それでも「国体護持」がこの国の支配層の護符になったということである。ポツダム宣言受諾の最後の条件は「国体護持」だった（近衛上奏文のいう「革命より敗戦」とはそういうことだ）。もう一つは、その結果、新制度の下では、天皇が「個人」として公的に意思を持ち行動することは許されなくなったということである。第二を対価に第一が優先されたということにほかならない。「無色透明」はその帰結である。

現代天皇制の制度悪

だが、天皇といえども人間が意思を持たないわけがない。行動しないわけがない。政権の意向に即して、国事や公務の範囲でそれを行えば、政権のイデオロギー政策に寄与する。逆に、政権の意向に反する天皇の言動は、この制度（新憲法と新皇室典範）の下では、その意味を水増しされ韜晦され、政府の軍事・外交政策や教育政策の実態を改変することなしに、国民の危惧を鎮静させ、政府批判のガス抜きに寄与するだけである。天皇の言葉が欺瞞なのではない。このようにしつらえられた制度が欺瞞なのである。撃つべきは、制度が導き出す欺瞞であり、欺瞞を撃つということは、制度の機能を減退させ、廃絶に導くことである。

近代国民国家の統治には、権力による統治が現実には邪悪なものであっても、構成員（主権者）が政権や政策を是認し、自らが帰属する国家を共同の価値として内面化させるための装置が必要である。それは権力と支配階級の私的価値や私的利害を共同的な価値や利害だと幻想させる装置である。国家の制度悪とはそのことだ。共和制も立憲君主制も、国家価値を内面化させる装置であることに変わりはない。この国の制度悪は天皇制という立憲君主制の制度悪である。まずは、これと闘うことだ。廃絶したら共和制の制度悪との闘いが課題となる。

Ⅳ　国家神道の呪縛

制度悪の源泉「国家神道」

制度悪の源泉は国家価値と一体化した信仰である（フランスの場合は国家宗教への信仰の位置に「最

高存在」信仰、あるいはルナンのいう「日々の国民投票」への信仰が据えられる)。戦前・戦後の二つの天皇制に共通するのは――神社神道・靖国神社信仰・皇室神道・皇室祭祀を共通項とするという意味で――広義の「国家神道」である。

欽定憲法はあからさまに天皇の権力と権威の源泉が神たる天祖・天孫であることを謳った。さらに軍人勅諭、教育勅語、国体論、家族国家観によって「国家神道」を補強した。戦後も、占領軍は、神道指令によって国家神道と権力を分離したが、皇室崇敬は占領政策の妨げにならないという政治的判断(J・ダワー『敗北を抱きしめて』、島薗進『国家神道と日本人』)のもとに、天皇家の側に皇室神道と皇室祭祀を存置し、民間の側に靖国と神社神道への信仰の自由を保障した。その結果、国民の多数の間には、戦前と変わらぬ神道信仰の大半がそのまま生き残っているように見える。国民国家の幻想の共同性が生みだす集合的観念という意味での「制度悪」は――キリスト教・イスラム教・ユダヤ教を実質的に国教とする国家の制度悪が、国教と政治の通底によってもたらされるように――日本国家においては、延命した国家神道への信仰に由来する。

天皇制は、人の上に人をつくり、人の下に人をつくる。頂点に神聖の極致の存在を生み出し、対極に汚穢と卑賤の極致の存在を生む。つまり、絶対的な差別を生む(本書「賤民文化の精神世界」参照)。天皇制国家の観念体系の目的は、資本制による近代化の推進であるが、一見古代律令制の遺制のような観念とそれに基づく差別は、近代化と矛盾するどころか、資本制の支配を補完する機能を担ってきた。天皇制下の「四民平等」は差別構造を資本制的蓄積に適合させるための近代化の機能を果たした。戦後憲法一四条の「法の下の平等」も、それだけでは空文であり、戦前よりも洗練された収奪の装置として、一見遺制的な観念に依拠した近代の差別構造は延命した。天皇を聖の極限とする差別の観念体系は、平等意識の暗渠を生み出した。それは差別する側に「外部」不在の、鈍感な自己――平等のつもりの差別――絶対化が生まれた。それは内部の異端に対する徹底的な抑圧と、外部に対する徹底的な排外意識と暴力行使の正当化を誘導する。

民俗信仰の横領

欽定憲法一条が天皇の「神聖不可侵」の根拠は、古代天皇制を権威づけるために編纂された『日本書紀』の記述を、「史実」と定めたところに依拠している。史書の体裁をとった虚構を素材とする「官製」の神話である。ここで注意すべきは、天皇を天祖の末裔の神として崇敬させるように誘導すれば、それを受け入れる契機が大衆の民俗信仰や習俗のなかに存在した、ということである。だからこそ権力は維新権力の樹立に際して祭政一致国家を画策したのだし、それに失敗すると、欽定憲法一条に不可侵・神聖を書き込んだのである。

伊勢信仰に淵源する「ええじゃないか」の騒乱は、大衆に広範に天照信仰が潜在していたことを示唆している。「ええじゃないか」が討幕派の公家の煽動だったという説さえある。続いて起きた「廃仏毀釈」には、明らかに維新権力の策動が働いている。大衆は幕藩体制の一翼となっていた仏教教団に対して怨念をぶつけ快哉を叫んだ。「神」は「仏」に代わって崇敬の対象となる資格を得たのである。

幕末維新に先だって、大衆の生活体系の中には、お七夜とか七五三とか通過儀礼としての神社参拝の習俗があった。地蔵菩薩と習合した道祖神は、安全祈願や鎮魂を目的として、全国至るところに祀られた。いわば村落共同体の日常生活批判の装置である。自然神信仰は幅広く、そのなかに鎮守の森（の神社）への親愛と崇敬も位置を占めていた。安全祈願の民俗信仰のひとつに怨霊を慰藉する天神信仰も広く行われていた。これらの「神」は広義の神道の神である。維新権力・「欽定憲法制定権力」は、それを横領したのである。

民俗信仰の対象となった神社の祭神は皇祖神ではなかった。神社が統廃合され、皇祖神を主神とするよう強制されたのは、一九〇六（明治三九）年の神社合祀の後である。皇祖神信仰は伝統ではない。また、民間信仰の神社の神に敵か味方かなどという区分はなかった。恐ろしい祟り神はむしろ進んで祀った。神社が国家の「敵」を祀ってはならないと定めたのは靖国の起源となる東京招魂社以来である。招魂社は佐幕派の霊を排除した。次いで、佐賀の乱、神風連、秋月の乱、萩の乱や西南戦争など士族反乱の賊軍の霊を排除した。以後、靖国や護国神社に祀られる霊は、国に殉じた「英霊」に限られ、「敵」の霊は絶対に祀られることがない。神道信仰が権力に横領され、歪曲されたというのはそういうことである。

〈みかど〉という虚構

民間伝承のなかでは貴種流離譚が広く流布している。不遇の貴種（皇族の血縁）を、わが村人の祖先とする伝承は、みずからの根拠を「みかど」に求める観念から生まれる。また、「山椒太夫」など説経節には、不幸な主人公を救う「みかど」が登場する（本書第Ⅳ部第2章「賤民文化の精神世界」参照）。中世の賤民芸の物語に「みかど」が救世主的役割で登場することの意味を考えたい。武家の支配の下で、「みかど」は権力ではなく、暗鬱で過酷な現実の暗雲を吹き払う〈もう一つの空〉のイメージが「みかど」に託されたのであろう。江戸時代前期の、近松門左衛門の浄瑠璃の台本にも、「天皇劇」が少なくない。森山重雄は『近松の天皇劇』で一五の作品を「天皇劇」に分類している。

権力を持たない、幻想の中の〈みかど〉は、民間伝承や芸能世界の救い主のイメージとして、民衆の意識に根づいていたと考えられる。これらの〈みかど〉への親和感はもちろん、崇敬の念もまた、近代以降の政治的主権者としての天皇の祖先への信仰とは無縁である。近世までの〈みかど〉幻想もまた、近代の国家権力に横領されたのである。

もっとも、天皇制を近代の統治システムから捨象したと仮定しても、それだけでこの社会の搾取や収奪や差別がなくなるわけではもちろんない。生活体系を秩序づけてきた、対自然関係、対人間関係の流儀・作風の類も、邪悪といわぬまでも、それほど「美しい」とは限らない。天皇制問題とは別の次元に、日本人の精神史の基層の検証という課題が横たわっている。

V　日本文化と天皇制

難関としての「歴史意識の古層」

それは丸山眞男が、晩年に向かう時期に主題とした「歴史意識の古層」で提起した問題とも重なり合う。日本人の歴史意識の古層に、丸山は〈つぎつぎとなりゆくいきほい〉を見出した。これは、人為を自然の延長として見る、ということにほかなるまい。

丸山は「近世日本政治思想史における『自然』と『作為』」（『日本政治思想史研究』）以来一貫して、近代政治の規範には、人為と自然の峻別が不可欠であるとし、人間の自然性との切断によって成り立つ、いわば作為の政治学の構築に力を注いできた。『三粋人経綸問答』の「洋学紳士」の役割を、痩せ我慢的に自らに課して悪戦苦闘してきたともいえる。だが、この論文で丸山は、それまでの学問的営為のバックグラウンドの否定につながりかねないリスキーな領域に踏み込んだ。「歴史意識の古層」は、その試みの絶望的困難性を仄めかしているように読める。それは丸山が近代の超国家主義に先立つ集合的な〈つぎつぎとなりゆくいきほい〉の意識自体に、権限移譲の流儀やその結果としての無責任の蔓延の起源を見たということにほかならないのではあるまいか。

近代天皇制など存在しなくても、融通無碍な無責任の体系は「日本人」の人間関係構築の文化に骨絡みになっているのではないか、というシグナルを丸山が発したのではないか。「歴史意識の古層」が扱っているのは、古事記が編纂されるに先立つ古代「日本人」の集合的心性である。それは、古代天皇制以前の「日本人」の問題であるとともに、近代天皇制のあとにも残る統治や制度を載せる場の心性の問題にほかならない。

支配階級の文化と天皇制

それとは別に、三島由紀夫が「文化概念としての天皇制」と呼んだものへの対応も課題とせねばならない。民衆の信仰とか賤民の芸能とかという次元における尊崇や憧憬の対象としての天祖や〈みかど〉ではなく、精神史の起動力としての天皇をどう考えるかという問題である。近代に先立つ時代に、のちに「文学」「芸術」「思想」と名付けられることになる知的構築の作業をパトロネージし、創作活動を載せているプラットフォームを生み出してきたのが、天皇・皇族を中心とする階層であったことは間違いない。天皇の「御製」や、「海行かば」のような「おほきみ」への絶対的帰依の歌だけでなく、『万葉集』のあづま歌・防人歌や『梁塵秘抄』の白拍子の歌など下層の民の「作品」さえ、それを編集した〈天皇の文化〉という側面を帯びさせられてしまう。

　下層の民の想像力は天皇の文化構造の中に簒奪されるか、その外部に遺棄されてきたのである。宣長の「やまとごころ」は、近世以前の天皇への幻想が生んだ知と情念のエートス抜きには想定不可能であろう。『文化防衛論』（ちくま文庫）で三島が称揚した「雅《みやび》」もまた同じである。外部のまなざしに映る日本文化は、まさにこれと対応している。レヴィ＝ストロース（『月の裏側――日本文化への視角』）やロラン・バルト（『表徴の帝国』）が日本文化を語るとき、念頭に置いてきた「日本」の中心は天皇である。彼らは――その一種のオリエンタリズムはいささか不快だ――極東の小国の、天皇を千数百年取り払わなかった特異な精神史的構築物として日本文化を愛でているのだ。

　文化の構造は支配階級が構築し、その構造のなかで文化の再生産が行われる。したがって、伝統は――近代天皇制が「伝統」だとか、国体は不動の自然だとかいうのは右派の虚言であり、それはすべて前近代の素材を再編した近代の虚構である――支配階級が構築する。支配階級だからこそ、文化を開花させるためのプラットフォームを築けたということである。もちろん、それに包摂されない精神史の蓄積は存在する。しかし、天皇の関与した「日本文化」の構造と日本語圏の人間は無縁ではありえない。

文化を受け継ぎ政治制度を廃棄する

さてその上で、文化史の蓄積に寄与した天皇の存在を否定できないということと、統治の制度としての天皇制を否定できないということは同じことなのだろうか。樋口陽一は『加藤周一と丸山眞男――日本近代の〈知〉と〈個人〉』のなかで、

〔加藤周一の〕「雑種文化論」が「変化を可能にする継続」、文化の「伝統」の意義を強調するとき、たとえば源氏物語や古今集・新古今集という文化と深く結びついた宮廷文化の「継続」をどう「民主主義」の中で消化してゆくか。海老坂武による三〇年以上前の指摘は、今、われわれをたじろがせる。

と書き、その上で海老坂武の『戦後思想の模索――森有正、加藤周一を読む』の次の箇所を引用している。

（…）もしも文化が伝統の継承のうちにしか花咲かぬとするなら、そしてもしも文化をあくまでも擁護しようというなら、その伝統の母胎である民族の精神構造をそれが何であれ――それが

〈内なる天皇制〉に通じているにしても——否定することは難しくなる。

歴史に後から立ち会った世代に属するものは、先人の築いた蓄積に対するリスペクトを欠いてはならない。歴史的コンテクストを無視した先人批判は愚の骨頂である。「やまとごころ」や〈雅《みやび》〉を「シトワイヤン」（樋口前掲書）としての個人が「あくまでも擁護しようとする」のは自由である。しかし、市民社会に生きる個人が、精神史の蓄積としての伝統なり、それを載せている場としての文化なりを「あくまでも擁護しようとする」ことと、その文化の「母胎」を権威の頂点に据える統治形態を選択するということとは全く別のことではないだろうか。文化は文化、政治は政治である。

私のような政治的には天皇制を忌避する者であっても、額田大王や大津皇子の歌を名歌だと感じる。桂離宮を美しいと思う。フンサイするのは無意味だと思う。しかし、それは、幻想の共同性を内面化することとは無縁である。「無縁ではありえない」とする立場に与さないためには「文化が伝統のうちにしか花咲かぬ」などと考えなければよい。

近代日本の国家権力は、近代以前の文化や習俗を簒奪し、改竄して統治の正統化の装置に組み入れてきた。近代天皇制国家の秩序確立後、政治に伝統を持ち出すのは幾度も繰り返されてきた常套手段である。樋口陽一が指摘する自民党の改憲草案も、その手法の反復にほかならない。確かに、この草案は、伝統は「僕の血のなかにある」（小林秀雄〈「文芸時評」一九三六年一二月二五～二九日、東京朝日新聞、樋口前掲書から孫引き〉として「〝今〟の流れに従え」という小林流の「手品」の現代版である。皇祖神信仰は伝統ではない。皇祖神信仰と無縁だった民俗信仰の簒奪である。疑う人は、保守派が

「伝統」というときに念頭に置いている国家神道が近代、欽定憲法制定時以後の産物であることに想到すべきである。権力としての天皇崇敬と結びつけられた虚構の「伝統」は、国家による精神総動員の装置であって、人々の精神史とは次元を異にする。

文化の継承と統治形態は別の次元に属する。文化は言語・習俗・民俗信仰の上に成立し、政治は広義の現在の人間諸関係の上に成立する。両者は無縁ではありえないが、時間・空間のスパンが異なる。ブルボン王朝期の学術・文化・芸能が拒みようのない精神史の遺産だからという理由で、統治形態においても王制が正統だなどと現代のフランス人は考えるだろうか。

VI　天皇制との闘いをどう構想するのか

不可欠だったカンパニア

反天皇制の闘争とは、どのような闘いを意味するのかを考えたい。別稿でも述べたように、現代国家の「合法的支配」は、三つの相の支配の機構を持っている。一つは資本制、もう一つは国家権力機構、第三が幻想の共同性を喚起する制度である。権力なき天皇制の支配は専ら第三の相に対応する。したがって、天皇制を解体する運動は、幻想の共同性の国家宗教による喚起を決定的に切断することを目指す。それは、現代日本の立憲君主制の制度的諸悪とその担保となってきた諸関係からの自由の獲得を実現する運動である。

天皇制の制度的諸悪は企業や学校や地域社会の諸機構・諸組織の関係にも重層的に編み込まれている。つまり、第一、第二の支配の次元と結びついている。天皇制からの自由は、資本制的諸関係と国家権力の規定力からの自由と相関する。それゆえ、シングル・イシューで闘う課題ではない。天皇制に直結する案件での政治弾圧——国家斉唱・国旗掲揚に反対する労働者への解雇を含む様々な処分、天皇皇族関連催事を理由とする警備に名を借りた逮捕・暴行・起訴・有罪判決など——に対する諸闘争は「反天皇制闘争」というよりも、いかなる国民国家にも存在する権力に対する抵抗運動の範疇に分類すべきである。

筆者が八〇年代にシングル・イシューの「反天皇制闘争」に関わったことを知る読者はこの主張を矛盾だと思われるかもしれないが、八〇年代の課題と現在は違う。八〇年代にシングル・イシューの反天皇制運動は不可欠だった。第一に、それは戦後象徴天皇制の〈非政治の政治〉あるいは〈非権力の権力〉に対する、「世俗」の戦線での初めての思想闘争であり、傲慢な言い方をすれば、象徴天皇制を対象化していない左翼勢力に対する啓蒙運動でもあった（「世俗」の陣列に先だって宗教者は一九六〇年代半ばに、すでに靖国国家護持反対闘争を経験していた）。第二に、この時期、外交君主裕仁の全斗煥大統領との会談（八四年）、中曾根康弘首相の靖国神社公式参拝（八五年）、天皇在位六〇年記念式典（八六年）など天皇の権威に名を借りた公安警察の予防弾圧に対する抵抗闘争が不可欠だった。第三に、最晩年を迎えていた裕仁個人の歴史的責任の追及と制度批判が串刺しで可能な最初で最後の機会だった。

それは、大衆から浮き上がろうが、弾圧にさらされようが、避けることのできない天皇・天皇制批判の政治宣伝・思想宣伝闘争であった。もちろん、過半の大衆が豊かさの幻想の中にあったバブル期の日本社会で、天皇制解体が日程に上るわけはなかった。それゆえこの運動は、不可避的にカンパニアの性格を帯びていた。そこから始めるしか選択肢はなかった。

敗戦七〇年　問われる覚悟

今、求められるのは、制度をなくす運動である。カンパニアとは闘争の性格が全く異なる。それは、制度から決別するための自問の思想闘争でもなければならない。戦後、この国では自問の思想闘争という意味での反天皇闘争があまりにも貧弱であった。

冒頭近くで触れたように、帝国主義戦争での敗戦国には共和制国家が生まれるのが通例だった。ところが日本には立憲君主制国家が生まれた。そして、憲法前文の主権在民・基本的人権・平和主義と九条の不戦・軍隊不所持の対価として、天皇の権威の保全と沖縄の無期限占領が定められた。沖縄は「本土」の「絶対平和」の生け贄となった（豊下楢彦『安保条約の成立』『集団的自衛権とは何か』）。それらの経緯を大半の国民が不問に付したのである。

自問の思想闘争とは、この事態の因果を丁寧に検証しその意味を解き明かすことだ。それなくして、実りある反天皇制闘争など存在しようもない。革新派には「天皇の命令」で死んだ数百万人と、戦禍に苛まれた数千万人の苦しみがあったというのに、自分たちの「平和と民主主義」の根拠となっている憲法九条が、天皇制の延命の対価であるという歴史的事実に向き合ってこなかった。また、「本土」の不戦の国是である憲法九条と、占領軍の求めに応じて天皇裕仁が米軍の長期にわたる占領を希望した「沖縄メッセージ」[*2]が表裏一体であったことも等閑視した。

他方、戦後政治の主流をなしてきた親米保守派の欺瞞にも最後の勘定書きが回ってくる。親米保守派は九条と米軍の沖縄支配の対価として憲法一章（天皇制存置）を手に入れたことを知りながら、鳩山一郎・岸信介らは独立後ただちに「押しつけ憲法反対」（豊下楢彦・古関彰一『集団的自衛権と安全保障』）を叫び、自主憲法制定を保守合同で成立した自民党の党是とした。彼らは、保守派にとって天皇制存置が不可欠なら、軍備放棄は不可避であったにもかかわらず、その事実に目を塞ぎ、憲法九条の押しつけがけしからん、と主張してきた。その一方で、沖縄を生け贄にアメリカと誼《よしみ》を通じた。これこそ、冷戦が許容した「つぎつぎとなりゆくいきほい」への〈波乗り〉そのものである。沖縄にも「英霊」にも合わす顔はないはずだ。保革を問わず、日本国民は戦後史七四年、奥深い欺瞞の上に生きてきた。欺瞞の担保が象徴天皇制である。

避難・相互扶助の組織化から変革へ

天皇制を解体する闘争は、スローガンに反天皇を掲げているかどうかによって評価されるのではない。目的に適うかどうかだけが評価基準である。目的は、制度の呪縛を希釈し、融解し、制度自体を解体に導くことだ。現実の生活者たち（という意味での大衆の大半）はむしろ天皇に親近感を抱いている。運動の理論がこの大衆を摑めなければ物質的な力にはならない。だから、反天皇制運動は、天皇制の制度悪から説き起こすことに拘泥するのではなく、おのずからそこに帰着する無数の争点で闘争を組織化する必要がある。

「グローバル化」の下で、全世界が単一市場化された。その結果、一方で市場による苛酷な淘汰が進むとともに、他方では市場そのものから排除され遺棄される階層が増大している。日本の場合、産業構造の高度化に伴う劇的な非正規雇用化の進展と、その結果としての貧困の蔓延と格差拡大が進んだ。社会階層が輪切りにされ、貧困の相続が不可避となっている。若年層の貧困化と呼応して急激に少子高齢化が進み、これと過疎化・限界集落化が並行し「消滅」が危惧される集落が膨大な数に上っている。

人間関係の寸断・孤絶化の進む無縁社会で、「避難所」を失った人々の群れが激増した。そこは、子殺し、幼児虐待致死、親族間の殺人、学校・地域での級友殺人（二〇一五年川崎での中学生殺害はその典型だ）、高齢者の孤独死などの温床でもある。また、そこは、人間関係の名状しがたい空漠感・不遇感・恵まれた階層への嫉妬などに発する奇矯な「自画自賛症候群」、事実無根の認識に基づく排外主義・ケチツケの言説が暴発してくる空間でもある。過去の企業一家主義や地域社会が望ましかったかどうかは別として、企業内人間関係の空洞化、地域社会の液状化の帰結であることは疑えない。戦後社会においてはそれなりに機能していた企業別労働組合、官公労の諸組織、それらを基盤とする地域の互助組織が、社会構造の変動に伴って、多くの職場・地域で作動しなくなった。

それに代わって、職場横断で組織された労働組合《ユニオン》が、労使交渉、労働相談、生活相談、陳情、訴訟

＊2　一九七九年、アメリカ国立公文書館で、進藤栄一筑波大学教授が発見した天皇裕仁のメッセージ。一九四七年九月二〇日付で、御用掛寺崎英成からシーボルト米軍政治顧問を通じて国務長官に伝えられた。

などの局面である程度の機能を発揮するようになった。労組だけでなく、介護から疎外された高齢者・障害者、自立の見込みの立たない失業者、支援を必要とする貧困家庭、待機児童を抱える家族、医療や福祉の対象とならない心身の疾患をもつ人々などに対する、様々なサポートの態勢を作り出す試みが、NPOや任意団体の事業、または運動として広がりつつある。社会に問題を抱えさせられた人（そこには引きこもりから、レイプ被害者、社会に疎外される元受刑者まで含まれよう）の、嵐を避ける緊急避難所とでもいうべきものが、重層的に作り出されている。運動以前のカフェ（という名の不遇者とその支援者のサロン）も広がりつつある。一部の自治体端末の窓口の担当者も、それらと連携している。

こうした、いわば相談窓口と相互扶助の重層的機能をもったアモルファスな関係の組織化が、人それぞれにのしかかってくる様々の重圧を受けとめ、多様な苦痛や悩みの解決、さらには当事者や支援者の発信の拠点となり、古典的な社会運動の全盛期には考えられない広がりを見せている。この重層的な運動や事業の組織化こそ、すべての始まりである。

避難所・反権力・反資本の展開と天皇制の希釈

重要なのは、それぞれの組織体が、それぞれを固有の単位とし、かつ、安易に互いを忌避したり分裂したりせずに横断的に結合することである。かつて階級闘争の「組織化」としてイメージされたものに、これが取って代わるのである。それらは第一に孤絶からの自由、無縁からの避難の保証となる。そして、それが相互扶助のための紐帯の組織化へと繋がる。そこから権力・資本の生み出す社会矛盾・社会悪と戦い、それを取り除く抵抗の組織が生成する。
それは、権力の秩序の価値を内面化する陥穽から、抵抗の担い手を解放する運動の組織でもある。天皇制とは、権力の価値の内面化の装置であるのだから、天皇制からの解放とは、内面化された権力の秩序の価値が、人々の幻想から放逐されることを意味する。制度があっても機能しない、という状態に達した時、制度は指でつつけば崩れ落ちる。変革の進展は、たとえばつぎのように図式化できる。〈人々が共同の逃げ場を見出し、相互扶助をすすめ、日常の問題解決能力を獲得した度合いに応じて、権力（政府）と資本（社会的権力）に対する抵抗の力量をつけ、権力や資本は次第に人々の主張と要求を受け入れた施策を執行せざるを得なくなる。それによって社会矛盾が解決されてゆけばゆくだけ、権力の影響圏は縮小する。権力を取るな、というのではない。権力を取るのは、反権力の運動が成熟し、権力の悪を最小にできる段階でなければならない。それはおそらく、既存の権力が統治能力を喪失し統治を放棄する段階と重なり合う。そこに到達するまでの、変革の連鎖としての日常の蓄積が帰趨を決定する〉
反天皇制運動とは〈天皇の権威を背負って権力を執行し、国民に天皇制の価値を内面化させることによって、権力と資本の、国内における専横と主権の外部への侵略に対して支持を取りつける共同観念産出装置〉の解体運動である。制度が存続している状況下でも、社会変革の諸運動の蓄積を通じて、ヘゲモニーが移動し、人々が天皇の権威に関心を払わなくなってゆけば制度悪は機能しなくなり、次第に制度自体が有名無実となる。
三・一一以後の被災者避難所を天皇明仁・皇后美智子が慰問したとき、この慰藉を欺瞞だと口を極めて攻撃する声明を出した団体があった。これが有効な闘争だとは私は考えない。自衛隊員に命を救われれば、「自衛隊違憲」派でも、救ってくれた自衛隊員に感謝するのは理に適っている。孤独な被災者が、天皇・皇后に慰問されれば涙も流すだろう。

自衛隊にすがる必要のない状態を保障する運動が反体制運動であり、天皇・皇后の来訪などどうでもよくなるような、関係の連結・組織化の運動こそが反天皇制運動である。「断固粉砕」と叫ぶことは「うそうそとした」「赤ままの花を歌う」（中野重治）ことに過ぎない。制度悪を駆逐するための「もっぱら腹の足しになる」（同）活動が求められるのである。

それゆえ、反天皇制運動は、無数の現場——現場は権力・資本と対峙する諸運動の場とは限らない。労働生産の場、共同保育の場、教育の場、介護の場、地域の「どぶ板」活動の場、各種ボランティア活動の場など、どこがその〈場〉となるかはあらかじめ定めがたい——に進駐しなくては発展しない。天皇問題など直接には関係のない生活の場で、諸運動の組織化が進めば、人々は、天皇・皇族などに目もくれなくなる。諸運動・諸活動の紐帯のなかで信頼される活動家が天皇制批判を語りかければ人々は耳を傾ける。運動の進展の速度と広がりはすべて、そういう活動の力量を備えた運動家をどれだけ組織できるかにかかっている。思想闘争と組織戦は同じことの二側面である。だから私は、反天皇制闘争を思想闘争だとは言うが、「内なる天皇制」との闘いとは言わない。「内なる」幻想は「外なる」制度から紡ぎだされ組織され隣人と結び合わされるものだ。

第2章 安倍政治・立憲主義・反天皇制

樋口陽一×菅孝行

この対談は前章「天皇制と闘うとはどういうことか」の冒頭に記したように、戦争法制の国会審議の渦中の時期に行われた。対談に先立って前章の原稿を樋口さんにお読みいただき、その上で、当日は対談の意図を説明してから樋口さんの話をうかがう、という順序で議論に入った。対談後、文言の修正はなされているが、基本的にその後の三年間の事態の推移に事後的に言及することは控えている。

「最高形態」としての天皇制の統治

菅――最初に、樋口さんに対談をお願いした趣旨を、少しまとめて話をさせていただいて、その上で樋口さんからお話をいただきたいと思います。

日本人の集合的心性を分析した先駆的な試みには、丸山眞男の「超国家主義の論理と心理」や竹内好の「権力と芸術」などがありますが、それらによると集合的心性は戦前から戦後に連続しているものと認識されていますから、敗戦による統治形態の切断が心性の様態にどういう影響を与えたかは主題化されていません。竹内好のいう「優等生」ゆえの「奴隷根性」も、丸山眞男の「抑圧委譲」や「無責任の体系」やタコツボ型心性も、超歴史的あるいは歴史貫通的なものととらえられているように読めます。しかし、敗戦後の天皇制は、戦前の天皇制と統治形態の性格が異なります。戦前の天皇は法的に絶対的権力であったのに対して、戦後は、国政に関する権能を持たないことによって、国民に対する規定力をもつところに特色があります。もちろん憲法上、統治機構の中に位置づけを持つという意味では政治的存在ですが、象徴天皇の規定力は狭義の政治の〈外〉からやってくるというべきでしょう。それだけ「敵」が内部にいるというか、権力を権力たらしめてしまう主権者が問われるようになりました。民主化したとはそういうことでもあります。

この、狭義の政治の〈外〉にある国民の心性に対する規定力を解く手掛かりにユングの「集合的無意識」を考えました。日本人の集合的無意識の中心に天皇の座がある。それが幻想の共同性の芯にある。象徴天皇制はそういう制度なのではないか。権力なき統合の装置を主権者は自覚していない。何も感じない。そうであればあるだけ、共同的な観念の安定的な統合の機能を果たす。だから天皇を名指しで批判する運動は成立しにくくなった。国民の大多数が意識していないのだから、オカシイと声を上げれば上げた側が白眼視され浮くわけです。

一九八〇年代になりますとフェーズが変わりました。一九八二年に中曽根康弘が首相になって、

「戦後政治の総決算」と言いました。天皇制問題関連では、当時次のようなことに直面していました。一つは日雇い労働者の大きな寄せ場があった東京の山谷に天皇主義を掲げた右翼暴力団が出てきて、労働者への襲撃が日常化しました。この時期、何かの力が働いて天皇主義を掲げる暴力団的右翼に財政的バックがついたのだと思います。山谷労働者のドキュメントを撮ろうとした佐藤満夫さんという映画監督が、一九八三年の暮れに刺殺されました。山谷争議団という労働運動のリーダーだった山岡強一さんが映画制作の後を引き継いで完成させたのですが、完成とほぼ同時に今度は山岡さんが銃撃されて殺されました。

同じ年に、立川の米軍基地が返還された跡地に昭和記念公園という天皇裕仁顕彰公園ができました。これは日常生活と天皇裕仁の親和のための装置です。地元の反基地運動団体を中心に開園式典反対の運動を起こしましたが、開園式典には裕仁が来て、地域全体が戒厳令状態になりました。

これでは「集合的無意識」というふうに一元的にとらえるわけにもいかないのではないかと、認識を修正しました。これは政治問題なのだから、日本君主制批判の運動、反対の運動をやらなければいけないし、できる。そう考えて、反天皇制運動連絡会という団体を幾つかの団体の協議体としてつくりました。八四年に全斗煥が来日したときは、天皇外交を旧植民地にも拡大した重要な画期だと考えて、天皇裕仁・全斗煥会談反対のデモと集会をしました。八五年には靖国神社に中曾根首相が参拝したので、公式参拝反対運動をやりました。翌年の在位六〇周年記念式典という戦後天皇制最大の政治イヴェントのときには、三〇〇〇人が東京・渋谷の宮下公園に集まってデモをやりました。反天皇制シングル・イシューではこれが最大動員だろうと思います。八八年には沖縄国体があって、裕仁が沖縄でどう迎えられるのか、日本中が見守るなか、病気で倒れてしまいます。そして、例の「自粛」という苦々しい経験が残りました。その後に代替わりがやってきます。

民主主義的天皇制への自己懐疑

菅――天皇の代替わりでフェーズはまた反転しました。明仁という天皇は裕仁と違って、絶対天皇制の陰を背負っていません。宣戦布告をしたわけでも中国制圧を督励したわけでもない。アメリカと合作して「戦後国体」[*1]を作ったわけでもない。明仁は象徴天皇制の守り人、護憲の君主です。個人を叩いても埃は出ません。

天皇制反対の運動は、個人批判を通した制度批判ができなくなり、制度批判・制度解体論に純化するしかなくなりました。制度の問題ということは、文字通り天皇制度をなくすということですが、同時にこれは、主権者による制度の内面化の問題でもあります。ただ、それを私は「内なる天皇制」と言いたくありません。制度と幻想は相互規定的で、内面化された価値意識の問題、つまり幻想の共同性は、〈外〉に制度として物象化している国家権力との闘いを通じてでなければ一掃できない。観念と制度は相即的なものだろうと思うからです。制度悪を取り除いた後に、同等か、それ以上の暴政を呼び込んだのでは何にもならない。天皇制打倒派は、その勢力総体の器量を問われます。そうだとしますと、天皇制廃絶論は、民主主義的に構成された権力と、権力を構成した主体の自己懐疑、つまり日本国家における民主主義と立憲主義の関係とパラレルともいえると考えるようになりました。

「立憲主義」は、憲法論の普遍的な理念であって、個別国民国家日本の立憲君主制とも、まして、抵抗運動とか革命運動の組織原則とか作風とも、全く異なる次元の観念です。しかし、象徴天皇制廃絶を言う以上は、その正義性の主張と同時に、それを担う主体に対する自己懐疑がなければ結局既存の権力と同形の共同性を再生産する危険を免れません。

以前、樋口さんが仰っていましたが、奥平康弘さんの立憲主義は、権力に対する主権者の命令という側面に重点が置かれているけれども、樋口さんの立憲主義は民主主義に対する懐疑あるいは不信という契機が強く、その異なった軸足の置き方が憲法論の両輪になっていたと。[*2] 自己懐疑の不可欠性という課題に直面しているのは、民主主義全般である以上に、ラディカリズムを掲げてきた左翼運動なのではないか。天皇制廃絶を掲げる運動が、自己懐疑とその克服を課題としない限り、人々の支持を得ることはできません。樋口さんの「立憲主義」論についてうかがってみたいと考えた動機のひとつはそれだといえると思います。

自己懐疑には二つの側面があって、一つは抑圧委譲とか、無責任の体系とか、権威主義とか他者抹殺とか、天皇制下の集団とか組織と同形の負性を克服できているのかという疑いであり、もう一つは、

＊1　「戦後国体」は、ふつうは戦後体制、あるいは戦後日本の統治形態と書くべきところであろう。あえて「戦後国体」としたのは、戦後も天皇を権威とする統治形態を存置したことによって、戦前の日本で猖獗を極めた「国体」概念と一体の自国中心主義、差別排外主義が温存されたことを明示しておきたいと考えたからである。

＊2　奥平氏と樋口氏の「立憲主義」概念の違いについては、本書巻末「初出と解題」参照。

それと重なり合うかもしれませんが、文化の固有性というか、そういう次元で、天皇制的なるものの母斑（刻印）への自己検証です。

後者に関して樋口さんが『加藤周一と丸山眞男』でお書きになっていることでもありますが、丸山眞男もそこに立ち止まっている。加藤周一もどうもそうらしい。海老坂武さえ結局容認せざるを得ない何ものかとしての天皇制的なるものを意識しているようにも読める。

ここでは、水林彪さんの『天皇制史論』に引用されている樋口さんの『憲法』の「歴史的風土」という概念が一つの焦点になると思います。水林さんは、「歴史的風土」を古代天皇制以前の「古層」を超える契機と考えているようですが、「古層」を探る、という方法は丸山眞男の「歴史意識の古層」と共軛です。「歴史的風土」という概念を提示された『憲法』をお書きになったのは一九九八年ですが、おそらく今も樋口さんの問題意識の基調低音にはなっていると推測します。その辺りのことについても、お考えを承れれば幸いです。

立場の前提 —— 憲法擁護と「制度悪」廃絶

樋口 —— 私はこれまで、いわゆる思想闘争・運動の世界とはまったく無縁なところにいて、菅さんから対談のお誘いを受けたとき、当然のことながら躊躇しましたけれども、いろいろ書面でのやり取りなどを通じて、最終的には、お誘いに応ずるべきだというふうに考えて、きょうここに参りました。菅さんの天皇制論集の第一巻を読みまして、その基本姿勢、千年以上の歴史に対しては一切の断言を差し控えなくてはならないという自戒と、同時にしかし、思想闘争のための用意を備えた相手には大胆に自説を語らなくてはいけないという、この両方の姿勢に共感した、ということで今日を迎えました。さきほど、立憲主義は民主主義の担い手に対する自己懐疑だとすれば、運動の担い手についてもそれは言えるはずだ、ということをお聞きして、あらためて共通の前提を確認できたと思います。

私はこれまで、大学の教師としては、憲法学という、現にある法を相手にするという学問をし、法律家としての技術を学生に講義してきました。それを思想体系のなかに位置づけること、それは自分の研究にかかわってきますが、それを学生に伝えるということもしてきました。それから国外に対しては、憲法ないし、広い意味でのconstitutionalismというものは歴史の、ひとつの人為の文化であって、これを制度化してきたのは西欧ですから、西欧の外から、日本の一世紀半に及ぶ経験の中で、丸山眞男の直面した問題、あるいは加藤周一が直面した問題を、私自身その問題意識を共有する研究者として非西欧世界から外に向けて発信し、問題を投げかける、ということをやってきました。

今日の対論のために準備されたペーパーを読むと、近代天皇制が辿ってきた歴史について菅さんが多くの論点を改めて指摘されている。それも、ぶっきらぼうに歴史の本筋だけをひろい集めるのではなくて、たとえば昭和天皇が、開戦に対して積極的であったかなかったか、それから敗戦処理においても、目的に向かって迂回する政治性を備えていたことなどにも言及されています。そういう視点の定め方にも示唆されるところがありました。ちなみに、私なりの判断では、戦争終結時に昭和天皇が一番おそれていたのは、内乱であり、わけても王朝の分裂だったと思います。貞明皇后が皇祖皇宗から天地神祇に及ぶ敬神の個性を折にふれ政治の場に顕出しようとして西園寺や昭和天皇との間に緊張を生んでいたことなどが、原武史さんによって指摘されています。歴史学でどういう議論があるのか知りませんが、そういう次元についても問題性が指摘されている。

私は現在、憲法学の教師は卒業しましたけれど、憲法研究者であるところのひとりの「国民」として――私は「市民」＝citoyenという言葉は、本来は政治にかかわる側面での個人を意味していると考えていますが、日本語の使い方では逆に政治にかかわらない個人を「市民」ということが多いので、ここではあえて「国民」と言いたい――及ばずながら現在の世間の流れのなかで、抵抗の側に加わっています。簡単にいえば憲法擁護、象徴天皇制を含めての憲法擁護の立場を日に日に強く主張しているわけですけれども、菅さんのペーパーのキーワードの一つである制度悪の一掃という問題、これは私の日本国憲法擁護の立場であればあるほど、にもかかわらずではなく、そうであればあるほど、制度悪の一掃という問題意識をどう受けとめるか、正面から考えておかないといけないこととして私の頭の中にあります。

それで、『加藤周一と丸山眞男』に関連してさっきお話に出た海老坂武さんのことですが、私は、海老坂は「天皇制的なもの」を容認するという文脈ではなく、それとは反対に、加藤や丸山と同じく、アポリアに直面して問題を提起するという立場からいっているのだと読めました。得体の知れぬ存在をSeinとして正面から見据えなければそれからどう自己解放すべきかというSollenの課題を解くことができない、ということです。この人たちは基本的に、アポリアの前で立ち止まり、それを乗り越えることの困難さを改めて確認した、ということではないですか。

勇敢にそれを突破しようとしたのが、一九五〇年代以来、加藤周一さんがやってきた「雑種文化」論です。もっと勇敢な仕方を提唱しているのは水林彪さんで、彼は実証的な歴史家として、あえて、律令天皇制以前の土壌から、丸山の「古層」とは違う、いわば深層を掘り起こし――「欧米文化の助けを借りつつ」といっていますが――、アポリアを乗りこえようとしています。残念ながら、私自身はまだなるほどそうですねと納得はさせられていません。しかし、そのような深層をあえて尋ねあて、耕していく、それが水林さんの立場だと受けとめています。

ノモス主権論と八月革命

樋口――それに対して、私のフィールドである法学者の立場でいいますと、日本国憲法が敗戦の衝撃という季節の中で成立したときに、特徴的な対応をした三人の法学者がいるのです。ひとりは法哲学者の尾高朝雄、そして憲法学者の宮沢俊義、それから国際法学者の横田喜三郎です。法学に縁のない読者のために、象徴天皇制の問題についてこれらの法学者がどういう態度を取ったかということを申しますと、尾高と宮沢の間には有名な論争があります。宮沢はいわゆる「八月革命」という立場に立った。「革命」というのは法的連続性の断絶という意味です。宮沢の主張したその「断絶」は今日では常識的になっています。天皇主権から国民主権へ、占領軍の構想した統治原理の変更をそのまま受け取る。当時の説得の論理として宮沢は、ポツダム宣言をわれわれは受諾しちゃったんだ、という事実に即して、貴族院での質疑で「センチメンタリズムを捨て、冷たい真実に直面することが必要」と説いていています。

憲法案を審議していた最後の帝国議会の内外で、さんざん、主権は戦前と戦後とで本当は繋がっているんだ、というような議論があった。そのような議論を相手どって、きちんと主権の断絶を見すえようというのが宮沢の立場です。それに対して、論争相手の尾高朝雄は、いや、天皇主権といったって、天皇が何でもしていたわけではないはずだ、国民主権だって同じだ。一見正反対でも、何か繋がっているものがある。それがノモス——ギリシャ語で規範という意味——だ、というのです。

近代以前は、主権という概念が成立するほどに権力の集中が進んでいなかった。中世ヨーロッパについて「法の主権」という表現が使われることがありますが、それはまだ王権が自分の手中に権力を集約していなかったことの反映です。それを近代国家の主権原理の中に持ち込んで、抽象的・超越的なノリ（矩）というものがあるんだ、ということをいったのが尾高の「ノモス主権」論で、それを宮沢は、国民主権の採用によって天皇制に与えられた「致命的」な傷を包む「ホウタイ」の役割を演ずるものだ、と批判したのです。

日本国憲法の理解という次元では、宮沢の言う通りですが、尾高の主張はそれなら国民主権なら何を決めてもいいのかという、むしろ今日の、そういう問題につながってないことはない。だからといって、尾高の言説を、当時に遡って意義があったというわけではありません。

宮沢の場合には、彼の代表作のひとつである憲法注釈書の中で、天皇の説明に、あえて「ロボット」という言葉を使っている（『全訂日本国憲法』）。天皇は国民主権の下で政治権力のロボットなんだといっています。当時、宮沢には、それだけ主権者である国民に対する、期待があったのだと思います。

悪しき意味でのロボットにはさせない、選挙の結果として国民が選んだ権力が、天皇をロボットとして悪用することはない、あるいはロボットの状態が出てきたときには、あれはロボットなんだと割り切ることができる、そういう、あるべき主権者に対する楽観があったから、あえてロボットだということができた。現在の問題は、まさに安倍政権が、二〇一三年の四月二八日の式典に、天皇を引き出して、沖縄をめぐる国民分裂の象徴にしようとした。そういう状態になっています。

では横田はどうだったかというと、一九四九年に、『天皇制』という単行本を出しています。その中で、「天皇制を維持する理由はない」、という断定から入っている。その上で、しかし、人がいっそう合理的に考え行動するようになるまで、置くのは仕方がない、というのです。そうだとしても、六条と七条、七条は十号まであるんですが、七条の一号から六号までと八号は削除する、という。非常にクールなんです。人が一層合理的に考え行動するようになったら要らない、といってるわけですけど、菅さんはまさに、人が合理的になるためにこそ、制度悪を一掃する必要があるといわれている。

私はその点に疑問があるのです。ということは、国民がまだ合理的にはなっていない。これを前衛がまず一掃する。そうなるとその更地の上にできる状態のほうを私は危惧する（苦笑）。「アラブの春」の惨憺たる状態――チュニジアだけは何とか踏んばっていますが――は他人事でないでしょう。ゴルバチョフを放逐した後のプーチン、そういう事態をどうするのかという問題がある。制度悪の克服という課題について、一言でいわせていただくと、それは、絶えざる自己刷新、その絶えざる追求という、しっかりした問題意識がないと、前衛による悪しき代行に陥るのではないかと思います。菅さんご自身はさきほどのお話からも、十分に承知しておられるのだと思うのですが。

「歴史的風土」としての天皇制

菅——それぞれの国家には、「国民」が集合的に抱くそれぞれの国家の幻想の共同性があります。その呪縛の下にあるのは、君主制でも共和制でも、どこの国家でも似たり寄ったりです。ただ、それぞれの国家の幻想の共同性には、固有の「歴史的風土」の規定性があります。それが日本では天皇制という形で現れていると考えています。

天皇制という統治機構は近代に再構築されたものですから、私は基本的に、今日の天皇制問題を近代で始末したいと思っていて、古代国家以前にまで遡りたくありません。原始・古代に遡ると、そこは迷宮だという直観があって、吉本隆明のように、古墳を暴けば片が付く、というふうには考えられません。また、律令国家の宗教的権威にせよ、民衆風俗とか土俗信仰にせよ、素材はみな近代以前のものだけれども、現在の天皇制のフィクションは近代につくられたことが史実として明らかになっています。ここにフォーカスして対象化したい、と考えてきました。

それでも、「文化」というのか所与としてのスピリチュアリティとでもいうのか、長い時間の蓄積の上に成立してきた、まさに「歴史的風土」が日本にもあるわけで、だからこそ、ノモスは天皇にあり、というような議論も可能だったわけですし、丸山眞男の「歴史意識の古層」との悪戦も、加藤周一の「雑種文化」論も、その問題に応えようとする試みだったのだろうと思います。

一方、「歴史的風土」を、「歴史的」という以上は人為、「風土」というからには自然と、水林さんは分けて考えておられるようです。これが現代の天皇制問題を考えるに当たって、どういう方法的突破口にできるのか、お考えを伺いたいと思います。

樋口――日本近代が、ともかくも西欧列強に並ぶ富国強兵のための一環として、大日本帝国憲法をつくった。一八七六（明治九）年ですが、明治天皇の名で元老院に憲法を作れという勅命が出ます。その中で「建国の体に基づき」「海外各国の成法を斟酌し」という。この二つの項目はまさに、憲法論の場面で言うと、一方は風土と歴史という意味での自然であり、もう一方は作為なのですね。歴史が持ち出されるとき、一般に、所与の過去を「自然」なものとして特権化しようとする文脈でのことが問題なのですが。それはともかく、このときから「立憲政治」が指導層共通のキーワードになる。百数十年後の永田町の人たちとは違って、です。それでも憲法発布（一八八九年）から二〇年たって、「立憲政治の今とても」と慨嘆する永井荷風が、風土と気候と、すべての目に見えないものが人間意思の自由、思想の解放に悪意を持っているように見えてならない、ということを書いています（「紅茶の後」）。

荷風を高く評価する立場から荷風論を書いた加藤周一は、まず、荷風の風土論を批判的に引き取って、「型」の思考に「段階」の思考を掛け合わせ、現実に働きかける構図を作ります。荷風は変革ということを考えないですから。それに対して、加藤は戦後初期のことですから、マルクス的な発展段階論を考えたでしょう。敗戦直後の日本の社会科学、それのみならず、知識層の世界観全体がそうでしたからね。しかしどうも、そういうわけにはいかんという認識になって、「雑種文化」論を深める方向に入ってゆき、そうすることによって、『日本文学史序説』という大著で古代まで遡った。それを歴史学としてやろうとしているのが水林彪だと思うのです。今までいろいろな人が、原理的・意識的にではないにしても、同じ方向を試みてきた。それをやらないで近代で切ってしまえば、私のフィールドに入ってくるわけで、それは、啓蒙期以来の考え方に立つということになる。そこに戻ってきちゃう。戻ってきちゃうと、それは、世の中に、うまく染み込んでいかない。ですから近代法を取り扱う研究者としても、どうしても過去の歴史の中に、風土に埋没しない何かを探したくなる。その循環です。

菅――それは、なんとか近代に集約したいという私の方法的願望とも裏表でつながっているわけで……。

樋口――はい。

菅――近代の政治権力が近代天皇制の制度を虚構したのは一八八九年です。天皇主義者たちは、近代天皇制を悠久の伝統だとか、万邦無比の自然そのものとか強弁してきましたが、制度としては、始まりの時期がとてもはっきりしたフィクションです。

個別の日本文化を高く評価する、というのは、それはいい。額田大君も大津皇子も源実朝も素敵です。しかし、それと精神の体系が天皇制だということは全く別のことなので、そういう切断の自覚がない限りは、天皇制という幻想の共同性から解放されないでしょう。

人間の抱く観念に、風土あるいは自然性の契機が存在しないわけはないけれども、それを見極めて、丸山眞男は、「近世日本思想史における自然と作為」で、自然と作為という対位法を発見したわけです。作為の側に加担しなければ、自然あるいは風土的なるものは始末できないと考えて、方法としてそれを選んだ。そこが大切なところだと……。

樋口――近代政治の前提は社会契約という「作為」を作り上げたということじゃないですか。現にわれわれを支配している王様は、王権神授ではないんだよ、われわれひとりひとりが約束したんだと思え、というフィクションの論理を立てた。約束したんだという以上は、約束の主体である個人が最終的には最高の位置に立つ。やっぱり、この理屈を作ったということはすごいと思います。それがあったからこそ、権力を抑制できた。それはおっしゃるとおり。「人が合理的に考え行動する」という横田喜三郎の言葉に載せて言えば、合理的にということは、作為で物事を思考する、ということですね。自然に起こってくる、自然が一番いいんだという思考では、それに絡めとられる。そういうことでしょう。

菅――にもかかわらず、「自然」ないし「自然」のような姿をしたものの規定力はものすごく強い。

樋口――そう。

菅――竹内好さんが、民族とは個人としての人間の足を引っ張るものだということをいわれていますが、民族が個人の足を引っ張る契機というのは、風土とか自然とかですよね。

樋口――そう、そう。まさに Blut und Boden、血縁と地縁が個人に絡みついている。

菅――で、それをどう超えるかというのが竹内好の問題意識だと思うんです。魯迅に竹内がこだわったのも、日本人の奴隷根性批判として展開された天皇制批判にも繋がってくるんじゃないか、と思えます。それからこれは、むしろ、私の天皇制批判を否定する論理なんですけど、朝河貫一という、軍部独裁に反対した気骨のある、一種の天皇制主義者がいます。朝河貫一の天皇制観は、横田喜三郎の考え方と捩れて繋がっている。横田は、人が合理的に考え行動できるようになれば天皇制は要らない、と言った。これに対して、朝河は、遙かな未来に日本の国民が、過ちなく自己統治できるようになるところまで到達したときに、日本人は天皇制に対して熱い感謝の念を持つであろうというんです。これは横田の見解を、天皇制への愛と崇敬の側から言っているわけです。捨てられるようになったら捨てる、という一見対立的で非常にクールな横田天皇観と、似ていなくもない。

横田にとっては天皇制という制度は、人間が合理的に思考し、行動できるようになるまでに必要な道具なわけですね。要らなくなったら捨てる。朝河にとって天皇制は、日本人が過つことなく政治を行うことができるようにした素晴らしい導きの星で、もしもはるかに遠い将来、日本人が、天皇制の助けを借りないでも自己統治できるようになったら、感謝の念を込めて別れを告げるだろうという展望を述べています。

先ほど、人々が合理的に思考し行動できるようにするために前衛が制度を廃絶するというのは代行主義ではないかというご指摘とも重なり合ってくる問題です。

ヴァイツゼッカー大統領と天皇明仁の言動

樋口――朝河貫一のことができましたが、いま、最大のパラドックスがわれわれの目の前で展開しているのではないですか。二年の間に三度の選挙が行われて（二〇一二年一一月衆院選、一三年七月参院選、一四年一二月衆院選）、その意味では国民に支持された政府が、なりふり構わず突き進んでゆこうとしている方向があり、それに対して、明仁天皇は、内閣の助言と承認に基づくのではなくて、自分の言葉でアジア近隣に向けて発信している。抑制された表現の中にも明確なメッセージが託されています。これは国事行為ではないから厳密には憲法違反の問題の外にありますが、精神としては憲法に反していることでしょう。現に右翼的出版物では、天皇はたびたび批判されています。こういう逆説的な現状がある。

そういうときに、絶えざる自己刷新、その絶えざる追求、あるいは永久革命というような問題意識全くなしに、気楽な天皇制否定、第一章削除の改憲論をおそらくはまじめに主張しているようなお試し改憲論を出しているのを見ると、とにかく私は我慢がならない。

菅――制度論でいうと第一章削除というほかはないのですが、問題はそのプロセスです。そこでの主権者の政治的成熟を問わないお試し改憲は愚劣です。

樋口――私はあるところで、天皇のこの「憲法違反的」行為を日本のヴァイツゼッカーと書いた。ヴァイツゼッカーは首相ではなくて大統領で、国家の最高位に位置する栄誉的地位にありますが、もとより政治の世界の存在です。それとは全く違う地位にある天皇の言動の意味をあえてヴァイツゼッカーを引き合いに出してとりあげたのは、ほかでもありません。本来は選挙により選ばれた政治家を通して日本国の政治意思として確認されていなければならない国民の良識が、天皇個人の言動という形をとって繰り返し発信されている。これまで政治が果たしてきた控えめな努力（村山首相談話、河野官房長官談話）に対してすら足をひっぱり、それどころか公然と異を唱える政権が選挙によって支持されるということがなければ、ヴァイツゼッカーに比較されるような危うい役割を天皇が引き受けることはなかったろう。この悲劇的状況を国民主権を語る有権者は痛みとともに自覚すべきです。

昭和天皇の葬儀に際し、大統領に参列しないよう促す書簡を送った人たちは、自分たちのその行為を今どう考えているのでしょうか。こういう状態を考えると、すべてはまず安倍政権を倒してからだろうと思う。次の選挙で、それができるのかできないのか、できなければまたそれが日本人民の「風土」だということになるのかもしれませんが、そうだったら、天皇制の制度悪どころの話ではない。政治権力は天皇のロボット化をますます進めようとすることになる。その時に、現天皇に、ロボットであることを拒否しなさい、安倍内閣と闘いなさいと言いたい誘惑をいうべきなのかどうか。

菅――憲法学では、そんなことは絶対言っちゃいけない（笑）。

樋口――もちろん、いけない（苦笑）。

菅――慰霊行為や園遊会だのレセプションでの「お言葉」を七条十号の儀式だと解釈して国事と認定したら、憲法違反ですね。いまの天皇が悲劇的だと思うのは、父のように望んでそうしたわけではないのに、彼が天皇である限り、われわれが個人であるようには彼は個人ではありえない、制度上、私人たりえない、絶対に公であることを強制されるわけです。

辞める自由もない。公にできることは内閣の助言と承認が要る、つまり、中身のある個人の行為はできない。しかし、天皇夫妻は昔の「ご進講」じゃありませんが、かなりの情報を収集して、それなりの見識をもって現実と対応している。皮肉なことに、そういう地位にある人物が、現今の政治状況の中で、最も有効な反政府的言動を期待される存在になっている。

先ほど樋口さんが、我慢がならないと言われた類の言説とも重なりますが、暗黙に政府批判を畳み込んだ明仁の「お言葉」や行動を、反天皇制左翼の多くは欺瞞だと批判します。

明仁は誕生日の会見で、桓武天皇の妃の祖先がお国の血筋だということに深い感銘を覚えると言ったり、いわゆる「殉国」の「英霊」だけを祀って、絶対に「敵」は慰霊しない靖国に、小泉や安倍が参拝したために日本と中韓の関係がぎくしゃくしてくると、サイパン島やペリリュー島に出かけていき、民間人や「敵」の軍人兵士も慰霊してくる。園遊会で米長邦雄が日の丸掲揚・君が代斉唱の強制で張り切ってみせると「強制はいけません」とくぎを刺す。安倍が戦争法制を強行突破しようとし始めると、二度と戦争はしないと死者の霊に誓ってみせる。改憲の動きを強めると、憲法を守り、とわざわざ言う。三・一一のあと被災者を見舞ったりもしました。こういう言動を全部欺瞞だと反天皇制左翼の多くが攻撃する。欺瞞なのは、天皇の言動ではなくて、言動を欺瞞として機能させる制度ではないですか。

学校現場で国旗掲揚・国歌斉唱強制に反対する抵抗運動は、背後にある天皇の権威を批判します。天皇や皇族が出席する地域の行事で、戒厳状態になることへの抵抗運動も同じです。これらは、天皇制の影はチラつきますが、それ自体、日本の君主制に反対する闘争ではありません。そういう抵抗運動と、こちらから、天皇「個人」をターゲットに喧嘩を吹っかけて「欺瞞」だと非難するのは全く異質な行動で、後者は、政権の専横に対する天皇の暗黙のチェックに共感したり癒やされたりしている人をことごとく敵に回してしまう。

樋口――それはひとつには、ヴァイツゼッカーの演説が欺瞞だというのと同じ意味でなら欺瞞だといえますね。西ドイツ国家がやってきたこと、やっていることのすべてがすべて決してほめられたものではない。ギリシャに対する支援打ち切りの脅しの仕方などもそうでしょう。隣国フランスの代表的新聞ル・モンドは、ヴァイツゼッカーの死に際し、長文の追悼記事と四分の一ページ分ほどにもなる大きな写真（昭和天皇葬儀の際の正装）をのせ、戦後ヨーロッパの和解を確かなものに踏み固めたことを讃えました。全く偶然でしょうが同じ日の別の紙面で一ページ全部を使って、一九五三年にフランスの裁判所で死刑判決を受けていた元ナチ党幹部（アロイス・ブルンナー）が二〇一四年ダマスカスで死去するまでの間、シリアと（西）ドイツ経済界をつなぐコンサルタントをしていた、という追跡記事を載せています。そういう面を持つドイツにとって、ヴァイツゼッカーが言ったことはとても重要だった。それを欺瞞だからやめろというのなら、私はそう考えませんが、議論として成り立たない議論ではない。

もうひとつ、もっと大事なことを言えば、日本の主権者がこれほど駄目だ、ということを覆い隠すものだという意味でなら、確かに欺瞞です。国民が選んだ代表が、そういうことをやっていないということを覆い隠す、という欺瞞です。問題はその欺瞞という自己認識を梃子として、それではどうしなければならないか、という段階に進むことでしょう。欺瞞を言い立てることでとどまれば、あからさまな居直りを許すことで終わります。

菅――しかし、天皇や天皇夫妻の、憲法違反かそのすれすれの、こうした政権批判を究極のところでどうとらえるのかということなのですが、私は、憲法の制約の下での天皇夫妻の「あがき」に共感あるいは同情するところはありますが、結局、明仁が安倍政治に異議を唱えても、天皇に権力はありませんから、政策を変えることはできません。変わらないのに、邪悪な暴政を密やかに批判してくれたことに、良心的な主権者は癒やされる。癒やされて社会的心理はガス抜きされる。かえって、暴政の防波堤になるだけではないか、と思うのですが。

樋口――心ある人たちを癒やすというだけでなくて、これまで政治に関心を抱かなかった人たちに、政府の政策の問題に対して気づかせる効果もあるでしょう。だから、政府に近い人たちは、天皇のそういう言動で、政策の問題点に気づく人たちが出てくることを恐れている。

菅——政府批判の啓蒙をしているということですか。

樋口——それこそ、日本国憲法の精神に反するのですが（苦笑）。

菅——ロボットであるはずの天皇が、政権を批判する、ということですからね。

樋口——そう。だから、問題を解決しないまま癒やしてしまうという一面と、問題の所在に気づかせるという反面と、両方あるのです。

菅——天皇の言動を有効な批判とみるか、ペシミスティックに見るかは、どういう社会階層にフォーカスしてアピールするかの違いのようにも思います。

樋口——それは、運動家や元運動家の世界に向かって言うか、これまで一所懸命働いてきた人、働き終わった年金世代の人、そういう、自民党を支持してきた有権者たちに向かって言うかの違いです。同じ自民党を名乗ってきたけれども、今までの自民党とこれは違うんじゃないか、そういえば、天皇はどうだ？ っていう、そういう感覚です。これは、短期的には、次の参院選に向けて、ひいては「戦後レジームからの脱却」の完成を許してしまうのかにとって、非常に重要です。

自民党のもと長老たちがこぞって安倍路線に反対して、記者会見しているじゃないですか。天皇の言動は、それ以上に有効です。これは悲劇的なまでにアブノーマルな事態です。

制度悪一掃のプロセスを考える

菅――ここで、敗戦直後の横田喜三郎のいうような意味での、つまり合理的思考が主権者にできるようになった結果としての天皇不要論は認められるが、私のように、合理的な思考と行動を可能にするために、制度悪を一掃するという考え方は、前衛による代行論ではないか、という趣旨のご指摘があったことに戻りたいと思います。

制度悪の一掃ということを撤回するつもりはないのですが、そこに至るプロセスについて少し考え方を変えたところがあります。まず制度を先に取り除きさえすれば、人間の共同的な観念の呪縛が希釈され、やがてなくなる、という順序には無理がある。仮に制度機構は残っていても、国家の統合に拘束されない関係を構築することができれば、その分だけ、幻想の共同性の拘束は希薄になる。つまり制度悪の機能が希釈され、人間の関係意識に影響を及ぼさなくなる。そういう順路で、天皇制的観念の消滅が実現される、ということではないかと考えるようになりました。共同的な観念体系の克服の問題ですから、幻想次元の敵は自分の内部にある、というわけです。

さりとて、朝河貫一のように、天皇制は束縛とか枷ではなくて、大切な価値だというふうには到底考えられない。朝河だって、はるか未来の果てには天皇制が要らなくなる時が来ると言っているので、要らなくなる価値というのはおかしい。大切なのは、合理的な言動をさせない契機に自分が拘束されていることへの自覚というか、負の意識を維持する態度だと思うんですね。

一木一草にも天皇制があるという竹内のひそみにならえば、革命運動の中にも「天皇制」があるわけです。しかし、その拘束からの自由を断念しない。内部に敵を見据えつつ制度悪の一掃に向けて前進する、それが反天皇制運動ではないか、と。

樋口――その課題はすぐには実現しないでしょう。永久革命だという、そういう緊張関係を持続しなければなりません。日本国憲法の九七条に書かれていることにも通じます。

デモス＝人民の支配にはいろいろな場面があって、消費者主権という言い方をする人がいるでしょう。米は安ければ安いほどいい。日本の農業のことなんか考えない。今、そういう人は株式市場に組み込まれています。私の全く知らない世界だけれど、そちらのほうは株価が上がれば上がるほどいい、そういう消費者の行動が、選挙の投票行動に結びついているのかいないのか、二年間に三回の選挙があって、政府に例外的な高い支持を与える結果になったのは、「消費者主権」のゆえもあるのではないか、証明はできませんが。そうであればあるほどRepublic、レス・ピュブリカ、公事に目をむける関心が必要です。もちろん、一般人の私的な欲望が公共の名によって完璧なまでに抑圧された敗戦前の一〇年間のことは忘れてはならないけれども、私的な欲望を制約する公共の空間がなければならない。もはやグローバリゼーション万歳のポストモダン型楽観論の未来像が通用しないことは、誰の目にもはっきりしているでしょう。そうなると市民の連合体・連結体である国民の範囲をどうするか、ということが問題であり、レス・ピュブリカ（公）に対するそれぞれの関わりをどうするのか。

菅――先ほどの歴史的風土とか人間の自然ということと関わるのですが、樹木が自然であるというような意味で人間の自然というのは存在しないのであって、欲望に忠実であることが自然ということであり、歴史が、あるいは作為が、自然とか風土とかをコントロールできるのかどうかという問題なのではないでしょうか。「消費者主権」の私的欲望を制約する力を持てるのかどうか、それが作為の叡智だということだと思います。

樋口――一方が他方を完全に抑えるということはありえないでしょうが、われわれは社会を作っているので、一個の主体として公共性ということを曖昧にしてはいけない。

菅――今世紀の初めころ、斎藤純一さんなどが、ラディカルな公共性論を主張した時期がありましたが、その時はおそらく樋口さんと共通の問題意識だったと思うんです。それが、民主党が「新しい公共」とか言い出してから議論の質が変わって緩んでしまった。安倍内閣になってからは議論もされなくなりました。

欲望とか消費者主権を制御する「作為」を考えるにしても、「作為」は抑圧ですから、邪悪な「作為」もあるわけで、どういう「作為」なのか特定しないといけない。ほんとうに立憲主義の理念に即した、さらなる変革を促すことに資する「作為」かどうか、ですね。

敗戦直後の日本で、最初のお話に出た三人の法学者の議論とか、知的世界で天皇制問題が強い関心を喚起したということはあったとは思うのですが、左翼的な政治運動のなかでは、天皇制の問題が真剣に考えられてこなかった。

日本共産党はもちろん共和国憲法草案を作っているわけですが、加藤哲郎さんの『象徴天皇制の起源』によりますと、一九四二年時点で、天皇制存置の方針がアメリカの「日本計画」のなかで策定され、イギリスと協議されていただけではなくて、モスクワとも延安とも擦り合わせが行われ、存置やむなしで合意していたというんです。野坂参三はそれを知っていた。

樋口――だから「愛される共産党」になったわけだ。

菅——はい。よかれあしかれ講座派の蓄積は清算されてしまった。新左翼はもっと、戦後の天皇制、つまり権力を持たないが政治的規定力を持つ戦後に固有の天皇制をどう考えるのかという問題意識が抜け落ちてしまっている。ただ、藤田省三さんが「買弁《ばいべん》天皇制」ということを『天皇制国家の支配原理』のなかで言われています。「鬼畜」だったはずのアメリカに守ってもらった戦後天皇制だから「買弁」、この直感は鋭かった。

一九八〇年代、もう天皇制は「買弁」とは違う性格になっていましたが、反天皇制運動に関わったときの私の問題意識は、非常に傲慢に言いますと、左翼に対する戦後の天皇制認識の啓蒙運動というふうに考えていました。権力を持たない存在がなぜ規定力を持つのか、そのことを解明するという理論的な課題と取り組まない反天皇制闘争は無意味だと考えました。この時期天皇の座にあった裕仁は、法的には絶対的な権力であった時期と象徴天皇との両方を経験した唯一の天皇であり、この時だからこそ制度の問題と個人の歴史的責任を串刺しにできました。最後の好機だったといえると思います。

私の家にもガサが来たり、行動も電話も監視されているようだったり、無言電話や脅迫電話があったりして面倒でしたが、天皇制という制度と天皇裕仁個人の乖離がないから、反対運動はやりやすかった。アポリアに遭遇するのは代替わり以後、制度と個人の関係が乖離してからです。「平成」以後、反天皇制運動は、制度と個人としての天皇の言動を区別することに失敗したのだと思います。その結果、天皇制も天皇も、その名を聞けば敵視するのが正義という作風が蔓延してしまった。

しかし、存否の是非に関しては、私は立場を変えません。どんなに「愚民」でも「民主」は「民主」、制約は樋口理論の立憲主義の理論でかければよい。福沢諭吉でさえ——後で覆すようなことを言うわけですが、それは「民主」の枠内のことで――まずは、天は人の上に人を作らず、人の下に人を作らず、から出発した。例外的な超越者が存在してはならないと思っています。ところが、樋口さんから、いやいやなかなかそうもいかないぞというお話を伺ったので、立憲主義的憲法思想にとって、天皇制は可能か、という点についてお話しいただければと思います。

国家による被害の自覚に乏しい国民

樋口――論理的には国民主権と君主の存在とは両立します。しかし、近代天皇制を経験した日本においては、その歴史によって国民主権と天皇制が結びつき難くなっていた。だからこそ、一方で「皇軍」の可能性そのものを全面否定し（九条）、他方で政教分離（二〇条）による脱神話化が必要不可欠だったのです。そのようにして国民主権と適合的なものとされたはずなのに、その断絶の意味を減殺しようとする力にとどめが刺されることはなかった。

もっと重大なのは、国民主権下の天皇のあり方を忠実に要約したはずの「ロボット」化の効果です。選挙によって自己を正統化する政治権力が節度を失うと、「ロボット」としての天皇を援用して重ねての自己正統化をしようとする（二〇一三年四月二八日式典）。現天皇のヴァイツゼッカーになぞらえられるような言動は、それに対する抵抗でしょう。この図柄からすると、国民主権の名のもとに天皇をロボット化しようとする政治権力が憲法に合っていて、それに抵抗する天皇の側が違憲のおそれをあえて冒しているのです。

ところで、菅さんも日本国憲法の第一章と九条と国家神道に関する二〇条、これが三点セットだと指摘されています。この三点セットをともかくも条文として維持してきたことによって過去の清算を棚上げにしてきた。ところがその三点セットにとどめを刺そうというのが、今の内閣のやっていることです。しかもそれに合わせて、戦後七〇年に合わせた安倍首相談話（二〇一五年八月一四日）は、その冒頭で、「百年以上前の世界」での西洋列強の植民地支配から説き起こし、自国の独立を守り抜きアジア・アフリカの解放に役立ってきたという下絵の上に日本近代の像を描こうとしました。遡るのなら一四九三年の教皇境界線による世界分割まで行きたいところですがそれはともかく、せっかくの自己正当化の試みも、敗戦すぐあとの尾崎行雄の表現を借りれば、西欧列強のあとから割り込もうとして惨めな結果に終わった「鈍盗」だったことの告白でしかなかったのですが。ここでも、戦後七〇年の日本を描くもう一つの構図が、現天皇によって示されていました。年頭の言葉で、戦後七〇年をふりかえって遡る地点が一九三一年満州事変だからです。ヴァイツゼッカーの戦後四〇年演説が一九三三年一月三〇日（ヒトラーの首相就任）から語り起こしているのと同じです。

日本が侵略と植民地支配をしたことの責任、その中で犯したことがらの責任は、相手当事者に対して負い続けるべき責任です。それとは別の次元のことをここで出しておきたいのですが、開戦責任、敗戦遅延責任、大本営の作戦責任、それを被害者としての自国民に対して負うということがなければならない。その認識がないから、首相が靖国神社に参拝すると遺族が喜ぶ。次はぜひ天皇に、などということになる。日本の国民に、自国の権力によって危害を蒙ったという意識がないからそういうことになる。

第一次世界大戦で一九一四‐一八年の間に軍法裁判で処刑されたフランスの士官・兵士が七四〇人

いる。それを改めて精査した上で必要な名誉回復をすべきだということを今の大統領（オランド）も、サルコジもシラクも言っているのです。難しい問題で実現はしていないけれど、少なくともそういう議論があります。私たちは、戦争の実相をたしかめようとする公式の報告書すら持つことができていません。それどころか、ごく最近のイラクでの自衛隊がどんな状況の中で行動したのかさえもです。

一条・九条・二〇条の均衡の破壊

樋口——話を戻しますが、国外に対して自国の歴史についての明確な態度を一貫させることができなかったそのかわり、歴代首相や財界首脳にしても、憲法九条を盾にして国際関係を凌いできたといえるでしょう。そういう、欠如を埋めようとする言論を封殺した上で、九条を変えようとする。

菅——免罪符にさんざん使っておいて要らなくなったら捨てるご都合主義ですね。それと、被害の感覚の希薄さということですが、戦後に生き延びた人たちにとっては、敗戦後が想定よりハッピーだった経験が、戦禍の忘却へ誘導しているということですね。

樋口——そう、負けてよかった、という。それは圧倒的にありますよ。私が言いたいのは靖国神社に祀られた人々の遺族に、本当の被害者意識というか、権力に動員され殺されたという意識が欠けているということです。交通機関が起こした事故で死んだ人の遺族は、航空会社や鉄道会社の社長が行っても許さないでしょう。なぜ、国家に殺されたのだから許さない、と、そうならないのか。

菅——先刻の三点セットのことと関わりますが、私は豊下楢彦さんの戦後天皇制認識に注目しています。アメリカは「日本計画」で天皇制存置の方向性を決めていたわけですが、豊下さんは天皇・

マッカーサー会談でフレームワークが確定されたという考えです。これには矢吹晋さんなどの批判がありますが、政治史の文脈として、私は豊下説で整合的に説明がつくと考えます。

占領軍は、天皇制存置の対価として日本の武装解除、つまり非戦非武装を考えます。これで他の連合国を極東委員会で納得させた。当初、非戦非武装の日本を、沖縄に国連軍を常駐させて「護る」ことを構想します。しかし、冷戦の激化で国連軍が画餅に終わり、アメリカは米軍による沖縄の半永久的占領を考え、日本からオファーしろという。求めに応じて、天皇裕仁は「沖縄メッセージ」を出します。以後、七十数年、天皇制存置とセットだった本土の非戦非武装は、沖縄の犠牲のうえに成り立ってきた。沖縄に「ちゅら海」が戻るには、沖縄の基地撤去以外に道はない、というのが豊下さんの結論です。普天間の辺野古移転や、戦争法制をめぐる憲法問題と直接に関わるところに、戦後天皇制の延命の鍵があるということです（補記：この後、豊下氏は二〇一六年に『昭和天皇の戦後日本』という著作で、克明に実証を試みている）。

次に二〇条についてですが、この点については島薗進さんの『国家神道と日本人』の議論が参考になります。神道指令と二〇条は、当然表裏の関係になっていて、権力と宗教組織を切断し、あとは信教の自由を保証するというアメリカ的な政教分離が行われます。ケーディスたちは、日本国民の天皇崇敬は占領政策に支障はないという判断だった。だから、宮中に皇室神道と皇室祭祀がほぼ戦前そのままに残され、民間には神社本庁に統轄される神社神道と、靖国と護国神社が残る。島薗さんが着目しているのは、大祭という、天皇が祭司を務める重要な宮中祭祀です。ほぼ戦前通りに、年に何度も行われ、そこに、三権の長や高級官僚や大臣や最高裁の判事が招待されて参内し、天皇と一緒に柏手を打っている。しかし、皇室の「私事」だから報道されない、だから国民は知らない。これはかなり衝撃的です。そういう儀式に反復して参加することで、天皇の政治家、天皇の裁判官、天皇の官僚の意識が再生産されます。これは占領政策の欺瞞の現代への延命だから、始末しなくてはいけない。

樋口――もう一度、三点セットですが、改めて指摘なさった二〇条を含めて、本来これら三つの条項に記されていたはずの重い意味――八・一五以前の大日本帝国からの訣別の保証という意味――から少なからず逸脱した運用がなされてきました。憲法の「形骸化」と呼ぶ人たちも少なくありません。それならそんな「偽瞞的」な条文などないほうがよいのか。国民を目ざめさせ突き放して、やる気を起こさせたほうが変革の近道ではないか。このような、カール・シュミットが好んで使う“ab integro”新規まき直しの変革を本気でいま考えている人たちも、いないわけではないようです。私はとてもそのような楽観を共にすることができません。かろうじて「憲法改正」を阻止し、憲法を楯にしていま現にあるような日本社会を維持してきたのが精一杯だったことを考えるならば、です。まして、そのような「戦後レジーム」打倒を執念のように掲げ、その実行に着々と手をつけているのが現政権です。そのこれ以上の暴発を、少しでも押しとどめようとするならば、です。

賽の碩ではありませんがこれまで積みあげてきた戦後民主主義の小石の数々を「岩盤」にたとえてドリルで粉砕しはじめている政治権力・社会的権力に対し、こぼれた小石を少しでも積み直すしごと。――そのような、我慢づよくなければできないしごとをやっているのが憲法解釈学の任務なのですから。

日本国憲法というテクストは、そういう道具として、明らかに役に立ちつづけています。このたびの二〇一五年武力行使・同盟法案の国会審議の段階で、それまでは役立たずの現実離れした議論のように扱われることが多かった違憲論が、多くの人々の生活実感に触れて一種の電気反応を起こしたのではないでしょうか。支離滅裂というほかないところまで追い込まれた首相などの国会答弁は、あらためて国民が為政者に憲法を「押しつけ」ることの意味を、映し出したのではないでしょうか。

そのような、電気反応にも似た違憲論の再活性化を引き起こしてまで政権が突き進もうとしている路線を先どりして見せているのが、現政権が野党にあった時期に公にしていた自民党「憲法改正草案」（二〇一二年四月二七日）です。その新しい九条の二、九条の三に、二〇一五年法制の行き着こうとしているすがたが描かれています。そのことを含め、この案は現憲法の「改正」というより、それとは法の内容上の連続性を断ち切った新憲法案といっていいものです。いちばん肝要と思われる二点だけ、あげておきます。

第一。「人類普遍の原理」への言及を核心とする現行前文の全文がさし替えられます。かわって新前文では、〝古きよき日本〟を象徴すると草案が考えたであろう言葉が連ねられます。「長い歴史と固有の文化」「天皇を戴く国家」「国と郷土」への「誇りと気概」「和」「家族」「社会全体」「助け合」い「美しい国土」「良き伝統」……というふうに。条文本文では、現行一三条の「個人」という人権思想史の蓄積を背負った文言は「人」に変えられます。例えば表現の自由の現行二一条に第二項を新設し、「公益及び公の秩序」を害することを目的とした表現活動は「認められない」。

第二。二一条のように右手で自由を認め左手でそれを取りあげるという仕方とは対照的に、二二条の居住移転・職業選択の自由については、現行条文にある「公共の福祉に反しない限り」が周到にも削られています。表現の自由や労働基本権は制限し、経済活動の自由は放任、という逆二重の基準の憲法規範化です。それに対応して、新前文には、「活力ある経済活動」と「成長」がうたわれている。一方で〝古きよき日本〟を、しかし他方で経済の活力と成長を掲げる新自由主義を旗印とする路線は、当面、後者の強行によって拡大する国民間の格差と分断を、前者の虚像によって癒やそうという、補完の関係に役立つのでしょう。しかし、両者が股裂きになる状況は、もう私たちの視野に入ってきているのではないでしょうか。

混乱は、この対論の主題となっている天皇制度についても見られます。「草案」第一条は、「象徴」の文言の前に「元首」という文言を置きます。帝国憲法第四条の「元首」への郷愁の現れなのでしょうが、「草案」と同時に公にされた「Q＆A」が紹介する党内の反論のほうが、彼らの立場として筋が立っています。世俗の地位である「元首」と規定することにより、「かえって天皇の地位を軽んずる」ことになる、というのです。実際、サダム・フセインからカダフィ大佐まで、「元首」仲間はいろいろいるのですから。

もうひとつ言えば、現行九九条にあたる憲法尊重擁護義務（草案一〇二条）の名宛人から天皇を削除しています。もとより、現行九九条には挙げられていない「全て国民」に義務を課し、天皇を義務から解放することの主観的意図は明らかです。国民一人ひとりの個人としての生き方を可能にするために権力を制限するという立憲主義の通則とは反対に、権力が個人を縛る手段としての憲法への転換です。西洋法史にも通じた日本史家である水林さんが、「草案」は明治憲法への逆もどりどころか慶安の御触書を連想させる、と述べているのは的確な比喩でしょう。しかしまた、天皇を憲法尊重擁護義務から解放することとは、改憲論者の主観的意図とは逆に、天皇を恣意的に「ロボット」として動かそうとする政治権力に対し、天皇自身がそれを拒否して立憲主義擁護の deus ex machina（デウス・エックス・マキーナ）となる、というパラドックスをも、意図せずして許容することになるのではないでしょうか。そのような「機械仕掛けの神」、急場を転換させる神をあてにしてはならぬ、その助けを求めるよりは、国民自身がいったん地獄に堕ちて再生するほかないのですが。

討論を一区切りしてI　樋口陽一

討論の中で菅さんは、「制度悪の一掃」ということを撤回はしないが少し考え方を変えたところがある、と言う。課題の基本はつらぬいていってほしいと私も願うことだ、と応じておきたいが、その上で私は、制度を取り除くことで事が終わるのではないという菅さんの認識、人間が統合に拘束されない関係を築いたその分だけ、幻想の共同体の拘束＝制度悪の機能が希薄化し希釈されてゆくのだ、というその認識に共感する。

おそらくそのような地点に収斂してゆくであろうことを、正反対の出発点から進んできた私の側から言えばどうなるか。

近年、私が言動を共にすることの多かった親しい仲間たちが世を去ったあと、託された志を力づよくしなやかに担い続けている菅原文子さんが書いていること（『本の窓』二〇一五年一一月号）に寄せて、私はそれを言いたい。

「私」という主語がどこにも見当たらなかった今夏の安倍談話は、世界中の災厄であった第二次大戦の犠牲者たちを冒瀆するような内容が見え隠れした。（…）比べるのも畏れ多いが、国民から敬愛されている両陛下は、ご高齢をも顧みず祈りの旅を今も続けておられる。

その上で彼女は、昭和天皇から米国に伝えられたという、かの「沖縄メッセージ」の記録を引用した上で、こう続けるのだ――。

このような歴史の事実と真実を直視することこそ真の民主主義への一歩であり、その勇気を持ちたいと思う。皇居の堀の石垣を見るたびに、石の一つ一つが天皇の名において死んでいった人々の墓標のように私には幻視される。死者たちよ、来たりて語れ、そう思わずにはいられない。

私はこの言葉を自分自身の言葉とし、その文字に自分の文字を重ねたい。「制度悪」は「石の一つ一つ」の無言の語りかけに耳を澄ます一人ひとりの「勇気」が「主権者」国民の内実となってゆくことによってこそ、希釈化されてゆくだろう。

討論を一区切りしてⅡ　菅孝行

国家という規範がどれほど個人の観念に骨絡みで侵入してくるものか、「自然」の顔をした作為、

「風土」の顔をした歴史の所産であるかを、討議を通して改めて思い知った。

近現代の政治において、権力が、権威を駆使できるのは、権威を価値として内面化している主権者の幻想に依拠することによってである。権力は主権者から付託される。権力とは〈われわれ〉なのである。〈われわれ〉は何をしでかすかわからない。樋口立憲主義の骨頂は、そこを鋭く衝いてきたことにあった。当然、安倍政権に絶大な支持を与えた日本人主権者が俎上に載せられた。事態は、しかし、もっと錯綜している。普通、暴走する政権の光背には象徴としての天皇が想定される。たとえば下村由一はこう言う。

ドイツのブラント首相がワルシャワ・ゲットー英雄記念碑でひざまずいたのを見た韓国人が「天皇もひざまずくべきだ」といったのに対して、ある日本人が「はらわたが煮えくり返るようだ」と怒ったのを見て、私はつくづくそう思いました。そういう心情にあるとき、何かに動員される可能性はある。天皇に統合された日本人として。（南塚信吾・小谷汪之・木畑洋一編著『世界史の中の安倍政権』二四頁）

ところが、天皇夫妻は、事あるごとに安倍政権のイデオロギーや政治手法に対する批判者として振る舞ってきた。皇后美智子は誕生日の会見で、多くの若者が戦争と平和の問題について考え行動したことを高く評価した。夫妻の「個人」の次元の構えは、先述の「ある日本人」の気分などとは裏腹に、世界の「平和」にとって必要とあらば、南京大虐殺の碑や元従軍慰安婦の像にでも、ひざまずきかねない「覚悟」を示している。

だから、この討議では、違憲覚悟の明仁天皇が暴政を戒めたのか、主権なき天皇の、その行動が、政策の変更なき心情の次元の癒やしをもたらすに過ぎなかったのか、というところが、最もスリリングな対立点になった。天皇の癒やしさえない国は不幸だ。しかし、天皇の癒やしを必要とする国はもっと不幸だ。さりとて私も、主権者の政治的成熟がなければ、天皇制の打倒が、ISのような武装勢力が跋扈する、自然状態に等しい混迷か、民主的に選ばれた独裁者を生むだけだという樋口さんの見解に異論はない。先に制度をなくすことが解放なのではない。権力にも権威にも右顧左眄することを要しない自助・共助の関係を産出する運動の総和・相乗の過程それ自体が、権威と権力を空疎化させ、制度を眠り込ませる。その過程は長い時間を要する。しかし、その過程こそ、時々刻々の解放の経験の蓄積である。その果てに、人々は用なしになった制度を完全に消すことができる。

（対談は二〇一五年七月七日に行われた）

第3章

集合的幻想の起源と占領統治七十余年の欺瞞

「改憲」に直面する二〇一八年以後に向かって

I 政権の改憲志向と天皇の「護憲」

安倍の多重的違憲・改憲志向

敗戦から七二年、憲法施行から七〇年、二〇一七年一〇月の衆院選挙の結果で、改憲が現実的な日程に上がった。改憲といってもそれがどの条項を優先するのか、まだ不透明なところは少なくないが、四六五議席のうち四〇〇議席近くが改憲志向という状況は、戦後政治史以上初めての事態である。首相や閣僚は「特別職」とはいえ公務員なので、憲法九九条の護憲の義務を負うはずなのだが、安倍内閣は与党を追い越して改憲姿勢を煽り立ててきた。自民党が野党時代に策定した改憲草案（二〇一二年四月二七日）さえ無視して安倍の裁量で改憲を進めようとしている。

また、憲法の条文を変えるに先だって、憲法無視の態度をあらわにしてきた。違憲行為は多重的だ。最たるものが、集団的自衛権の合憲判断である。二〇一五年、安倍の腹心を内閣法制局長官に据えて法制局見解を一転させ、その見解に基づく形で集団的自衛権の合憲を閣議決定した。国会に呼ばれた憲法学者は自民党が呼んだ証人（長谷部恭男）までがこぞって「違憲」と証言したが、官房長官は、決めて実行するのは政治家だと嘯《うそぶ》いて戦争法制を強行採決した。九条への自衛隊明記（野党時代の自民党案では「国防軍」）ばかりが争点ではない。自民党の憲法草案では、前文の精神の換骨奪胎はもとより、天皇元首化（一章改定）、個人主義原則の否定（一三条改定）、家族主義の復活（二四条改定）が計画されている。また、すべての権利条項に、「公益及び公共の秩序」に反せざるかぎりというような制限を設けて、憲法を権力による弾圧正当化の法規に変えようとしている。現在の九九条の公務員の憲法遵守義務を国民の義務規定へと反転させようとしているのもその一環である。国家緊急権を新設するのも、緊急事態や国難を口実とした国民総動員の権利を政府に付与しようとするものだ。

安倍は祖父岸信介の「衣鉢」を継いで、〈対米自立〉を意図している。だが、安倍の政策は全くそれと相反する対米隷属[*1]を推し進めているとしか判断できない。周知のように現在の日米軍事同盟の下では、自衛隊に米軍から独立した軍事行動をとる自由はない。この同盟関係を変える意思を安倍は全く表明していない（誤解なきように願いたいが、日本独自の立場から戦争をすべきだといっているのではない。「日本軍」は軍事的に米軍に従属しているといいたいだけである）。

安倍は、アメリカの貿易赤字解消のために、超巨額の武器購入を約束した。オスプレイにとどまらず、F35A戦闘機、SM3ブロックⅡA弾道ミサイル防衛用迎撃ミサイル、イージス・アショア地上配備型弾道ミサイル防衛システムなど際限もない。さらに安倍は追加購入をトランプに約束した。これらが、「自立」のための臥薪嘗胆だというのであれば、その気配があってもよいはずである。だが、現代の治外法権というしかない日米地位協定の改訂を要求する気配もない。辺野古移設が唯一の解決策という政府見解もアメリカの軍と政府の意を汲んだものだ。極東条項の撤廃などおくびにも出さない。

安倍が狙う改憲の目的は、対外的には戦争する「自由」を確保すること、国民に対しては憲法による権力の制限を解除して（＝立憲主義の否定）、憲法を「強権」への恭順を正当化する装置に作りかえることにある。だがその「自立」を願望する「強権」が、アメリカへの軍事・政治・経済総体の隷属を推し進めるという、両立しようのない矛盾を抱え込んでいるのである。象徴天皇制から元首天皇制への反転も、君主の「威」を強めることによって政府の「強権」をより威嚇的なものにするための方策であるが、この「自立」を志向する「強権」は、対外的には、対米隷属を深めるために行使されるしかないだろう。皮肉の極致である。

明仁の「護憲」発言

安倍内閣において極点に達した自民党政府の重層的な違憲の蓄積と改憲志向に対して、天皇明仁は、

＊1　「対米隷属」とは何を意味するか、筆者の意図については本書巻末「天皇制と日本資本主義のことなど――あとがきにかえて」参照。

極力国政への明確な関与を指摘されない範囲で、違和・反発・批判を繰り返してきたといえる。もちろん、厳密に言えば、それもまた「違憲」であるが、これは明仁個人の責任ではない。生身の人間でありながら国家と国民統合の象徴（＝記号）であるという、絶対的矛盾を天皇に背負わせる統治形態の然らしむるところである。天皇の「違憲」を騒ぎ立てる前に、政府にとってあまりにも便利なこの制度を七十数年利用してきた政府と、それを許容してきた主権者の政治的想像力の欠如に思いを致すべきだろう。

兆候は小泉内閣の頃から顕著になり始めた。二〇〇一年の誕生日の会見で、日韓共催のサッカー・ワールドカップを前に「桓武天皇の実母は百済の武寧王の子孫であると、『続日本紀』にあるのは感慨深い」と明仁は言った。嫌韓・反日機運の抑止を意図した発言と考えるのが順当だろう。二〇〇四年の園遊会では、東京都の教育委員として得意げに日の丸・君が代強制推進の陣頭を切ってきた棋士の米長邦雄に「強制はよくない」とたしなめた。二〇〇五年のサイパン島慰霊の旅は、小泉の靖国参拝へのカウンターの意味合いがうかがえた。

安倍内閣（短期だった第一次も長期にわたる第二次も）の改憲機運醸成に対しては、「おことば」で平和・護憲の姿勢を反復した。辺野古基地移転強行に抗議して知事が欠席した二〇一三年の四月二八日の「主権回復の日」、沖縄の人々のいう「屈辱の日」に、安倍は自民党の偽客《さくら》に「天皇陛下万歳」を唱和させたが、明仁・美智子夫妻は答礼しなかった。二〇一四年のペリリュー島慰霊の旅は、二〇〇五年のサイパン慰霊と相似形で、安倍の靖国への供物奉呈と閣僚や「参拝する会」の議員たちの大量参拝に対抗したものと解釈できよう。敵を慰霊から徹底排除する靖国神社の信仰に対して、敵・味方・現地人を区別せず死者を慰霊する姿勢を顕示したといえる。[*2] 特定秘密保護法、戦争法制の審議過程では、様々な場で護憲・平和の意思を示唆していると受け取れる言動が多々あった。二〇一三年の誕生日会見にはその色彩が濃厚で、八木秀次はそれを見咎めて、宮内庁の天皇管理不徹底を批判した。[*3]

美智子も折に触れて、明仁と〈合作〉した。二〇一三年、美智子は、誕生日の会見で、欽定憲法制定に先だって出現した私擬憲法のひとつで、立憲主義条項を列記した五日市憲法を高く評価した。夫の父の前半生に根拠とした憲法よりいいとわざわざ皇后美智子が言うのだから、含むところは明らかだ。二〇一五年、戦争法制反対闘争の後には、多くの若者が戦争と平和の問題について様々な催しを通じて真剣に考えようと努めていることを心強く思う、と暗にシールズ支持にも通じる発言を行った。美智子は石牟礼道子と親交があり――彼女の実家は水俣の経営に有責という議論があるが、血統と「個人」は別だ。彼女は非皇族出身でありながら「個人」であることが禁じられているが、これも個人の責任ではなく制度の問題である――水俣の患者に寄り添おうとしている。それは当然、歴代政府の水俣対策への批判を含意する。二〇一六年には夫妻で水俣を訪問した（これにもまた水俣に分岐を持

＊2　ちなみに祟りを恐れて敵や怨霊を祀る、というのがこの国の近世までの神道の「伝統」であった。八幡神社がそれを代表する。敵を排除し、いわゆる「国」に殉じた死者だけを祀るという風習は、維新の功労者を祀るために作られた東京招魂社から始まった。東京招魂社が靖国神社となって、「国」のために殉じた「英霊」のみを祀る風習が近代になって作られた。靖国は神道信仰の「伝統」に反している。

＊3　八木秀次「憲法巡る両陛下ご発言公表への違和感」『正論』二〇一四年五月号。

ち込んだという批判があることは筆者も知っている。人間が制度を離れて「個人」として存在することが許されればそういうことは起こらない）。

「個人」――それが成立するとしての話だが――としての明仁・美智子は、単に平和のみならず、人権・立憲主義の立場をも表明してきた。その結果、一見、象徴天皇制を忌避しない護憲多数派勢力と明仁による、安倍政治との意識レベルでの暗黙の「共闘」という奇妙な構図が成立したのである。

Ⅱ　八・八が露呈させたもの

退位メッセージに対する改憲派の反応

だがこの「共闘」はどこかおかしい。そのおかしさが顕在化したのが二〇一六年の八月八日の生前退位を求める天皇明仁のテレビ・メッセージ[*4]とそれに対する諸勢力の反応だった。[*5]明仁は、天皇の仕事の内容を再定義し、宮中で儀式だけやっていたのでは国民統合の象徴は務まらない。パラオにも、沖縄にも原爆や原発の被災地にも、出かけていかなくてはならない。それには体力もいる。自分は高齢でもう限界だから退位したい。摂政を置けという考えがあるが、摂政は天皇ではないから象徴の機能は果たせない。自分には国政の権能がないから、権能のある国民の政府が対策を考えて（皇室典範を変えて）ほしい、という趣旨を語った。

このテレビ・メッセージの発信を政府は強く警戒していたが、宮内庁長官が明仁の意向を汲んで内閣府に無断でNHKでの放送を準備したため阻止できなかった。安倍は長官・次長を更迭し、長官の後任に安倍腹心を、次長に警察官僚を据えた。内閣府が恐れたのは改憲論議を政府主導で「お手軽」なスタイルで進めたい時期に、明仁の「問題提起」で皇室典範の本格改正が日程に上れば、それを機に天皇条項をはじめとする本格的憲法論議に火が付くことを恐れたのだと推測される。

先述のように自民党の改憲草案では、前文一新による憲法三原則の廃棄、天皇の元首化、九条の実質的廃棄、個人主義の否定、家族主義の復活、公務員の争議の禁止の明文化を含む、各種権利条項への「公益及び公共の秩序に反せざるかぎり」といった制約の書き込み、九九条の撤廃による立憲主義原則（国民の命令による権力行使の制限）の破棄と憲法の国民の遵守義務化などが含まれている。これらを、教育無償化など憲法で規定する必要のない口当たりの良い条項で主権者の警戒心を解除し、一気に成立させようというのである。

皇室典範の論議を本格化させれば、これと一体の一章（天皇条項）全体に議論が及び、戦後の憲法とは何であったか、何を変えてはならないかといった核心のテーマに主権者が覚醒してしまう。安倍が恐れたのはそのことにほかならないだろう。

退位法に向けた「有識者」への意見諮問の過程で、八木秀次が示した見解は、直截に彼らの懸念を

＊4　「象徴としてのお務めについての天皇陛下のおことば」（www.kunaicho.go.jp/page/okotoba/detail/12）参照。
＊5　本書第Ⅱ部第1章「何よりもダメな〈主権者《われら》〉――政権の荒廃・生前退位・戦後統治七十四年の因果」、川満信一「天皇退位を考える　上・下」琉球新報二〇一七年五月二六日、二九日。

表明するものだった。八木は天皇が自由に退位・即位をできるようにしたら、気に入らない首相の任命を拒否して退位するとか、皇位継承権のある皇族が全員即位を拒否したら天皇制がなくなるとかいった、強い危惧を表明している。[*6] 明仁の意向への共感が広がらないうちに黙らせ、メッセージを早く始末しろということだ。今回の生前退位法はこの線に則って制定された。

政府と政府を背後からガードし場合によっては操りたい八木のような右派「知識人」の立場は、邪悪だけれども整合性がある。何を言い出すかわからない天皇を黙らせ、天皇を火付け役とする戦後史七十余年の「国民的」な再審のひろがりが起きる前に、「内閣の助言と承認」なしには、一切なにもなしえない政権の「ロボット」としての天皇という地位を打ち固めるには、この論理しかないからだ。天皇条項をさらに政治利用しやすく元首制にすることを企んでいるにせよ、現憲法下では、国政の権能で天皇の異論を封じることが、天皇の抵抗で背後から刺されないための最善の策であった。

八木はあからさまに天皇が「違憲」と批判はしていないが、四条や七条の規定に反して政治や立法の領域に天皇が口を差し挟むのは違憲だ、黙らせろ、という意向が、敬語・丁寧語だらけの文面から明白に読み取れる。彼らが欲しいのは便利に使える天皇制の装置だけであり、権力による利用を妨げようとする権威など許容し難いのである。

反天皇制左翼の立論への重大な疑問

正反対の立場から明仁の生前退位の希望表明を「壊憲」と規定したのは反天皇制運動を継続してきたグループだった。[*7] こちらは直截に明仁の言動の「違憲」を指摘している。

＊6　八木秀次「天皇の尊さ踏まえ慎重な検討を」『産経ニュース』二〇一六年八月一七日（www.sankei.com/column/news/160817/clm1608170004-n1.html）。諮問された「有識者」たちの見解は、「有識者ヒアリングについて」（www.kantei.go.jp/jp/singi/taii_junbi/dai2/siryou1.pdf）、「有識者ヒアリングで表明された意見について」（www.kantei.go.jp/jp/singi/koumu_keigen/dai6/shiryo1.pdf）参照。

＊7　天野恵一『憲法解釈は朕のもの』PP研パンフレット、二〇一七年。同「マスコミじかけの天皇制壊憲天皇明仁」『反天皇制運動Alert』一号〜二〇一九年三月現在連載中。いくつか事例を挙げておく。「安倍政権・宮内庁官僚・天皇・マスコミが一体化した天皇の『公務』正当化という解釈改憲をテコとした〈立憲主義破壊〉」（三号）、「天皇メッセージは安倍政権の改憲政策の先取り」（四号）、「神権天皇主義者や安倍政権と天皇（ら）の対立（…）によってつくりだされる〈国家（象徴）天皇主義ナショナリズムの強化〉」（七号）、「アキヒト天皇の立憲主義破壊のヘゲモニーで、安倍政権の協力の下、つくりだされた（…）〈天皇政治〉と〈安倍改憲〉政治が二重化した長い状況」（一三号）、「安倍改憲政権と一体化した『護憲』天皇の立憲主義（国民主権）憲法破壊（天皇の天皇による天皇のための生前退位）（一四号）、「『君民一体』思想で、国の支配者（トップは天皇だ）たちの歴史的責任を曖昧にし、侵略への反省を忘却させるための『お言葉』」（一五号）、「（天皇退位法案のプロセスが）天皇の私的な野心の産物」「〈国政の天皇による私物化〉」（一六号）。ここから読み取れるのは、天皇と政権の対立はすべて出来レースで、改憲の主犯は明仁であり、安倍は協力者にすぎず、生前退位法の内容は明仁のヘゲモニーで決定されたもので、戦争を「反省」する「お言葉」は侵略の忘却への誘導、という天野の認識である。私は、安倍と明仁の対立は出来レースではなく改憲と護憲の対立、国政の権能は安倍にあり、改憲の主犯は安倍、生前退位法は内閣府の意向に即して制定された、「お言葉」は極めて不十分ながら天皇の立場でなしうる非戦の宣言と考えている。

この〈左右〉の一致は異様な光景である。憲法第一章は、天皇が「内閣の助言」に基づかない公の場で行うすべての言動を禁じているのだから、明仁の「八・八メッセージ」が形式論的には「違憲」なのはあらかじめ自明である。反天皇制派――筆者も反天皇制である点では彼らと違わない――が、なぜ自明の結論ばかり執拗に反復するのかを私は訝る。

政府とほぼ一体の右派（私の判断ではここに与党公明党は含まない。集票母体の創価学会は暗黙の九条護憲派だと見なしている）は、さらなる改憲（天皇元首化）を企んでいようとも、当面、現憲法第一章に依拠して政治をほしいままにしているという意味で、憲法第一章に価値を見出している勢力である。彼らの専横に違和を示唆する天皇明仁の言動を止めるのに第一章を使うことには合理性がある。

これに対して、反天皇制左翼は、憲法第一章廃止を主張する勢力である。それならばなぜ、明仁の一章違憲を声高に叫ぶのであろうか。違憲批判と一口に言っても、一章「壊憲」論に基づいた明仁罵倒は、平和主義の立場から政府の憲法九条違反を衝いて批判するのとはわけが違う。明仁自身はそんなことは百も承知で、かなりの洞察力をもって「八・八メッセージ」を書いている、ということを前提に批判の論理を構築すべきである。舐めれば火傷する。明仁は、あのメッセージを通して、自粛・葬儀・即位の過程は、国民生活に多大な支障を及ぼしたと同時に、自分たちにもトラウマだったというに近いことまで仄めかし、退位と死去の時期をずらそうと提案する程度には、裕仁Xデー前後に起きたことにも天皇明仁なりの認識は持っていると考えられるのだ。見くびってただ罵倒すれば的外れの罵倒の報酬を受け取らなければならない。

問題は明仁の言動が合憲か違憲かではなく、内容的に「護憲」――断っておくが、護憲の「内容」

には、象徴天皇制の永続も含んでいる――を志向する天皇の言動が形式上は「違憲」で、現実に違憲を重ねてきた上に、さらに寡頭制のための改憲を企んでいる右派勢力の言動が形式的には「合憲」となるような、したがって合憲・違憲をあげつらうことが意味をなさないような憲法を、七〇年間放置してきた主権者の怠慢を指摘し、この背理をなくそう、というのが、反天皇制左翼が建てるべき議論の筋道というものではないのか。

明仁を違憲批判で改憲の主犯に見立てる彼らはまた、明仁の意向に沿って生前退位法が制定されたと主張する。これもまた面妖至極である。明仁はメッセージで暗に恒久法を求めた。明仁の意思で生前退位法が制定されたのなら絶対に一代限りの特別立法にはならなかったはずである。明仁主導の合作だと主張したいのなら、逐条的に立証しなくてはならない。だが、彼らは、その手続きを踏むかわりに、明仁と政権の矛盾葛藤はことごとく「出来レース」だというのである。だとすると、宮内庁長官と次長の更迭もやらせ、ということになる。これは一種の陰謀史観だが、政権も天皇も、それほど暇ではあるまい。相克が出来レースであることは証明不可能だ。証明不可能なのは出来レースが存在せず、天皇制の枠内とは言いながら、政権と天皇の（改憲・護憲の）相克が存在するからである。

不可能性としての純粋象徴天皇

天皇は政権の邪悪な政治意図と同調して自らの権威を政権に利用させることはできる。そのための〈暗躍〉は可能だ。ただし、あくまでも、主導するのは国政の権能を有する政権である。政権が〈猿回し〉で、天皇が〈猿〉なのだ。[*8] 他方、天皇が政権の意向と対立し、天皇の姿勢のほうに主権者の多数が共感した場合、天皇は国政に関与する権能は保持しないから、この共感は――政府は邪悪だが、「陛下が見ていて下さる」という安堵感に浸らせるという――ガス抜きにしかならない。天皇の政治意思も、天皇に共感した主権者の政治意思も、政権に顧みられることはない。「ガス抜き」は主権者の批判に窮した政府の、格好の破局処理法である。〈猿回し〉と一体の〈猿〉も、逆らう〈猿〉も、大衆を操作する道具に使える、これが、統治の利便に奉仕する象徴天皇制である。

加藤哲郎の『象徴天皇制の起源』によれば、象徴天皇制の骨子は一九四二年に策定された「日本計画」に基づいて構築された、天皇崇敬を利用する占領統治の便法であったという。[*9] 生身の人間である君主を国家と国民統合の記号（象徴）たらしめる制度は、突き詰めればその地位に立つ者に絶対的不可能を強いる。しかし、それを天皇裕仁は受け入れた。目的はただ一つ、国体護持のための緊急避難であっただろう。

制定当時、それは、裕仁の意思と神権天皇を志向する国民の意思とによる規定力が、占領政策と、それに従属する日本の権力とによる規定力を凌駕しないための、政治利用のシステムであった。七十余年を経て、憲法理念の実現を象徴職の任務と自己認識する明仁の平和主義・民主主義と一体化した国民の政治意思の規定力が、国家権力の政治意思の規定力を凌駕しないための装置として機能するに至ったといえるのである。いずれにせよ、象徴はどうあがいても権力の補完物にしかならないように設計されている。繰り返すが、それは、象徴職の地位にある天皇明仁の意思や言動の帰結ではなく、制度の機能にほかならないだろう。だから解体すべきは制度なのである。明仁個人を攻撃するのが反天皇制闘争だと考えるのは錯覚である。

個人としての明仁の「護憲」と一体化することの虚妄

しかし、明仁に心を寄せ、個人としての明仁と一体化することで政権と対峙しようとするのもまた虚妄というほかはない。冒頭に述べたように、明仁は改憲によって平和主義と立憲主義の廃棄をめざす政権と長い確執を醸してきたように見える。もちろん、その「平和主義」や「立憲主義」のメッセージは、象徴天皇制の枠内の城内平和的・微温的なものである。だが、沖縄の遺棄を放置してきた「国民」はこの七十数年、ある意味で、明仁以上に城内平和的であった。

そうであるがゆえにこそ、保守革新を問わず、「日本国民」の明仁への共感の輪は広がった。だから、「八・八メッセージ」に対して、「左」・「右」両極が忌避の姿勢を示したのに対して、中間多数派は、支持の心情を現すのをためらわなかった。保守派では保阪正康、[10] 中間的良識派の東大名誉教授・元宮内庁参与三谷太一郎[11]が典型だ。護憲反政府派では内田樹の「天皇主義者宣言」[12]が共感の極限を示した。

一線を超えてしまったのが内田樹である。内田が今日の政治状況に対して感じている危機感――左

＊8　前掲「何よりもダメな〈主権者《われら》〉」参照。
＊9　加藤哲郎『象徴天皇制の起源』平凡新書、二〇〇五年。
＊10　前掲「有識者ヒアリングで表明された意見について」参照。
＊11　三谷太一郎「考・皇室　私の意見／I　将来像示す議論を」毎日新聞二〇一六年一〇月一七日付。
＊12　内田樹「私が天皇主義者になったわけ」『月刊日本』二〇一七年五月号。内田樹のブログに再録(blog.tatsuru.com/2017/05/16_0612.html)。

翼どころか批判勢力としの野党の極小化——は共有できないものではない。また、個人のレベルでは天皇明仁のほうが国民の政府よりも憲法三原則や立憲主義・民主主義に対してセンシティヴな感度をもっている、という判断にもほぼ同意できる。しかし、だから自分は天皇主義者になるという発想は私には理解を絶する。それが何をもたらすかについて、あまりにもナイーヴではないか。制度の罠にあまりに鈍感だ。君主制は人の上に人を作る。人の下に人を作る。それでもいいのか。戦後の象徴天皇制は、戦前の日本国家と同じ神道の宗教的権威によって成立している。ほとんど何ひとつ改められてはいない。[*13] かつて「神州不滅」の根拠となったこの宗教的権威は侵略正当化の論理と連続していた。内田樹よ、それでもあなたは天皇主義者を宣言するのか。

Ⅲ　詐術としての象徴天皇制の歴史的起源と現在

魚心・水心——「日本計画」と裕仁の敗戦処理

国政に関する権能を有しない日本君主制の存続を決めたのは、先述した一九四二年のアメリカの対日占領計画（日本計画）であった。これが象徴天皇制の起源である。同時にアメリカは軍の解体（非戦非武装）を前提とした。天皇制存置と憲法九条のバーターといわれる所以である。敗色濃厚のなか、国体護持を最後の条件と考えていた天皇制権力は、最終的にこれを受容して戦争を終結するのだが、そこに至るまでには紆余曲折があった。[*14]

近衛文麿は、一九四五年初め、革命より敗戦という判断に基づき、早期降伏を天皇に勧めるいわゆる「近衛上奏文」[*15]を提出する。その論理は〈戦争をこのまま続けていれば、国体が破壊される。徹底抗戦を叫ぶ陸軍過激派は、国体破壊を辞さぬという点で究極では共産主義者と一体である。敗戦を覚悟していちはやく和平を進めることが、国体護持の道である〉というものであった。近衛のいう「国体護持」とは、天皇の地位の安泰ということだけを意味しており、国民の生命の「護持」ということは視野に入っていなかった。

和平交渉は戦果を得てから、という理由で裕仁は態度を保留した。戦果は得られず、ソ連を仲介とする和平の模索も進捗しなかった。沖縄戦が始まり、五月にはドイツが降伏し、六月には沖縄が占領され、七月にポツダム宣言が発せられ、八月六日には原爆が広島に投下され、九日の長崎原爆投下の日の早朝に、アメリカと戦後の権益を争うためにソ連が参戦した。以上周知の経過を経て、裕仁は降伏による戦争終結を決断する。[*16]

＊13　島薗進『国家神道と日本人』（岩波新書、二〇一〇年）参照。

＊14　河原宏『日本人の「戦争」』（講談社学術文庫、二〇一二年）に国体護持を至上命題とする戦争収拾過程の問題が的確に描かれている。

＊15　「近衛上奏文」はネットで検索しても出てくるだろうが、近衛の立場とそれがどう関連するかについては、鶴見俊輔「翼賛運動の設計者　近衛文麿」（『共同研究　転向3戦中篇（上）』東洋文庫八二四、二〇一二年）参照のこと。上奏文の全文は一九一〜一九二頁。

＊16　読売新聞二〇〇六年八月一五日付の記事から孫引き。

裕仁の決断は、「国体護持」の便法だった。新憲法制定による「国体護持」（一条）と自らの軍事裁判免訴の対価が、君主主権の剝奪（四条）、非戦非武装（九条）、よって統帥権の消滅、ということだった。占領軍の統治開始以後、政治家裕仁は自身の主権が存在する間はもちろんのこと、喪失後も幣原喜重郎や吉田茂以上に暗躍する。最たるものが米軍に発信を使嗾された「沖縄メッセージ」だった。[*17]

新憲法四条と裕仁の言動の乖離

憲法が施行され、君主主権を喪失した後も裕仁は、マッカーサーとは別に、ワシントンに腹心の侍従を送ってトルーマンとホットラインを結び、ダレス・裕仁会談によって、アメリカの望む反共的あるいは今でいうアメリカ・ファースト的「部分講和」の推進に「寄与」した。[*18]

しかし、憲法の規定は、「内閣の助言と承認」によらなければ、国政に関連する言動の一切を天皇に禁じた。君主制化の民主主義政治の補償としての「天皇ロボット」化である。これは、君主制民主化の論理というべきものだ。樋口陽一はそこに、「天皇ロボット」論の「健康な構図」を見る。[*19]「健康」とは、国民主権に基づいた政府は、かつて法的に絶対君主であった裕仁より絶対的に平和主義的・民主主義的・立憲主義的であることは自明であり、だから、内閣の助言と承認によらない天皇の一切の言動を禁じれば、実質、この憲法体制化の統治形態は共和制と等しい、という前提が国民的に共有されたということを意味するだろう。

しかし、この構図が、先述のように、七〇年後に完全に崩壊した。のみならず、この「構図」それ自体の中から、この地位に就く限り、個人としての政治意思に基づく言動を一切なしえない人間が存在することが明らかになった。皮肉なことに最初の当事者だった裕仁はこの制度の政治的な生みの親の少なくとも重要なひとりである。主導は占領軍だが、保身のための積極的従犯は裕仁であり、裕仁に比べれば幣原も吉田も、共犯度は希薄だ。裕仁は、自身の生存と国体の護持のために、なりふり構わず、人間が記号でもあるという絶対矛盾の制度を受け入れた。そして、直前まで神であり大元帥であり唯一の主権者であったがゆえに可能だった臣下の暗黙の同意の上に、新憲法の定義が命ずるところを意に介さずに「沖縄メッセージ」を発して、沖縄をアメリカに売り渡す政策の媒介となり、ダレスと会談して独立後の対米隷属・反共国家のスタンスを定めることに寄与したのだった。

憲法三原則も、公務員の憲法遵守義務規定も裕仁には馬耳東風であり、彼は戦争責任も感じてはいなかったようだ。これがヴァイツゼッカー――ヴァイツゼッカー演説は西ドイツが国際社会で地位を保全するための「狡智」であったことも忘れてはならないが――との大きな違いだ。記者会見で戦争責任について聞かれると、そういう文学方面のことばの綾については、自分は分からないと嘯き、アメリカの原爆投下に対しても戦争だったから仕方がないと語った。だから逆に、裕仁在位期間には、

＊17　豊下楢彦『昭和天皇の戦後日本』（岩波書店、二〇一五年）参照。「沖縄メッセージ」は一九七九年、進藤栄一筑波大学教授が発見した。
＊18　同書。
＊19　塩倉裕、取材記事のなかの樋口氏のコメント。朝日新聞二〇一六年一一月二日付夕刊。

反天皇制派は、裕仁個人の批判を通して、戦後の統治形態にも届く批判を展開することができたのである。

憲法理念を職務の機軸とする明仁と政府の乖離

これに対して明仁は、即位時から「象徴職」であるはじめての天皇である。明仁は理念的に憲法の天皇職を理解し、自分で再定義し、その定義に従って行動することを職務と考えているように見える。つまり彼は、政治家裕仁と違って、憲法三原則を掲げる国家のシンボルとなることを使命と教えられ、そういう平和的国家の「ロボット」であることを受け入れているかのようなのだ。だが、安倍政権は、平和主義はおろか、民主主義も立憲主義も蔑ろにしはじめ、政府のロボットであることと明仁が抱いているだろう天皇職の使命のイメージとの乖離が広がったのだろう。その帰着点が冒頭に述べた対立構図であり、安倍政権という猿回しのもとでの猿を演じることへの忌避感の婉曲的な表現が「八・八メッセージ」だったと読むことが可能である。

戦後憲法は平和憲法かもしれないし、民主憲法かもしれないが、天皇制憲法でもある。だから天皇が護憲の意識を強く抱いてもなんの不思議もない。しかしこの憲法は、政権の思惑を超えて、個人としての明仁が国政の権能を有する安倍政権と立ち向かう意志に基づいて行動すると、それは、「違憲」となる、そういう憲法なのである。

川満信一は次のように書く。[*20]

明仁天皇は、幼少で敗戦をむかえ、戦後憲法の下で思想形成をしている。つまり国民を象徴するという自覚を持てば、戦争半生に基づく「平和主義」を国是としなければならない。また、天皇が「国体」を体現するならば、戦後憲法の遵守こそが国体の本義である。

ところが安倍政権の日本国の舵取りは、今や迷走して「国体」を無視する方向を取っている。明仁天皇の「おことば」をよく吟味すると、平和憲法（国体）からどんどん逸れていく安倍政権の「国家主義」に対する異議申し立てという解釈も出来るのではないか。だとすれば、天皇の「国体主義」（平和憲法）と、安倍総理の「国家主義」（安保という名の戦争）のどちらを選ぶか、という問いの前に立たされているのがわたしたちだということになる。

これに対してネトウヨならぬネトサヨが、川満信一ともあろうものが無惨だと書きこんでいる。だが、ヤマトで見る限り、こういう対立構図の中に置かれているのは事実である。その責任は主権者にある。自分は「国家主義」者でも「国体主義」者でもないと言い立てたところで、現実規定力を持ち得なければ、己のイノセンスやピュアネスなど屁のようなものだ。自己正当化を急ぐのではなく、人々が感じる、あるいは感じもしないうちに自明化している天皇への親和感・崇敬の始末をどうつけるのかを構想することだけが、反天皇制運動の名に値するのであり、権力なき権威の呪縛との闘いは、後述するように、「幻想の共同性[*21]」の始末にかかっている。

*20 川満信一「天皇退位を考える　上」琉球新報二〇一七年五月二六日付。

IV　天皇幻想の基盤と虚構の起源

記紀および貴族の支配の時代

日本近代国家という幻想の共同体は、その共同性の核心を天皇に担保されてきた。その宗教的権威は明治になって構築された国家神道だった。それは戦後も変わっていない。この宗教的権威の起源の由来を考えたい。すべてが空《くう》から生まれたと考えるのは粗暴である。

古典左翼の歴史観では、近代の天皇制権力のすべては、維新権力によって支配の装置として捏造されたもので、民衆的基盤は一切存在しないと考えられてきた。民主主義革命の敵は世界共通の絶対主義権力、社会主義革命の敵はブルジョワ国家の権力、というわけである。だが、これは無理筋だろう。普遍的な幻想の共同性は存在しない以上、日常世界に存在した大衆の固有の信仰や習俗を素材としなければ、権力による換骨奪胎も馴致も不可能であるからだ。天皇の権威は決して超歴史的な「国体」などではなく、歴史的経緯の中から呼び出されてきた構築物である。維新権力は、近代天皇制の宗教的権威の基盤をどこに求めたのか。

松浦玲の『日本人にとって天皇とは何であったか』の記述を借りて「国体」が構築されるまでの経過をたどってみることにする。松浦は、古代天皇制国家における天皇制思想と民衆との結びつきはあり得なかったという。「古代天皇制国家は、記紀イデオロギーが民衆レベルまで浸透することを支配存立の条件とはしなかった」からだ。[*22] また、「古代天皇制国家は、世界の他の国家とは違う独自性を持っているけれども、その独自性は権力一般として機能しているのであって、自覚した独自性として機能しているのではない」[*23]。

松浦によれば「記紀イデオロギー」は「もっぱら支配階級の内部の秩序維持のために作られ、その範囲での有効性をもっている」ものに過ぎない[*24]。記紀の時代には『萬葉集』が作られ、そこには防人歌や東歌など庶民の歌も収められているではないか、この時代の文化こそ、日本人の精神性のルーツだ、などというべきではない。敗戦直後、つとに西郷信綱は『貴族文学としての万葉集』で、庶民の歌とされてきた防人歌や東歌も、貴族の仮託に過ぎないと論じている。古代から単層的な日本文化が存在し、それを天皇が担保してきたという三島由紀夫好みの見立て[*25]は根拠薄弱である。

戦記物などによる位相転換と広範な伝播

それでは天皇制が「自覚した独自性」として、「支配階級の外へむけて機能しはじめるのは、いつからか」[*26]。松浦は軍記物が人口に膾炙していく過程に着目する。理由は、軍記物が「古代国家の崩壊

＊21　国家とは幻想の共同性、という定義はマルクス・エンゲルス『ドイツ・イデオロギー』に基づく。
＊22　松浦玲『日本人にとって天皇とは何であったか』一九七四年、辺境社、一一〇頁。
＊23　同書、一一一頁、傍点原文。
＊24　同前。
＊25　三島由紀夫「『古事記』と『万葉集』――日本文学小史の内」、初出『群像』一九六九年八月号、『決定版全集』三五巻、二〇〇三年所収。

期における天皇崇拝の型を作っていること」と、それ以前の物語とは違った「普及力[*27]」にあるという。軍記物は「新しく歴史の主役として登場してきた武士たちと、その武士たちの合戦[*28]」を描く物語であり、作者や語り手は芸能民（中世の賤民）である。軍記物に登場する個々の法皇・上皇・天皇は手厳しく批判的に描かれるが、天皇位に対する「無条件的尊厳性[*29]」が見受けられるのは、貴族社会の内部で自明であったことをそのまま広い場所に持ち出したものだと松浦はいう。

戦記物の強みは「語り」にあり、その伝播力は王朝文学の比ではなく庶民文化としての広がりを見せるようになる[*30]。つまり、武家の活躍の物語が武家階級の外部にも享受者を広げていったのである。脚色された歴史がこうして次々に語り継がれ、それが歴史だとして人々に定着し、その中で天皇の尊厳性の観念もまた、天皇位にあるものやその周辺の貴族階級の規定力の衰弱とは無縁に流布し定着していたと考えることができる。

中世の民衆意識における天皇に関して、付記しておきたいことがある。ひとつは、松浦が次のように書いていることと関連する。

〔天皇観の〕武家層を超えて一般庶民にまで広がった部分は、支配層にとっての必要条件でないばかりでなく、武家政権にとってマイナスの条件となる要素をはらんでいた。民衆の目からみての武家政権が、常に相対化されるからである。武家が〔貴族と武家の〕二重政権に甘んじている間はそれでもよいが、単一の政権になろうとするときに、これは民衆側の抵抗の契機となる可能性をもつ[*31]。

天皇は、実体的な権力でなくなって久しく、苛斂誅求は長らく武家やその代理人によって行われていた。みかどが悪逆な武家やその手下を懲らしめる物語や、自分たちの一族の祖先はみかどの家系に繋がっている、というような伝承（貴種流離譚のひとつの型）は、つらい日常に耐え、権力支配を呪い、明日に生きる勇気を手に入れるための、幻想のなかの〈もう一つの空〉たりえたはずである。貴種による懲悪の物語はそういう性格のものとして読むべきであって、民衆と天皇が繋がっていたなどというのは許し難い、などというのは「小児病」である。物語のみかどは現実における社会制度のなかの権力者ではない。芸術・芸能の虚構である。

もう一つは、戦記物のほかにも多くの芸能の中に「みかど」が登場し、物語世界を豊富にしているということにも注目すべきだろう。「をぐり」「刈萱」「しんとく丸」「山椒大夫」「愛護の若」[*32]などの説経節が一つの典型だ。また、民間伝承の世界には先述の貴種流離譚が無数に存在する。それは、庶民の集合的意識の通奏低音として、みかどの血縁に繋がりたいという欲求が遍在していたことを物語

＊26 松浦前掲書、一一一頁。
＊27 同前。
＊28 同書、一一五－一一六頁。
＊29 同書、一一二頁。
＊30 同書、一一六頁。
＊31 同書、一一八頁。
＊32 荒木繁・山本吉左右編著『説経節』東洋文庫二四三、一九七三年。

る。また、時代はかなり下がるが、近松の浄瑠璃の中には多くの天皇劇が存在することも付け加えておきたい。琵琶法師も、説経節語りも、能楽師・狂言師、後世の浄瑠璃語りや人形遣い、歌舞伎役者は、ことごとく芸能賤民であった。[*33] 物語は彼らによって、作られ、語られ、伝承されたのである。

芸能のみならず、生活的な実利の地平でも、庶民と天皇のつながりが確認されている。代表的なのは、職人の営業許可証である由緒書きとその押印が挙げられる。[*34] 職人の由緒書きには、天皇・皇族やそれに連なる皇位の貴族の手になる文書が数多く残されている。中世職人層にとって、権力をすでに保持していない権威の残滓としての〈みかどに連なるという虚構〉が実利の支えにほかならなかったのである。

織豊政権から徳川へ　一割の非生産階級による列島の占領・独裁

しかし、このような天皇と民衆諸階層の間に存在した関係意識が、そのまま明治国家の民衆意識の基盤になったわけではない。織豊政権から江戸時代に再度の大転換がある。この時期は、貴族社会と武家階級の「二重政権」下の権威を武家の支配が必要としなくなった時代にほかならない。そこには天皇という権威が無用な剝き出しの実効支配、人口一割の武装階級による列島全土の占領が出現した。「近世社会では、支配者と被支配者との区別がおそろしく明瞭になった代りに、支配そのものの自明さは失われた[*35]」。

それはちょうど、武家の性格が基本的には在地で兵農一体であった時期から、強行的な兵農分離が進んだ時期と符合する。近世初頭の転換の以前には、武士階級は自ら営農の先頭に立ち、農業技術に長けた生産階級として農民を指導しつつ農民に生産させ、その収穫を収奪してきた。[*36] 兵と農は境界未分で、転換や移行も可能であった。

戦国時代の終焉は織豊政権による、実質的に誰からも委任されていない実効支配の権力の成立によってもたらされる。織田による一向一揆をはじめとする寺社勢力（寺社勢力は非武士階級一般ということよりも寺社の基盤が農民だということに着目すべきである）の殲滅、豊臣による「刀狩り」は、殺人を職業とする非生産階級による支配の確立を意味した。純化された武による支配、まさに天下布武であった。この政権は徳川家康に取って代わられる。徳川も征夷大将軍を名乗ったが、完全に空洞化した貴族社会の頂点である朝廷から委任されるものは何もなかった。つまり、天皇の権威はないほうが好都合だった。[*37]

これはしかし、武家権力にとって、二重の意味を持った。つまり、一方で、誰からか委任されなけ

＊33　足利義満の寵愛を受け、芸能者として最高位の処遇を受けていた世阿弥に対してさえ、三条公忠が「散楽（猿楽）は、乞食の所行なり」と述べていることを横井清は指摘している（「民衆文化の形成」『岩波講座日本歴史7』一九七六年）。賤民の芸能と天皇の関係については、本書第Ⅳ部第2章「賤民文化の精神世界」参照。
＊34　網野善彦『日本中世の非農業民と天皇』岩波書店、一九八四年、五〇九頁以下。
＊35　松浦前掲書、一二〇頁。
＊36　同前。
＊37　同書、一一八頁。

れば権力が行使できないという状態から脱し、外部の聖なる権威に拠らないで、支配が貫徹できるということは、武家権力が圧倒的に強くなったことを意味した。天皇が不要になり、征夷大将軍という「委任」はなくもがな、ということだ。

だが同時にそれは、他の階級に顕示すべき支配の大義が存在しなくなったということを意味した。しかも、当時の人口の十分の一の非生産階層（専門の能力は殺人）による占領という事態のさなかにおいてである。その上、それはすでに戦なき時代であった。無為徒食殺人専門業の支配は「支配そのものの自明さ[*38]」の喪失を意味し、「支配そのものが不必要[*39]」であることを人口の九割が感じ取ることとなったのである。

そこで幕府による支配の権威に援用されたのが儒学（朱子学）だったと松浦は言う。しかし、儒学の説く普遍主義的な理想は武家の粗暴な支配の実態と合致しようもなかった。そこで「儒教の経典そのものを『無害』なように読む[*40]」ことが試みられた。易姓革命を否定して天皇支配の支持を「天命」とする山鹿素行の思いつきは、儒学思想の中の「インチキ[*41]」だった。「異学の禁」は、権力が儒学のテクストの読み方を強制するものだった。「しかし、経典があるかぎりは、それを革命的に読む者が現われることは避けられないし（…）真理は異端の側にあった[*42]」。

儒教を支配の正統性の権威付けに使おうとして、かえって〈無為徒食殺人者集団〉による「日本占領」の不義を儒学の規範によって暴露されてしまったとき、儒学への対抗価値として儒教の外部としての天皇が持ち出された[*43]。それは一方では、「正学」（官学としての朱子学）では間に合わなくなった幕府の側の需要でもあったし、「被支配者側」も「明らかに不当な無意味な支配である現体制を覆しえないので、それを覆そうとしない自己弁明として」[*44]天皇という価値を受け入れた。かくて、一八世紀末、一旦一七世紀初頭には消滅した天皇の価値が、形を変えて再浮上する。松浦が念頭においているのは本居宣長の国学である。

> 宣長は、儒教の「革命」思想を捨て、それに代えるに、是非善悪を超えた天皇の価値を持ちだし、それによって、儒教の価値体系に対して開きなおってみせたわけである。それはまた、その時の「国」つまり幕府と藩の方へ積極的に身を寄せることでもあった。(…)
> 宣長はとりあえずそれを「大御神の大命にも、天皇悪く坐《まし》まさば、莫《な》まつろひそとは詔たまはずあれば」と表現した。そういう天皇の国だから、シナよりもすぐれ、世界で一番すぐれているという論法なのである。[*45]

＊38 同書、一二〇頁。
＊39 同書、一二二頁、傍点原文。
＊40 同書、一二八頁。
＊41 同書、一七六頁。
＊42 同書、一二八頁。
＊43 同前。
＊44 同書、一二九頁。
＊45 同書、一七九、一八一頁。

まさに日本ファースト・イデオロギーの起源である。以後二〇〇年にわたって、この国には、折に触れて――「非常時」にも平時にも――日本を「特殊」とすることを根拠にした日本ファースト・イデオロギーが繰り返し浮上する。松浦の議論が鋭利なのは、宣長はこういうふうに武家が是非善悪を問われることを免れさせたが、戦後日本で行われているのは「かつて支配されていた人民そのもの」の免罪だと指摘していることだ。[*46] 敵は「人民」、それを変えられない自分という松浦の問題意識が明確である。これなくしては反天皇制の闘争は空語に等しい。

宣長以後、思想としての天皇はどうなったか。一つの画期は後期水戸学である。体制危機と「外敵」への警戒心から、水戸藩は幕府と藩の正統性を強調する必要に迫られた。会沢正志斎らは当初、藩の意を汲んで体制強化のイデオロギー構築に力を注いだ。そこには儒学各派の理論や国学が動員された。ところが幕府と藩の軋轢などを契機として、水戸学の尊王攘夷のイデオロギーは、幕末に至って尊王倒幕の論拠とされ、天皇至上主義のイデオロギーが政治過程に浮上することとなる。吉田松陰は、水戸学を参照し、宇都宮黙霖に煽られつつ思想形成し、弟子たちの倒幕の理論を媒介する役割を担った。

かくして儒学の普遍主義に始まった体制擁護思想は、欧米の普遍的正義に対抗するための〈正義の代替物としての天皇〉を中心とする万邦無比イデオロギーに変貌し、翻って倒幕の推進力となった。統治形態の転覆をもって「革命」と呼ぶとすれば、天皇は一転して革命思想の不可欠の条件となった。織豊政権から徳川初期にかけて、一旦無用とされたはずの天皇が、支配階級に呼び出され、反転して維新のシンボルに変容したということである。

V　現代国家における天皇制と「主権者」の〈始末〉のつけ方

天皇制と国家権力の間

維新の過程からその後の近代天皇制形成過程について、松浦の次の指摘は重要だ。「明治維新に際して日本は国家を作りなおさなければならなかったが、その新国家は初めから天皇制国家としてできあがったわけではない。国家を作りなおしていく過程で天皇制国家に落ち着いた[*47]」。

決して欽定憲法体制と本質的に一体だったわけでもなければ、ましてや、自然史のように「国体」は疑う余地のない自明性だったわけでもないということである。明治に「国体」は発見、あるいは構築されたのだ。維新後、実効支配に成功した権力（太政官政府）は当初、祭政一致の神権天皇制国家を作ろうとして失敗する。その後、西南戦争に至る動乱の果に、自由民権運動の波に洗われた。明治一四年政変で、再び主導権を取り戻したとはいえ、憲法制定までに八年を要した。日清・日露のふたつの戦争を経て二〇世紀の最初の二〇年、一見安定的であったかに見えた天皇制国家は、一五年戦争の過程で、権力さえもが統制しきれない天皇主義のウルトラ化を招き、明治に作られた天皇制国家の壊滅を経験した。国家権力の〈根拠〉としての天皇制は一旦切断され、再び天皇なしで国家を作り直

＊46　同書、一八二頁。
＊47　同書、一三－一四頁。

す可能性を日本の主権者はその時手に入れたはずだった。だがそうはならなかった。この間の曲折について松浦玲は次のように書く。

その天皇制は、遂には国家の支配者たち自身が天皇制こそ国家だと思いこみ、天皇制が倒れては国家が滅亡すると大騒ぎしたほど強力になったけれども、しかも天皇制は国家のすべてではなく、天皇制が大幅に変質したあとも現に国家は存在し続け、しかも悪しき国家として存在し続けている。[*48]

ここから読み取るべきは、天皇制と国家権力一般との間には隙間があり、後者のほうが幅が広いこと、欽定憲法下の神権天皇制だけが天皇制ではなく、権力から剝離された象徴としての権威によって国家権力の統治に寄与するのも天皇制であり、この天皇制もまた国家としての悪をなすことに寄与していること、さらには、天皇制を一掃して、共和制国家が生まれても国家悪は残る、ということである。

欺瞞との対峙・幻想の共同性の踏破

それゆえここから見出すべき課題は、敗戦後に作られた象徴天皇制の始末にとどまらず、将来統治形態が共和制に転換してもなお生き残る国家悪とも対峙しなくてはならないということである。それは、観念体系としての国家の呪縛との対峙の不可避性にほかならない。「偽善の象徴[*49]」としての戦後体制（象徴天皇制）の解体の向こうに、国家権力それ自体の神話性の克服を見通さなくてはならないことを意味する。

第一の問題は、戦後天皇制という占領統治が生んだ欺瞞の体系である。占領統治の全体像はJ・ダワーが提示した。[*50] 占領統治の核心を占める天皇制存置の経緯と天皇裕仁の暗躍に関しては豊下楢彦がその軌跡を提示した。[*51] 戦後の天皇制の宗教的権威の延命に関しては、島薗進が核心をついている。[*52]

これらの近年明らかにされた事実について、三島由紀夫が誰よりも早く戦後天皇制の「欺瞞」を直感し、生涯それとの対峙を作家としての課題としたことには注意を喚起しておきたいと思う。[*53] 自衛隊突入の直前、あからさまに自衛隊を含む戦後保守勢力に対して「敵」[*54]という言葉まで使っている。左翼よりも右翼天皇主義者のほうが気づきは圧倒的に早かったのである。

＊48　同書、一四頁。

＊49　三島由紀夫・古林尚『三島由紀夫　最後の言葉』新潮CD、二〇〇二年。三島が「偽善の象徴」と言っているのは直接には自民党と共産党だが、三島の念頭のあるのは、占領統治のなかで統治形態が転換することに対して順応する志向のすべてと理解できる。三島は、個人としての裕仁への悪意も包み隠さず語っている。

＊50　J・ダワー『敗北を抱きしめて』上・下、岩波書店、二〇〇一年。

＊51　豊下前掲書。

＊52　島薗前掲書。

＊53　三島・古林前掲CD。

左翼と戦後民主主義者は象徴天皇制の欺瞞と誼《よしみ》を通じ、権力の統治と睦みあってきた。問題とすべきフェーズは何層にもわたる。①共産党の進駐軍解放軍規定、②極東軍事裁判における天皇不訴追の看過、③それに随伴する兵士大衆の自己免罪、④沖縄の現実を顧みないままのヤマトの護憲・平和・経済成長、⑤経済成長と連動した科学信仰（公害・原発）の罠、⑥罠を承知の労資協調＝城内平和性（企業内組合の対資本の融和性と官公庁労働運動の戦闘性の自己規制、つまりは総評労働運動の限界）、⑦大半の新左翼勢力の天皇制の歴史と機能に対する鈍感、⑧それらを通した権力と反体制勢力の暗黙の密通などが挙げられる。

「ロボット」である君主より民主主義的・立憲主義的であるはずの主権者総体には、普遍的正義など存在したのかどうか疑わしい。過ちと妥協・屈服の連続が戦後史の姿である。国民は邪悪だ、主権者は邪悪だ、それを批判する理想主義者も、人々を組織化して覆せなかったという意味で邪悪な大衆と大同小異だと自認すべきなのだ。もちろん私もである。

戦後史の欺瞞・「国民」総体での始末

戦後史の「インチキ」がもたらす利益をむさぼってきたという意味では、革新派同様、自民党を支持してきた保守層も、戦後責任を回避できない。たとえば、反基地派が基地撤去の要求を実現する義務を負うのと同等に、基地が必要と主張する保守派は本土への基地引き取りを実現しなくてはならない。

歪んだ高度成長を捨てなければならなかったのは、全主権者である。原発を捨てなくてはならないのも、全主権者である。安倍政権のような権力を作り、自分がその権力の一部でもある「ていたらく」を誰のせいにもできない。選挙制度が不公正なことにわれわれは直接の責任を負わないが、この程度のハンデを超えて、有効な打撃を権力や資本に与える反政府運動は世界のあちこちに存在する。

だが、この国の議会には半ば別の選択肢への諦めの結果とはいえ、自民党支持が比較多数を占め、自民より右派の維新や希望がその周囲に群れ、立憲民主と社共の数十人しか野党と言えそうな勢力もなくなってしまった。議員の大多数が、特定秘密法でも、安保でも、共謀罪でも、改憲でも、政権を容認する勢力と化したのである。その結果、沖縄を遺棄することも、被曝地住民を見捨てることも、放射能汚染も、当事者の苦渋をそっちのけにして、多数派はだんだんどうでもよくなってきている。

個人としての天皇が、国民の生んだ政権と対抗して、「内閣の助言と承認」に拠らない「違憲」の反政府的含蓄の発言を反復すれば、いかにそのメッセージが一見無内容な念仏に近くても、政権に批判的ながら議席に繋げられないできたことに忸怩たる思いを抱く主権者が、政府よりも天皇の平和主義や歴史の反省が比較優位に見ることは不思議でも何でもない。川満信一が示した「天皇の『国体主義』（平和憲法）と、安倍総理の『国家主義』（安保という名の戦争）のどちらを選ぶか」[*55]という構図の

＊54　拙稿「三島由紀夫の〈敗戦〉」（『日本文学研究』五一号）、および拙著『三島由紀夫と天皇』（平凡社新書、二〇一八年）参照。三島より早く、「日本精神」の衰滅・欺瞞を察知したのは、ジョホールバルで上官の変節に怒って射殺し、自らも自殺した蓮田善明かもしれない。いずれにせよ左翼ではない。

＊55　川満前掲記事。

通りである。

天皇制の解体を志向する者も、とりあえず天皇制を容認しつつ戦後の欺瞞と直面しようとする者も、欺瞞を暴く側には、難しい手続きが要求される。歴史の構造的な欺瞞に自分たちも同調してしまっているのだから、そのことへの自己言及なしには構造的欺瞞を暴露できず、その自覚を語れば語るほど、何の痛みも感じていない、現状に居直る自民・維新・希望系やネトウヨ・ヘイトスピーチ派の類から後ろ指をさされることになるからだ。

それに引き換え、安倍や八木日本会議派とその金魚のフンは気楽なものだ。のっけから理想もなければ大義もない。彼らには憲法も一般法も実効支配の花飾りに過ぎない。右翼でありながら天皇崇敬の念もない。天皇も政治利用のための「玉」に過ぎないのである。

天皇制度の解体と幻想の共同性

象徴天皇制（神権天皇制はいうに及ばない）を始末し、さらには国家悪の一掃までを課題とする者には、さらにその先の課題がある。それは、国家の自明の属性ととらえられてきた幻想の共同性の始末にほかならない。権力による支配には、(1)資本制の支配、(2)資本制を統括する権力による、法と法に正当化された暴力を行使する統治、(3)幻想の共同性、すなわち被支配者自身による、支配の正統性の内面化・容認、という三つの次元が想定できる。

統治形態の全面的な転換とは、この全体を変えることを意味するが、象徴天皇制の問題、すなわち国政に関する権能のない——国家最高地主でもなければ、主権者でも大元帥でもない——天皇の、記号による観念の支配は、第三の次元だけに関連する。言い換えれば、それは広義の国家宗教性の問題、あるいは国家価値の信仰の問題にほかならない。

「国民」の九十数%は資本制とその上に構築された法と暴力の支配によって不利益を蒙っている。しかし、支配階級の私的利害を一般利害として内面化されているために幻想の共同性は維持されている。これはすべての国民国家に共軛の事態である。ただ、日本国家の幻想の共同性である天皇制を支えているのは戦前も戦後も、日本に固有の神道信仰だ。

近代国民国家には、必ず、それぞれ国家価値を担保する宗教がある。大英連邦に属する国家群はことごとく、英国国教会派のキリスト教が国教で、英国国教会の世俗の首長は国王である。そのほかの西欧・北欧の君主制国家も、キリスト教のいずれかの教派が国家の権威を担保している。君主制国家だけではない。ドイツに国教はないが、政治にキリスト教の色彩は濃厚だ。長期政権の最大与党はキリスト教民主同盟である。プロテスタンティズムの国家アメリカの大統領は、聖書に手を置いて宣誓する。中東にはイスラム教の諸宗派を国教とする国家が並んでいる。

日本国憲法は政教分離を規定し、一見宗教の政治への浸透はないように見える。しかし、先に触れたように、国事を行う天皇は、戦前と全く同様に神道によって権威づけられている。個人としての明仁はおそらく平和主義者であり、民主主義者であり、立憲主義者であるだろうが、宮中では、昔ながらの皇室祭祀の最高祭司として、大祭の斎主として、神道儀式を執り行う。天皇の神聖性は神道が担保している。その天皇が制度上、国家・国民統合の象徴なのである。法規上の天皇制の廃絶とは、憲法第一章削除だが、究極には、その上で、私人となった元天皇の宗教祭祀を一般宗教にすることだ。

諸国家の国民は、担保の役割を果たしている宗教を媒介に国家の価値を「信仰」する。非宗教性の硬性の原則を維持してきたフランスでも、ロベスピエールの「最高存在の祭典」は最高権力者が要求した、明らかに超越的な、宗教と相似の観念体系への信仰告白の儀式にほかならなかった。革命期だけのことではない。ルナンの「日々の国民投票」[*56]も、宗教ではないがフランス国民をたえず自身をフランス国民と同定させるための信仰であることに変わりはない。この信仰こそ固有の「精神文化」[*57]にほかならない。フランスでも同様に、幻想の共同性の始末は、国民国家の呪縛から脱するための不可避の課題なのである。

共和制国家にも同じ課題が残るということは、日本で、天皇制を統治形態から一掃しても、同じ課題が「日本（人民）共和国」に残されるということだ。

どこから変えるのか

反天皇制闘争とは、日本国家の統治形態から天皇制を除去することを目的とし、さらには消去の後になお残る幻想の共同性の規定力の縮減・消滅の課題を担おうとする運動だと定義することができる。それゆえ天皇の名による弾圧や、天皇の権威の刷り込みを意図するイデオロギー的・法的強制への抵抗運動、かつて筆者も関わった一九八〇年代の全斗煥・天皇裕仁会談反対、在位六〇周年記念式典反対、裕仁重病を理由とする「自粛」反対、代替わり戒厳令反対などの抵抗およびカンパニア運動は、一般的な「悪しき国家」[*58]との闘争であって、天皇制を統治形態から排除する闘争とは区分すべきものと考える。どのような国家権力でも、国家の権威を笠に着た弾圧・恫喝を行う可能性は多大であって、固有に権威が天皇だからなされるものではないからだ。

反天皇制闘争が目的に到達するには「物質的な力」[*59]に転化した観念の共有が不可欠だ。「敵」は幻想の共同性、すなわち国家の権威としての宗教的価値を内面化した「国民」の観念である。制度の除去には、それに先立つ観念の無力化が不可欠なのである。それによって、きのうまで畏怖や憧憬や親愛の対象だと感じられた権威の表徴に何も感じなくなり、集合的な畏怖や憧憬や親愛を媒介とする観念の統合力が消滅する。それを実現するのは権力のヘゲモニーと闘う対抗ヘゲモニー形成の運動、「陣地」を形成する組織戦である。[*60]

陣地はどこに作られるか。かつては、資本制の支配（賃労働と資本の関係）が具体的な形をとってあらわになり、権力のヘゲモニーが直接人々を組織しようとする労働の場こそが、対抗ヘゲモニー形成の闘いの場と考えられてきた。地域の諸関係の組織化はその連続的な延長に構想された。日常に形成された対抗ヘゲモニーが非日常の形態、つまり「陣地戦」から「機動戦」へ転位した形態がソヴェー

＊56　ルナンほか『国民とは何か』鵜飼哲ほか訳、インスクリプト、一九九七年。
＊57　島薗進「日本会議とはなにか」『変革のアソシエ』二九号。
＊58　松浦前掲書、一四頁。
＊59　マルクス『経済学・哲学草稿』の「理論が大衆をつかむや否や、それは物質的な力となる」を念頭においている。
＊60　陣地戦とか機動戦というタームは、グラムシを踏襲している。ただしこれはグラムシのオリジナルではなく、もともとマキャベリのタームである。

ト・コミューン・レーテと考えればよい。重要なのは日常の陣地での人と人との関係意識において、場をともにする者相互の紐帯が超越的表徴（日本近代国家の場合は天皇）の規定力を不可逆的に凌駕するということだ。

この関係意識の転換は、社会的に何を信じ誰と未来をともにするのか、についての古い自明性（資本または企業、国家）の廃棄を意味する。それは、持続的、集団的な思想闘争であるから、陣地戦を組織するには目的意識と使命観を共有する誓約集団が不可欠である。その時その時の要求や主張を共有するだけの個人の集合には持続が保証できないからだ。この半世紀、産業構造と労働の性格、それに規定された雇用の形態のすべてが大転換した。それでもなお陣地は作れるか、どこに作るかが問題だ。具体的な考察は第Ⅱ部以降で論じるが、「天皇制」はいわば影のテーマである。天皇制が言葉として議論され批判されているかどうかが問題なのではない。天皇制などどうでもよくなっているかどうかが肝心なのである。そこが統治形態を変えるという意味での反天皇制闘争と、抵抗あるいはカンパニアとしての闘争との決定的な違いである。拙稿を引用して、結語に替えたい。

闘う集団の根拠地の組織化への道は遠い。しかし、アジール[*61]建設から根拠地への道が進めば、自ずから、生きるために必要な関係と、それに有害な〈統合〉が識別され、排外主義の契機も消滅する。その過程こそ、天皇への幻想の吸引力が弛緩し摩耗し消滅する過程にほかならない。これが、「長い二一世紀」における日本国家の幻想の共同性のゆくえにほかならない。天皇がなくなって、社会矛盾がなくなるのではない。闘いを通じて社会矛盾を取り除く力を人間が獲得した分だけ、天皇の呪縛が希薄化してゆくのである。[*62]

＊61　アジールとは統治権力が介入できない圏域、避難所。阿部謹也「ドイツ中世後期におけるアジール」（増田四郎先生古希記念論集『ヨーロッパ――経済・社会・文化』創文社、一九七九年）、および網野善彦『無縁・苦界・楽』（平凡社ライブラリー、一九九六年）参照。

＊62　拙稿「二十一世紀の天皇制」『インパクション』一九六号。

第II部

生前退位と占領統治の陥穽

第1章

何よりもダメな〈主権者《われら》〉

政権の荒廃・生前退位・戦後統治七十四年の因果

民主主義政治の荒廃・政策の腐朽

西谷修は次のように述べている。「いま起こっていることの最大の特徴は、どんな理論枠も歴史的文脈もいらず、ただひどい悪党が政権をとって、官僚も警察も握り、メディアも抱き込んで好きなようにやっていて、たんに形式的合法化として国会を開いている、ということだと思います」。西谷はまた「黄門さま」の「印籠」に代わる「公共的正義」の審級もまた官邸（閣議決定）が握ってしまったという。[*1]

行政権力による歯止めのない完全な〈お手盛り〉が横行しているということである。熟議なき強行採決への怒り、という次元で思い出されるのは、一九六〇年、「日米安保条約改訂に賛成の者も反対の者も」、政府が投げ捨てた「民主主義」の旗を拾って抵抗せよと呼びかけた竹内好の「民主か独裁か」である。竹内が激しく批判したのは安倍の祖父である岸信介による、安保改訂ありきの五・一九の強行採決だった。

一九六〇年に先立つ占領統治の時代から、民主主義の荒廃が進む節目は幾つかあった。始まりは一九四七年、国政の権能を有しなくなったはずの新憲法下の天皇裕仁がアメリカ政府に求められて発した「沖縄メッセージ」は、国民代表の意思決定とは無縁の裕仁と占領軍の合作だった。これで、米軍の沖縄占領というシステムが確定した（資料は一九七九年、進藤栄一筑波大学教授が発掘した）。サンフランシスコ講和条約を反共的部分講和へ牽引したのは「ダレス・裕仁会談」であった。戦後初期の民主主義破壊は、国会や首相によってではなく国政への権能がなくなったはずの裕仁の手で行われていることに着目すべきである。直近の過去に「神」であり「主権者」であり「大元帥」であった裕仁を、政府は「ロボット化」できなかったことを意味する。裕仁は「独立」とともに国政介入をやめる。

次の節目は一九七六年である。ロッキード事件の捜査で、保守エスタブリッシュメントとアメリカは、田中角栄の政治的抹殺のために民主主義的に制定された国法を曲げた。田中は、国内法にない司法取引で得た証言で起訴され、有罪となり投獄された。これは、田中角栄が日中国交回復をアメリカに無断で推進したことへの超法規的報復だったといわれている。これでアメリカの意向に沿わぬ政策を推進する政治家がほぼ後を絶った。

＊1 『図書新聞』三三一二号（二〇一七年七月二二日）一面、西谷修・木下ちがやの対談「二度目は『茶番』か『惨劇』か」。

政権本体の手による民主主義破壊の最大の策謀は、八〇年代の国鉄分割民営化であろう。中曽根は国営企業の民営化による利益追求を謳いつつ労働戦線の闘争力を根底からそぎ落とした。これに呼応して労組自身の手で右翼労戦統一が進み、総評解体への道が開かれ、労働運動が曲がりなりに担保していた中層下層の労働者の主張や要求の物質的基盤が解体された。バブル経済崩壊後の「空白の二〇年」の時期、主権者は小泉政権の郵政民営化に代表されるような「既得権剝奪・規制緩和・自由競争」賛美の旗に踊って、資本と権力のフリーハンドを肥大させ、加速度的な格差拡大に加担した。

安倍政権による民主主義の二重の破壊

二〇一二年に成立した第二次安倍政権は、民主党政権の失敗を奇貨として民主主義を徹底破壊する政治手法によって邪悪な政策を次々に実行した。まず安倍は、政府批判派狩りを正当化する特定秘密保護法を、委員会質疑を打ち切って強行採決した。違憲という批判の強かった戦争法制も、強い反対の声を踏みにじって強行採決した。証人に与党が呼んだ憲法学者の長谷部恭男が「違憲」と証言すると、判断は国会と政府がすると官房長官は嘯《うそぶ》いた。それならなぜ証人を喚問したのか。南スーダンで自衛隊が経験した戦闘の事実も「ないこと」に改竄した。「共謀罪」法案も、国連越境組織犯罪防止条約（TOC条約）締結に不可欠と偽って、参議院の委員会採決をスキップさせてまで強行採決したのは記憶に新しい。これも治安弾圧の専権を手にしたいがためのお手盛り法案である。警察官の恣意があらゆる犯罪に最大限に許容されるという意味では治安維持法を上回る権力犯罪正当化の立法というべきだろう。

森友学園をめぐる籠池問題はまさしくただの「ひどい悪党」の勝手放題である。岡山理科大学獣医学部新設をめぐる加計問題で顕在化したのは、「岩盤規制にドリルで穴をあける」という一見公共的な政策の指針が、お友達に利権を配分するための手段以外の何ものでもないという事実である。「悪党」の私的欲望による政治の横領だ。バレそうになればトカゲのしっぽ（籠池）を幽閉して切り捨て、財産まで差し押さえ、安倍本人や配偶者や側近の巨悪がいよいよ露顕しそうになれば、「あったことをなかったことにする」（前川喜平）ために手段を選ばず、隠蔽に加担した官僚は栄転させ、真実を明かした官僚は処分や左遷の対象にする。佐川局長がないと言った書類が次々出てきても、政府に責任はないの一点張りだ。裁量労働拡大の悪法も、根拠のデータが虚偽ないし捏造と判明したのに、厚労省に責任を押し付けて原案通りの成立をためらわない。

空疎なスローガンを掲げてきた経済政策、労働政策も、実態と齟齬する名目上の雇用改善の数字が羅列されるばかりで、近頃では「アベノミクス」というキャッチフレーズも使えなくなった。それでも「異次元緩和」の日銀総裁を続投させる。従来通りの成長幻想を見切る大胆な戦略転換を構想する頭も意思もない安倍とその側近は、軍需（武器輸出禁止三原則の破棄）、原発（再稼働・新設・輸出）、軍事と接続する高度情報技術の開発に成長の活路を見出そうとする。これらの産業は雇用や大衆の消費に貢献する循環を作り出さない。それゆえよしんば「経済成長」しても、富は独占資本にのみ還流し、格差はさらに拡大の一途を辿る。

軍事・外交における対米隷属の深化は目を覆わしめる。アメリカを忖度してのことだろう、安倍は朝鮮半島の南北対話を妨害する発言を行う（二〇一八年三月八日、参院予算委員会）。オスプレイやその他の軍用機が墜落しても、米軍機からの落下物が次々居住地に落下しても、日米地位協定の抜本改訂も要求できない。アメリカと共同でなければ戦争もできない——自由に戦争ができればよいと言っているのではない——軍隊を持ち、アメリカの核の傘の下にいるから核の禁止も主張できない。トランプに強請られて大量の極限的に高価な武器を相手の言い値で購入する。もんじゅが失敗して原発使用済み燃料の再処理技術の開発の破綻が明らかになったのに、アメリカに求められれば核燃料サイクル政策をやめられない。

これだけ対米追従一辺倒の安倍晋三は、他方で祖父の衣鉢を継ぐと言って、対米自立、核武装を妄想するのは滑稽千万だ。「戦後レジームからの脱却」とは、占領政策のフレームワークからの自由を手にして、大東亜共栄圏の妄想に回帰しようということを意味している。そういう観点からも改憲が〈悲願〉となる。それゆえ、自衛隊の国防軍への転換（九条改定）だけでなく、憲法の三原則（国民主権・基本的人権・絶対平和主義）の精神の否定（前文否定）、立憲主義の否定（九九条空洞化）と憲法の国民の遵守義務への換骨奪胎、天皇元首化（一章改定による神権天皇制復活）、個人の尊厳の否定（一三条削除）、性差別・人種差別・障害者差別・身分差別の一切の容認（一四条の削除）、個人に対する家族の優位（二四条削除）などが目論まれる。[*2] 驚くべきことに対米隷属の政治と神権天皇の下での大東亜共栄圏の欲望が一体化しているのだ。理路を見失った安倍は異論の一切を拒絶し、責任はすべて敵や部下に転嫁する。

アメリカの黄昏・中国覇権の構想

その点でトランプと安倍は酷似している。アメリカ国民はトランプを大統領にし、アメリカ国家は〈世界の憲兵〉の立場を降りた。自ら招いた中東の戦乱の戦費を賄えず、資本制の高度化（認知資本主義化、「レント資本主義」化、感情労働化）の亢進で、実体経済の雇用が停滞し、アメリカには膨大な失業をとどめる手段はなくなったのだろう。

経済の致命的破綻を背景に、トランプはアメリカ中西部から北東部の「ラストベルト」の失業者と、世界金融資本の要求と主張をともに代表するポーズをとって登場した。トランプは、ラストベルトの失業者から集めた票で大統領の座につきながら、巨大独占へのなりふりかまわぬ利益還元を図るほかに道はない。黄昏のアメリカが、トランプの下「アメリカ・ファースト」を掲げて暴走すれば、その爆風で世界において一挙に数百万人が命を失い、数千万人が吹き飛ばされ、数億人がさらなる貧困に沈む。その害悪のスケールはＩＳの軍事力の比ではない。

元来、世界単一市場による淘汰を志向する資本制と、それぞれ一国的な政治権力は絶対的矛盾を孕んでいる。世界最大の覇権国家であったアメリカは、それを織り込んだ上で、世界の憲兵として矛盾の両極をブリッジしてきたのだった。だが、アメリカは保護主義を掲げて、ブリッジをやめ、入れ替わりに、中国が自由貿易主義を主張し始めた。

中国はこの矛盾を消去するために、中国という一国による世界市場の支配を狙い始めた。筆者には

＊2　「自由民主党改憲草案」参照。一層踏み込んだ条文が発議される可能性が高い。

「一帯一路」の構想は中国がその実験に着手した第一歩に見える。アジアインフラ投資銀行（ＡＩＩＢ）はこの目的のために必要な膨大な資金の調達機関として設立されたのに違いない。いままだ、中国の軍事力・経済力はアメリカには及ばない。だが、構想はパックス・アメリカーナの後を伺っている。もちろんこれはもう社会主義でも共産主義でもない。目的は国家独占資本主義の世界化、つまり、世界帝国による世界単一市場の支配である。中国の覇権は異論の自由を絶対に許容しないコンサーバティブな権力である。われわれは、国内で安倍と闘うと同時に、「アメリカ・ファースト」のエゴイズムとも中国の世界支配の野望とも闘わねばならない。

生前退位とその向こう側

こうした覇権国家の角逐に伴う危機の煮詰まりを背景に、安倍内閣のアメリカの傘の下での戦争志向と経済政策における軍需依存・核技術依存が顕著になってきた二〇一六年八月八日、天皇明仁は「生前退位」を可能にする措置を講じてほしいというメッセージを発した。第Ｉ部第3章ですでに論じたが、安倍は天皇明仁がこのメッセージを発することを嫌っており、発言させないよう宮内庁に圧力をかけていた。この八・八メッセージが、政府の企む改憲戦略へのダメージとなると考えたからだろう。だが宮内庁は、内閣府に知らせずにＮＨＫに天皇明仁の発言の場を用意させ、「おことば」はその意向に沿って放送された。政府は長官と次長を更迭し、後任に安倍の腹心を据えた。

いったい何が問題なのか。あらためて言及すれば、「生前退位」を可能にする正統的な立法には、皇室典範の改正が不可避であり、皇室典範の改正に際しては、皇室典範と憲法との関係が正面から議論されざるをえなくなり、「憲法改正」が、政府の言うような当面の便宜のための措置などではなく、七〇年以上にわたって持続してきた国是の抜本的変更につながることが白日の下にさらされる。これは、安直なお試し改憲で主権者を飼いならし、九条や一三条や二四条や前文の精神の一掃への道を開こうとしている安倍にとって、重大な障害となる。安倍はそれを危惧したのであろう。確かにあの「おことば」は、年を取って疲れたから辞めたいという文面と裏腹に、国政に関与する権能のない象徴職の言動としては「違憲」だ、という批判を覚悟の上での政府の改憲に反対という意思表示と、憲法における天皇の地位に関する国民的議論を求める乾坤一擲の賭けと読むことができる。九条を削除し、自分を元首にするような憲法の発布を忌避するための退位権、即位拒否権の要求という含意さえ感じられなくはない。

形式的護憲（政府）と内容的護憲（明仁）の対立

だが、すでに「生前退位」問題それ自体は、皇室典範の付則に何を書き込むにせよ、「一代限り」の特別立法という政府の敷いたレールの上を走りだした。国政への権能は政府にあるのだから、政府のペースで事が運ぶのは天皇明仁にとっても「想定内」のことだろう。ただ、万一「国民的」議論に火がつけば、という期待に基づく行動と考えられる。

だが、安倍一派は極右ではあるが、「天皇の言い分を聞いてしまえば、気に入らなければ退位したり即位を拒否したり勝手なことができるようになり、制度が維持できなくなる」と言った八木秀次に代表されるように、徹底した天皇制利用主義者であって天皇崇敬派ではない。だから、明仁や側近の意向が政府の利益に反すれば当然火消しに走るのである。

政府と明仁の攻防で、憲法遵守の意味合いが、形式と内容の間で逆転していることに着目したい。憲法の規定に基づいて、天皇は国政に関与する権能を一切有しないものとして天皇制を運用しているのは、なんと改憲派の政権や八木であり、内容的に憲法前文や九条に固執する限りで明らかに護憲派に見える天皇が、〈法律を変えてほしい〉と国政に注文を付けたのである。これは形式上明らかに「違憲」である。その結果、極右の天皇制利用主義者の主張と、最左派の「明仁〝壊憲〟」論者の論理が、ともに〈天皇は国政に口を出すな〉と叫ぶという意味で酷似することになった。

「おことば」で国政に容喙するのは「違憲」なのだから、形式論理でいえば右派と最左派の主張は「正しい」。だが、この〈酷似〉が持つ意味は、〈左〉と〈右〉で大いに異なる。憲法を自由勝手に変え、政治利用したい右派が、都合の悪い護憲天皇の発言を黙らせたいのは理解可能だし、彼らの言動はよかれあしかれ目的に適っている。だが、そもそも第一章の天皇条項をもつ憲法など信じてもいない「最左派」が天皇の言動を一章に反するから「壊憲」だと言い募るのは滑稽ではあるまいか。彼らは、制度の否認を語るべきときに、「個人」明仁への罵詈雑言を以ってそれに替えているとしか私には見えない。欺瞞が制度にあるとき、明仁「個人」の言動事態が「壊憲」だと騒ぎ立てる意図を疑う。[*3]

護憲派天皇主義の錯誤とどう向き合うのか

他方、明仁の護憲主義に共感してきた反安倍派平和主義者の大半は、明仁の形式的違憲性を無視して、「おことば」を支持した。政治的な内容に即して考えれば、明仁が（一章を含めた）「憲法（の精神）を守っている」のに対して、政府は権力による戦争の自由を憲法三原則の上に置く改憲を目指しているのだから、明仁に加担する心情には必然性がある。だが、ここでも奇妙な現象が起きた。安倍の政治手法と政治内容のあまりの「荒廃」に倦み疲れた人々のうち、君主制に対する抵抗感の希薄な層は、「君主」である明仁に希望を見出してしまった。あまつさえ内田樹は自ら「天皇主義者」を名乗った。[*4]

先代天皇の裕仁の狡猾極まる敗戦処理の暗躍を徹底批判した歴史学者、豊下楢彦の『昭和天皇の戦後日本』の最終章には、われわれの未来を照らす指針は明仁にあるという愕然とするほどの明仁賛美が語られている。ここには、反天皇制派主流とは反対の「個人」と制度の混同がある。憲法上の規定から「個人」たりえぬ明仁の言動への共感をもって君主制を肯定してしまうのはどういうことだろうか。

ただ、注意すべきは——ことほどさように、支配階級の私的利害は一般利害として主権者たちに幻想されているということなのだが——内田樹の背後に無数の内田が存在するということである。だからこそ、島薗進は、分岐は天皇制肯定と天皇制否定の間に引くのではなく、神権天皇制支持と象徴天皇制支持の間に引かなければならない、と一章支持の護憲派への配慮の不可欠を語るのである。[*5] また、

＊3　詳しくは本書第Ⅰ部第3章Ⅱ「八・八が露呈させたもの」参照。
＊4　内田樹「私が天皇主義者になったわけ」『月刊日本』二〇一七年五月号、「『天皇主義者』宣言のわけ」朝日新聞二〇一七年六月二〇日付。

樋口陽一は明仁をヴァイツゼッカーに比肩すべき存在と評価するのである。[*6] さらに樋口は、国民主権に本来「明君」はいらないが、日本の国民主権は「明君」に支えられていると、主権者が国政への権能を有しない君主に追い越されている現状を表現した。[*7]

天皇制支持の護憲派との共闘なくして、安倍の悪政とは戦えないとする島薗の立場や、「明君」なくしてこの国の国民主権は存立せず、という樋口の意見に対する「左派」の反発は予想できることだ。私もまた、原則論からすれば賛成ではない。しかし、島薗進や樋口陽一の見解を、この国の主権者の政治意識の現状認識と、それを踏まえた対応の知恵として読む限りでは、異論の差し挟みようがないと考える。それほど、主権者の政治的想像力は劣化しているのだし、それを阻むべくして阻めなかったのは「左派」の歴史的責任であるからだ。事実から出発するのが唯物論者の立場であるとすれば、所与は所与として受け入れなければならない。

「個人」と制度を峻別せよ

ただ、今「明君」の助けを借りて、かろうじて国民主権が維持されている現実への対応の知恵と、君主制をその本質において容認することとは別だということだけは明らかにしておかなければならない。憲法の規定ゆえに「個人」たりえぬ「個人」として、精一杯の政府批判を試みる明仁に共感することと、彼を天皇職にとどめている制度（統治形態）を是認することとは全く別であるからだ。

国政の権能を持たない天皇が安倍のロボットとして行動すれば権力の道具として機能するのはもちろんのこと、「個人」として安倍に強い批判を抱いて行動しても、政府批判への共感はガス抜きとしてのみ機能し、天皇は権力の崇高化、異端狩りの権威づけに、制度的に使いまくられる。[*8]天皇代替わりの儀式でも、オリンピックでも、改憲憲法の発布でも、権力によって天皇は好き勝手に道具にされる。忌むべきはこのような制度上の機能なのだ。「民主主義者」ならばこの制度と闘わなくてはなるまい。この制度の下で「天皇主義者」になってしまっては闘えないはずである。八・八メッセージとして明仁はボールを投げた。政府は明仁の意向に原則無視を決め込んで、明仁が退位することだけを可能にする法を制定した。いまや、われわれの応答こそが求められている。

反弾圧・抵抗から日常性の奪回へ

象徴天皇制との闘いは、それ自体、国民統合の権威(とそれに呼応する幻想の共同性)を解体する闘争だが、その権威が国家権力の統治の核心に据えられている以上、これらの統治の欺瞞の一切の暴露・解体と重なり合う課題にほかならない。シングル・イシューの反天皇制闘争は存立しえないのである。

断っておくが、天皇の権威を笠に着た国旗国歌強制に対する反対闘争、天皇・皇族来臨を理由とす

＊5　島薗進「安倍政権と日本会議」『変革のアソシエ』二九号。
＊6　朝日新聞二〇一六年一一月二日付夕刊、塩倉裕記者署名記事の引用。
＊7　東京新聞二〇一七年一二月三日付。
＊8　詳しくは本書第Ⅰ部第2章の樋口陽一との対談、および同第3章を参照。

る戒厳令的弾圧反対の闘争の意義を否定しているのではない。ただ、それは天皇の権威に名を借りた権力の弾圧への抵抗闘争であって、統治形態を転倒させる闘争としての天皇制解体の闘争は、それとは位相を異にすると言いたいだけである。

天皇制をなくす闘いは、弾圧への抵抗や、天皇制のイデオロギー的暴露の段階を超えて、資本制とお仕着せの国家の統治に代えて、別の社会的諸関係を作り出し、その関係の規定力で現実を再定義できなければ勝利できない。幻想の共同性の呪縛の規定力は、資本と国家に横領されている日常性の諸関係から生まれるのだから、政治的想像力の奪回には日常性の奪回こそが先決だ。

現実世界は資本制の支配のもとにある。資本制は権力によって総括されている。資本と権力によって日常性の骨格が決定され、日常性が（古典的概念を用いれば）「帝国主義」を日々再生産している。賃労働と資本の関係は資本制がどれほど変質しようと抜きがたく人々を拘束し、生活の維持の困難、失業の不安の怯え、雇用者の恫喝、利益誘導、国家権力に基づく法の拘束が日常を貫徹している。それだから、何よりもダメな主権者《われら》は、安倍とその眷属に投票し、よりましな明日を期待するのである。それを変えられないできた勢力も、変えられなかった事実の責任は負わなくてはならない。この関係を切断する闘いこそが現実変革の名に値する。またそれなくしては、幻想の共同性の制度を解体することはできない。

かつて、労働力の売買の現場である職場が、奪回の闘いの拠点と考えられた。そこは労働力商品化の現場であり、「帝国主義」を日々再生産する日常性の根幹をなす矛盾の坩堝だからである。資本と権力の支配を切断するには、そこに攻防の前線を敷き、そこを奪回して陣地としなくてはならないと考えられた。機械、炭鉱、交通、運輸などの労働が職場のモデルに想定できた。そして、その延長として地域を〈陣地〉[*9]にすることが想定された。高野実時代の総評の「ぐるみ闘争」[*10]は、その典型である。

今、ほとんどの労働力売買の現場は、産業構造の転換やこの国の労働運動総体の対応力の乏しさゆえに、極めて闘いの場とはなりにくい関係構造が形成されている。職場を基軸とした地域の陣地化も構想しにくい。しかし、矛盾は社会全域に飛散している。だから、古典的には陣地化の対象とはならなかった医療、介護、保育、生活相談、生活支援の場などが闘いの拠点となる可能性を帯び始めている。

陣地の構築・陣地の横結

別のところに書いた拙稿で、筆者は次のように述べた。

高齢者・障害者・患者などへの介護・看護・世話の現場、子どもの保育の場、様々な問題を抱えた人の生き方、暮らし方、働き方などへの相談・助言・癒やしの場、そうした〈いのちの質の支

*9　『グラムシ獄中ノート』（石堂清倫訳、三一書房、一九七八年）、および石堂清倫『現代変革の理論』（青木書店、一九六二年）のとくに最終章参照。
*10　高野実『日本の労働運動』岩波新書、一九五八年。

え の場〉こそが重要だ。そこで〈われわれ〉の作り出す関係の力が、権力や、資本などの社会的権力の規定力を凌駕できるかどうかに社会の帰趨は懸かっているのではあるまいか。〈いのちの質の支えの場〉において、人々が誰を信じるに値する他者と認知するかが、社会の帰趨を決定する。〈われわれ〉の〈関係の力〉が、資本や権力の規定力、幻想の共同性の核心（日本では天皇）への畏敬・親愛を凌駕すること、それだけが資本と権力による人々の分断を超えることを可能にする。[*11]

地域・職場はもとより、これらの日常の生きる場の関係が闘いの陣地として組織化できるかどうかが重要だ。誰が問題解決に寄与し、誰が問題を抱えている人々から信用されているかが試金石となる。それは孤立した個人にできる仕事ではない。これらの生きる場の組織化には、世界認識と闘いの方針を共有する「誓約集団」[*12]の組織者が不可欠である。

陣地とは資本と闘い権力と闘う力を蓄積する関係形成の場である。また、自助・相互扶助・生きる知恵を出し合い支え合う関係形成の場である。労働・保育・介護・医療・生活相談・生活支援の場の陣地化が進めば、資本制の支配は切断され、権力への恐怖や権威への崇敬が現実定義力を失い、関係の規定力が転倒する。命を毀損する様々なハラスメントをかいくぐって生きることができ、クビを切られても生きのびられ、権力の威嚇を恐れなくなり、国家の権威をありがたがらなくなる。そういう転倒が進展した分だけ、支配階級の私的利害が一般利害と錯覚されなくなる。それがわれわれの解放の過程だ。解放とは、資本制と国家権力と国家の宗教的権威に浸透され包囲された空間のただなかに、資本にも権力にも権威にも畏怖も崇敬も親和も感じることのない集団性を組織することである。

日常の生きる場に陣地を作れ、陣地を相互に横結せよ。それが生きる場の規定力を奪い取る契機となる。それなくして、資本総体、権力総体との拮抗は作り出せない。それなくして幻想の共同性を再編・休眠に導けない。彼我の力の総体の長く続く拮抗の下で、資本制と既存の国家権力による統治に取って代わるシステムを実現する実験が進む。これが「機動戦」である。制度としての天皇制の最終的な始末はここで現実の課題となる。〈命の質の支えの場〉のヘゲモニーをわが手で作り上げた時、天皇という幻想の共同性のシンボルはどうでもよくなり、天皇制は消滅する。

＊11　拙稿「関係の力の集積を」『変革のアソシエ』二九号巻頭言。

＊12　藤田若雄『労働組合運動の転換』日本評論社、一九六八年、および『革新の原点とは何か』三一書房、一九七〇年。清水慎三編著『戦後労働組合運動史論――企業社会克服の視座』日本評論社、一九八二年。ただし、今日では、藤田が構想した職場という闘いの場は、誓約をともにする活動家たちに従来のような形では発見できない。筆者が、命の質の支えの場、というような物言いをしたのはそのためだ。

第2章

明仁「八・八メッセージ」から天皇制解体を考える

天皇退位問題で何が問われたのか

川満信一さま。『琉球新報』二〇一七年五月二六日の「天皇退位を考える　上」（下は二九日）で拙稿「『生前退位』と敗戦七一年の軌跡――明仁に〈追い越された主権者〉に迫られる選択」（これを大幅に改稿したのが前稿「何よりもダメな〈主権者《われら》〉」）を「必読」と評価していただきありがとうございます。お説にもあるように、二〇一六年八月八日の天皇明仁による「生前退位」を希望するメッセージは、日本国家の一五年戦争敗戦から七十余年の歴史について多くの事柄を顕在化させる契機となりました。天皇の言動で歴史を検証するというのも「主権者」としては苦々しい限りですが、それが現実であることを認めざるを得ません。

「八・八メッセージ」で天皇明仁は、国家の象徴として行う国事行為だけでなく、天皇には、国民統合の象徴としての多くの仕事があり、自分は年を取ってその激務に堪えない、だが、自分には国政に関する権能がないから権能のあるものが決めてほしいという趣旨の発言を行いました。縮めていえば発言趣旨は表向きこれだけです。国政への権能がないままに「内閣の助言」と承認の下に国事やその他の公務をこなすことが建前の天皇の言動は、あからさまに言うと違憲だと非難されるという危惧からか、いつも行間を読まなければその意味が韜晦されて曖昧模糊だという特徴があります。〈乾坤一擲〉だったであろう今回のメッセージでもぶっちゃけた本音は抑制されています。それでも、国事行為でもない場所を設定させて、譲位するための道を開けと、法律（＝皇室典範）の改定を求めたのですから、それが憲法違反であることを承知していたに違いありません。天皇明仁は、それを織り込み済みで、パンドラの箱を開けたのだと思います。

川満さんは、そこになお天皇と政権の「権力二重構造」が生きのびていること、それを戦後七十年以上未整理のまま看過してきたことを指摘されています。「八・八メッセージ」が重大な意味を持つという点では私も同感ですが、私の認識は少し違います。憲法と皇室典範の条文に忠実たらんとして「内閣の助言と承認」なしには何事も言えない内閣のロボットであることに明仁が堪え難くなり、制度補正のための再考を求めたのではないかと思うのです。極言すれば猿回し（安倍）に対する猿（明仁）の反乱です。

明仁が皇太子時代に受けた教育に即して考えれば、ロボット（意思を持つ一個の人間の意思の抹殺）であることに堪えてきたのは、憲法三原則（国民主権・基本的人権・絶対平和主義）に依拠した国家と国民統合の象徴であるがゆえだと自己規定してきたに違いありません。猿回し（内閣）にもう護憲の意思がないのならば、猿と猿回しの意思は乖離しているのだから、続けるのはご免だ、これを機会に、あたかも矛盾がないかのような隠蔽をやめる方策を考えたらどうか、と示唆したといえるようにさえ思えるのです。天皇明仁の意向がどうあれ、この発言によって、国政への権能を一切有しない君主の下で、沖縄を除外した「平和と民主主義」を「享受」した戦後史七〇年の再審が不可欠であることに注意が喚起されたことだけは間違いありません。

「国家主義」と「国体主義」

軋轢の予兆は小泉内閣辺りからありましたが、第二次安倍政権が成立・長期化してから、天皇明仁と政権の軋轢がかなり深刻になりました。安倍は、九条改憲（自衛隊合憲化明記、野党時代の改憲草案では国防軍化）を目指しており、その前段の「お試し改憲」に国家緊急権と教育無償化を掲げて主権者の馴れを誘い、これが成功したら本丸へ、と考えています。自民党は改憲草案で、このほかに、前文を変えることによって憲法三原則（国民主権・基本的人権・平和主義）の換骨奪胎を狙っています。また、一三条の個人主義の原則を外して個人を国家に従属させ、二四条で家族主義を謳って個人を家族に従属させようと企んでいます。すべての権利条項には戦前と同じ「安寧秩序」に悖《もと》らざる限り、という制限を設けたがっていますし、九九条を空洞化して、公務員の憲法遵守義務も外したいでしょう。要するに憲法が主権者による、権力に対する権力行使制限の命令であるという立憲主義の原則を否定して、国民の遵守義務にすり替えてしまいたいのです。第一章では、天皇の元首化を掲げていきます。元首に憲法上で政治的権限を付与し、実質的には元首の権威で首相や内閣が政策を遂行しやすくする、つまり、象徴天皇の婉曲話法による政治利用ではなく、直接天皇の意思という形式で政府の意思を強権発動できるように変えたいのです。

また、憲法には直接関係ありませんが政権は、靖国という、極東軍事裁判の戦犯処刑者の顕彰を行った宗教施設への首相・閣僚・議員らの参拝を推進したがっています。これは安倍が極東軍事裁判の論理を総否定し、一五年戦争は自衛戦争であり、七三一部隊も南京大虐殺も従軍慰安婦も三光作戦もなかったというむきだしの歴史修正主義に依拠していることにほかなりません。

二〇一三年、沖縄で行われた四月二八日の沖縄でいう「屈辱の日」、政府のいう「主権回復の日」の式典に天皇明仁・皇后美智子夫妻を連れ出した安倍は、抜き打ちで「天皇陛下万歳」とサクラに声を上げさせましたが、夫妻は答礼しませんでした。その含意は応答拒否と考えてよいでしょう。明仁の立場はここに集約されていると思います。一言で言えば明仁の立場は象徴天皇制護憲で、それが象徴職の使命だと考えているのではないでしょうか。

父親裕仁がなぜ、生前沖縄へは行けなかったのかを学習した結果、沖縄は国民として統合するには重大な歴史的ネックがあることを明仁は学んだに違いありません。皇太子時代、爆弾を投げられたにもかかわらず、執拗に訪沖を反覆したのは、統合困難の苦さを知った上での「融和」の行為にほかなりません。それを同化への誘導だと批判することはできますが、明仁は象徴職として歴史的和解を図りたいのでしょう。

安倍内閣以前から、政府が改憲の動きを見せると折あるごとに「憲法を守り」と発信してきたのは、明仁の職業的使命感であろうと思います。また、歴代首相が靖国に色気を示すと、それを受けるかのようにしてサイパン島やペリリュー島に出かけていって、現地人や「敵」も慰霊して来る旅に出かけました。以前、都の教育委員会の要職にあった米長邦雄が園遊会で日の丸・君が代の強制を得意げに語った時、「強制はいけません」とたしなめました。ここに見られるのは、安倍の改憲（戦後レジーム一掃）対明仁の象徴天皇制を含む護憲（戦後的価値の保守）という対立です。川満さんはそれを「軍国主義」対「国体主義」というふうに整理されました。「安保という名の戦争」対「平和憲法」とも言われました。

ネット上では、この構図を示した川満さんに対する批判が見られます。確かにトリッキーな命名に映ります。しかし、憲法とは統治形態の定義と考えれば、それは砕いていうと右翼のよく言う「国柄」・「国のかたち」で、彼らは昔も今もそれを「国体」といいます。現行憲法は、いかに国民主権・基本的人権・平和主義の憲法とはいえ同時に天皇制憲法なのですから、（右翼のいう「国体」から、日本の優越性といった差別性・イデオロギーを捨象すれば）憲法こそ戦後の「国体」といえなくもないことを考えれば、その憲法を守ろうとする明仁が「国体主義」者だというのは整合的な議論です。

天皇に国政の権能を与えればよいのか

ただ確かに疑義は残ります。川満さんは、象徴天皇の国政への関与を排除できないのではないか、突き詰めていけば、国民の象徴の意思をもって総理の否認、国会の解散などを行う権能もあるのではないか、と書かれています。実質的な国政関与の権能を持つ君主の像に近いものをイメージされていると読めます。昨年亡くなったタイの国王は、政治的対立の調整をする絶大な権限を持っていました。

スペインの国王もカタロニア独立をあからさまに非難していましたから、国政関与の権能があるのでしょう。イスラム諸宗派を国教とする中東の国々にはよく似た政体の国家が少なくありません。

二〇一六年の八月に露顕した事態から、こういう形を良しとするという結論を導いてよいのかどうか。百歩譲って君主制を全否定しないとしても、私は少なくとも日本の場合に限って、それはまずいと思います。理由は凡庸ですが、日本君主制には、先の天皇裕仁が主権者の時代の植民地支配や侵略戦争の歴史的責任という負荷があり、その過ちを糺すために――占領軍の統治の便宜のために形を変えて君主制は存置されましたが――戦後日本の統治形態が定められたという経緯があるからです。国政関与の権能を付与するほうへの転換は、問題解決の方法としていかがなものかと考えざるを得ません。

これと関連して、もう一つ重大なことは、天皇の宗教的権威が戦前と同一だということです。川満さんは、国家の宗教的権威を支える基盤はすでに喪失しているとお考えですが、私は失われてはいないと考えています。神道指令で切断されたのは教団としての国家神道と国家権力との関係だけであり[*1]、宮中の皇室神道と皇室祭祀は、戦前の形がほとんどそのまま継承されて現在に至っています。また、神社本庁に統括される神社神道、靖国を頂点とする各都道府県の護国神社、そのいずれもが憲法の保障する信教の自由を根拠として民間に生き残っています。

大嘗祭を見れば明らかなように、天皇の神聖性を支えているのは神権天皇制においても、裕仁時代

---

*1 島薗進『国家神道と日本人』岩波新書、二〇一〇年。

の象徴天皇制においても、明仁になってからも同一です。そういう宗教的権威に依拠する天皇が国政に関与できる道を開くことは、「大東亜共栄圏」の被害を蒙った地域の国家にとっては看過できないでしょう。いくら、個人としての明仁が、政権に比べて格段に平和主義的であっても、国政関与の権限を付与して極右政権と巨大与党に打撃を与え、歴史の「未整理」に決着をつけることはできないのではないでしょうか。[*2]

〈聖なる奴隷〉象徴天皇の始末

ところで、天皇には国政に関する一切の権能がないだけでなく、内閣の助言と承認に拠らない公の発信権がありません。婚姻の自由も、離婚の自由も、職業選択の自由も、居住する場所を移動する自由も、選挙権・被選挙権もありません。即位拒否権もありませんし、退位権もありません。いわば〈聖なる奴隷〉です。この制度は、いわゆる「国体」延命の便法として成立しました。「国体」緊急避難を至上命題とした裕仁は、日本の「独立」後、あたかも矛盾が存在しないかのようにほぼ振る舞って、破綻なく生涯を終えました。憲法三原則などに関心がなかったのが破綻しなかった原因です。

これに対して明仁は、憲法を理念の次元で相続したといえます。おっしゃるように「戦後憲法の遵守こそが国体の本義」に適う態度だと考えたのでしょう。彼は「八・八メッセージ」で、憲法三原則を掲げた国家・国民統合の象徴として振る舞うことを、象徴職の使命と考えてきたと言いますから、憲法に明示的に定められた国事のほかに、余計なことだとか違憲だとかいう指摘を受けても、広島・長崎にも沖縄にも福島にも行ったし、外国の慰霊にも行きました。公的儀式ではことあるごとに護憲の姿勢を語りました。

この基本姿勢は、改憲推進政権と衝突するのは必然です。国政の権能のない天皇が政府と衝突する政治的メッセージを「内閣の助言と承認」に拠らずに（反して）発信するのですから、内容的には明仁が「護憲」でも、形式上は内閣の助言や承認ぬきの明仁の言動のほうが「違憲」であることを免れません。形式論理では政府が「合憲」です。政府は、明仁が抵抗する九条改憲や天皇元首化の「新憲法」を明仁自身に発布させることさえ形式的には合憲です。退位の道筋をつけるための政府の委員会の意見聴取で、形式上一番「合憲」なのは、天皇に口出しも退位もさせるな、勝手に退位されたのでは天皇制が維持できないといった八木秀次や、天皇は宮中祭祀だけしていればいいと言った神道学者の見解です。反天皇制左翼と安倍一派が〈明仁を黙らせろ〉という一点で同じことを言っているのです。

問われる主権者

政治姿勢において護憲の明仁が、形式上違憲になるのですから、「八・八メッセージ」を違憲か合憲かという対立構図で考えることには実質的な意味がないことが分かります。必要なのは、裕仁延命の無理筋として成立した矛盾の凝縮体である象徴天皇制憲法とそれに基づく統治形態に制定七〇年を

＊2　本稿初出ではこの後、日本および欧米やイスラム圏における政教分離の状況、裕仁による敗戦後の天皇制延命策、天皇ロボット説のほか、明仁の「八・八メッセージ」に対する諸勢力の反応などを論じていたが、本書既出の論考と重複しているという編集部の指摘に同意し、割愛した。

機に、どう始末をつけるか、「八・八メッセージ」をその契機とすることにほかなりません。

近代国民国家の統治は、資本制による支配、国家権力の「法治」、幻想の共同性による統合の三次元から成立します。「国家最高地主」でも主権者でもない天皇が統治と関わるのは第三の次元だけです。天皇による統合がなされるということは、天皇が宗教的権威であることが、国民によって承認されていることを意味します。それは、支配階級の私的な利害を担保する装置が、国民全体に普遍的・一般的価値として内面化されているということです。それは国民が「天皇教」徒であることを集合として受け入れていることを意味します。

統治形態の問題と言うと、主権者個々の〈外〉にある装置の問題に思えますが、幻想の共同性は資本制や権力による法と暴力の支配とは違います。共同性は主権者個々の明示的ないし暗黙の同意・承認で成立するのですから、敵は、敵の価値を内面化している主権者自身です。天皇に親和や崇敬の念を抱くか、抱いてなくても周囲を忖度してそのことを態度に明示しない「国民」は集合的な崇敬と親和の合作に加担しているのです。これによって、天皇による統合は完成します。この制度の存続は、すべて国政への権能を有する政府の意思に拠っているのであり、象徴天皇制はその政府を支持している集合としての「国民」の「総意に基づいて」いると言われても仕方がないのです。嫌なら、この共同的な権威の規定力を希釈し、消滅させ、制度として無意味化し、廃止するしかありません。

〈陣地〉の組織化を

本気で統治形態を変える闘いは、何から始めるべきなのか。生活の場でも、労働の場でも、資本や権力との闘いの場でも、生きる場の中に天皇が崇敬・畏怖の感情を喚起しなくなるような状況を作りだすには、天皇制イデオロギーの権威が資本制の支配にも国家権力の統治にも効果を発揮できなくさせることが必要です。それには、継続的な闘争の足腰が必要なので、街頭から立ち返ってきたときの日常の〈陣地〉[*3]が不可欠です。〈陣地〉とは吹きさらしの市民社会と違って、市民社会のど真ん中にありながら、人々相互の信頼が企業や権力や行政端末など、幻想の共同性を背負って迫ってくる力への畏怖や崇敬を凌駕しているような場の関係が築かれている場のことです。そこでは、構成員相互のケア、共助が成立しており、外から協力や助けを求めてくる「まれびと」への配慮も行き届きます。重要なのは、そういう関係が深まれば深まるだけ、企業や権力などの抑圧に対抗する集合的な知恵が蓄積され、国家の権威などはどうでもよくなるということです。

沖縄では、職場や地域に、伝統的なコミュニティの上に現代の闘いのなかで鍛えられた関係性が形成されていますから、〈陣地〉あるいはその萌芽がヤマトとは比べものにならないくらい——ヤマトにも企業横断で組織されているユニオンや、生産過程に規定力を発揮できる協同組合とか、ないわけではありませんが、遺憾ながら限定的です——数多く存在すると思います。〈陣地〉あるいはその萌

＊3　グラムシ『獄中ノート』（石堂清倫訳、三一書房、一九七八年）、および石堂清倫『現代変革の理論』（青木書店、一九六二年）参照。ピーター・メイヨー『グラムシとフレイレ』（里見実訳、太郎次郎社エディタス、二〇一四年）に教育運動論としての対抗へゲモニー、陣地戦などへの言及がある。たとえば五四〜六一頁。

芽と呼ぶに値する諸集団の関係性の構築が、長期にわたる米軍や日本政府との闘いの継続を支えてきたのでしょう。それは集団相互の信頼関係も担保します。このような関係と関係意識が生み出す存在感なくしては、幻想の共同性をめぐる攻防は成立しません。

〈陣地〉はかつて賃労働と資本の矛盾の現場である職場での権力や資本のへゲモニーに対する対抗へゲモニーの拠点としてイメージされてきました。地域の拠点もその延長に構想されました。[*4] [*5] 産業構造が激変し、一次産業や、工場ラインに労働者を張りつかせる労働形態の比率が下がって、代わりに頭脳労働、電子情報処理労働、感情労働、日々使い捨ての単純不熟練労働が激増しました。それと呼応して雇用形態が劇的に流動し、資本と労働の矛盾の発現する場の形態が多様化し、拡散し、労働の場に対抗へゲモニーを形成する拠点を見出しにくくなりました。

だからといって闘えなくなったと考えるべきではなく、日常の拠点のあり方が変わったと考えるべきでしょう。極言しますと、入所者が大量惨殺された「津久井やまゆり園」は、もし、労働者の対抗へゲモニーが組織され、入所者へのケアの倫理が作り上げられていれば、あのような凄惨な事件が起きなかったというだけでなく、陣地に転化し得たはずなのです。そこに、資本や法に依拠した搾取や抑圧や威嚇への畏怖や、社会を覆う差別の通念や、宗教的権威を帯びた象徴の仁慈への崇敬を超える共助の関係を組織化することが、場を共にする者の集団の合議・合意で可能であるからです。ただし、組織化には、誓約を共有して継続的に同じ目的で活動する集団が不可欠であるのは、言うまでもありません。

やまゆり園に限らず、高齢者・障害者介護の現場、保育・医療の現場、さらには集団としては一見より微弱に映る犯罪被害者と支援者の会、元受刑者と支援の会、引きこもり支援の会、問題を抱えさせられた子どもとその親を支援する会、生活保護受給者・ひとり親家庭などの貧困者、性的少数者など少数弱者とその支援者の会など、現代資本制と現代国家の抑圧を蒙る当事者と支援者の集団は、いわゆる古典的な職場地域でなくとも、闘いの〈陣地〉に組織できる可能性に満ちています。

それらの集団は、集団全体あるいはそこに含まれる個人の不利益の補償・奪回とか、さらに降りかかる抑圧や不利益からの防御・抵抗、権利や実利の主張や要求を、交渉や闘争の相手との間で進めながら、その過程を通して、構成員相互の信義・友誼を共有し、水平的な関係での連帯の強化を図ります。連帯の原理は、自助、互助（共助）、共生です。このような関係によって組織化された〈陣地〉の人間関係は、その人間関係の集合的な関係意識を形成します。

〈陣地〉は、それぞれの場で別々に重層的に組織化されますから、陣地を組織する誓約集団は、決して「単一党」にはならないでしょうし、陣地は単一の前衛の影響下にある大衆団体にはならず、多重的複合的ネットワークか、不定型のリゾームを形成するでしょう。共軛なのはエートスだけです。そのエートスの連なりが、権力の恫喝や仁慈、資本の排除や利益誘導に動じない集団の岩盤の紐帯にな

＊4　同前。
＊5　高野実時代、炭労の拠点などで構想され実践された「ぐるみ闘争」を想起してほしい。

ると思います。

そこには権力と資本制への集団的免疫力が蓄積されます。それなくしては天皇制の規定力の希釈や無力化はあり得ません。逆に、この力の蓄積があれば、統治機構はそのまま残っていようとも、資本制の支配への恐怖も相対化されるでしょうし、天皇に対する畏怖や崇敬も縮減の過程を進むでしょう。

つまり、だんだん天皇など痛くもかゆくもありがたくもなくなります。この組織化が進んだ分だけ、われわれは幻想の共同性から自由になれるのであって、決して逆ではありえないのです。極端なことをいうと、天皇制という共同性の装置の機能を失効させる闘いの煮詰まってきた局面では、天皇制打倒のテの字も語られないかもしれないのです。集合的意識操作のシンボルの機能喪失という事態はそういうふうにやってくるのだと思います。

共同的・集合的な意識の支配（天皇への崇敬・畏怖・親和）を失効させることができるかどうかは、資本制と権力に対抗的な主権者の対抗へゲモニーを組織化することの成否如何にかかっているので、国政への権能を有しない天皇個人の邪悪さをあれこれあげつらうことには、さほどの意味はない、と考えざるを得ないのです。事実誤認があればなおさらです。

「基地引き取り」運動と「天皇主義者」宣言

最後に若干の、しかし、それなりに重要だと思える余談を書かせていただきます。それは、反基地闘争においてヤマトと琉球に運動的連帯が可能になるかどうかも、ヤマトのなかの無数の場に、闘いの〈陣地〉がどれほどの強度とひろがりを形成できるかにかかっているのではないかということです。

沖縄には、ヤマトの安保粉砕・基地撤去の運動への不信や苛立ちが渦巻いていると承知しています。それは、ヤマトの運動には拠点も〈陣地〉もなく、その場限りの、結果に責任を負う気がない偽善と感知されてしまっているためでしょう。沖縄とヤマトの運動的な信頼関係を担保するには、ヤマトでの反基地・反安保の声を〈陣地〉に依拠したものにすることが必須の条件です。それがないから、基地がなくせないのなら「本土に基地を引き取れ」という声も上がるのだと思います。[*6]

沖縄の人々のこの要求には道義的正当性があります。倫理としては受け入れます。しかし、運動が「基地（永続的）引き取り」を掲げることに私は深い疑念を抱いています。なぜなら、「基地（永続的）引き取り」を運動にすることは、基地をなくせないことを前提とする態度にほかならないからです。基地に反対なら撤去させるしかないでしょう。反基地闘争の力が米軍と政府に基地縮減を決断させる過程で、一時的にヤマトに基地が移転するケースが出てきたら、基地撤去の要求を持続させつつ、ヤマト移転を闘争の成果として腹の底で評価すればいいのだと思います。

ここまで書いてきて気づいたのですが、ヤマトの「基地引き取り」運動の志向と、内田樹氏の「天皇主義者」宣言には共軛性があります。「基地引き取り」運動が、基地撤去の断念に基づく態度であるのに対して、「天皇主義者」宣言は、共和主義者が君主制廃止を断念することによって成立する天皇制善用論だからです。どちらも、運動が本来の獲得目標を断念するときに成り立つ態度だという点で共軛です。こういう態度を、善意の敗北主義というのではないでしょうか。

＊6　知念ウシ『シランフーナーの暴力』未來社、二〇一三年。

第Ⅲ部

戦後天皇制国家と沖縄

第1章

安保・沖縄・天皇制に関する「本土」の歴史的責任

以下の文章は、二〇一五年夏、戦争法制の国会審議の渦中に、D・ラミス氏との対談に先立って、ラミス氏に私の問題意識を伝えるために執筆したものである。本書に収録する対談がこの文章の執筆直後に行われたものなので、その議論との対応関係を考慮して、それ以後四年近い期間の事態については言及しないこととしたことをお断わりしておく。

辺野古の現在と政権の意思

政府は米軍普天間基地の辺野古移転を強行する構えを一切崩そうとしない。翁長雄志知事（当時／故人）が、防衛局のボーリング調査の中止を指示しても、農水省（関係法令の漁業法と水産資源保護法を所管）は無効として作業を続行した。岩礁破砕の許可を取り消してもおそらく同じことだ。裁判の間にも工事は進み、裁判所の判断はそれを正当とする。県民の意思は蹂躙され自然は破壊される。安倍は「県民の方々の理解を得ながら」などと嘯《うそぶ》きながら、辺野古移設反対の民意によって選ばれた知事を、一貫してネグレクトし、もう一方の手で、切り崩しの飴を各地にばらまいてきた。

日本の安保法制はアメリカ政府（ワシントン）の意向に基づいて構築されている。日本に駐留する米軍基地をどこに配置し、どのように運営するかは、ほぼアメリカの専権である。この「暴政」の淵源はアメリカであり、日本政府は対米隷属の「暴政」に「国益」を見出している。沖縄は、アメリカに隷属する国家が提供する「植民地」にほかならない。アメリカの基地戦略には実は複数のシナリオがあり常に流動的だ。だから、幾度か基地の一部撤退や縮小がアメリカ側から打診されたこともある。そのたびに積極的に現状維持を懇請したのは、いつも日本政府だったといわれている（矢部宏治『日本はなぜ、「基地」と「原発」を止められないのか』参照）。だとすれば、日本の安全保障政策における日本政府の意思とは、原発同様、アメリカの意向で左右される巨大利権に密着したビッグビジネスの意向にほかならない。利権を逃さぬために基地存続を求めるのだ。

天皇制・本土の非武装と沖縄占領の永続

米軍による沖縄支配の淵源は、日本の敗戦後に行われたアメリカの実質的な単独占領統治に遡る。実はそれに先立つこと三年、アメリカは日本占領計画をすでに一九四二年に策定している（加藤哲郎『象徴天皇制の起源』平凡社新書）。「日本計画」と呼ばれたその計画はイギリスとも大筋合意されていた。そこでは占領統治の便宜のために天皇制の存置が決定され、方針はモスクワと延安に伝えられ、その場にいた野坂参三はその事実を踏まえて日本共産党を説得していた（同書）。

米国の意向は、「国体護持」が降伏の最後の条件だった天皇裕仁にとって渡りに船だったが、連合国の中には、天皇制存置、軍事裁判での裕仁免訴には異論があった。GHQ総司令官のマッカーサーは、一九四六年三月に開催される連合国の極東委員会の前に、極東軍事裁判のフレームワークをアメリカ主導で確定する必要があった。天皇制存置と免訴への反対論を抑えるためには引き換え条件がなくてはならない。それが天皇制の「民主化」つまり主権者の地位の剥奪、国家神道との切断、軍の完全解体による統帥権の抹消である（同書）。

だが、冷戦が現実となりつつあるとき、日本を完全武装解除したまま放置することはアメリカの国益にも反した。そこで、マッカーサーは天皇制存置、非武装と引き換えに米軍による沖縄無期限占領を構想した（豊下楢彦『昭和天皇の戦後日本』岩波書店参照）。米軍の「責任」において日本をソ連と中国から「防衛」することが「自由主義圏」への説得材料だったといえる。沖縄は日本防衛の前線ではなく、アメリカの極東戦略の拠点であったということである。

「帝国議会」は、沖縄選出の議員の猛烈な抵抗を数で押し切った。沖縄は、自らの運命の決定に関与できなかった。現代の辺野古移転強行と同じ構図の原型がここにある。一九四七年、米軍の意を受けて、米軍による沖縄占領を希望する天皇裕仁の「沖縄メッセージ」が発表され、沖縄永続占有が決定した（豊下前掲書）。

これと前後してGHQは当時、日本人や日本の政党によって提案された大半の草案よりも「民主主義的」な立憲君主制憲法を日本政府に提示した（高野岩三郎の共和制憲法草案、日本共産党の共和国憲法草案は公的議論の俎上に載せられる余地がなかった）。二段階革命を掲げていた共産党は、占領軍主導の新憲法の内容を緻密に検討せず、社会主義革命によって反古にできると考え、君主制でも共和制でも大した違いはないと判断した。反天皇制主義者の徳田も天皇制存置を容認し「天皇よりメシ」にスローガンを切り替えた。

本土の「平和」・沖縄の占領

本土の革新派は、戦後七十余年間「平和と民主主義」を謳歌した。だが、この「平和と民主主義」は、占領の始原において決定された、米軍による沖縄の無制限の治外法権の承認と天皇制存置とによって購われたものである。冷戦が激化し、中国革命が起き、朝鮮戦争が始まるなかで、共産圏を仮想敵とする米軍の沖縄基地の軍事拠点化は「必然」の成り行きであった。アメリカ機軸の部分講和（サンフランシスコ講和条約）が締結され、本土はアメリカ主導で「自由世界」に復帰した。日米安保が締結され、米軍と象徴天皇制国家の政府を二つの中心とする戦後体制が完成された。

この時、日本という国家はどんなに経済発展（「帝国主義」の名に値するGDPを達成）しても戦後体制とのおさらば——米軍の支配と天皇制存置からの脱却——なしにはアメリカの奴隷であり続ける筋道が画定された。この点がドイツと決定的に事情を異にする。

九条を根拠とする非戦・非（軽）武装こそ復興の早道というのが吉田内閣の見解だった。本土「独立」の頃には、日本全土に基地が配置され、賛成派はこれを安全保障のためやむなしとした。基地経済で利益を得た者もあった。しかし、「独立国」にあるまじき米軍の治外法権的基地使用に対して、反対派は富士でも内灘でも砂川でも横田でも相模原でも岩国でも反基地闘争を展開した。やがて、横須賀など幾つかの例外を除くと、「本土」の基地は次第に返還され多くは自衛隊の基地になり替わった。一九七二年、沖縄は「日本」に「返還」され、米軍基地の存在は、おおかたの「本土」の日本人の意識から遠ざかった。いま米軍の基地の七五％が沖縄に置かれている。沖縄は日本国主権の及ぶ領土の面積の〇・六％に過ぎない。九九・四％を占める「本土」の住民のほとんどには、基地の実感はないのである。

安保・沖縄・極東戦略の密約

西山太吉（『沖縄密約』）によれば、日米間の密約はすでに一九六〇年に始まっていた。沖縄はやがてヴェトナム戦争の出撃拠点となった。この一事をもってしても、日本を守る基地ではなく、アメリカの軍事戦略上の拠点であることは明々白々である。

だが「密約」の本格的現実化が進むのは七〇年以後である。一九七〇年日米安保条約が延長され、「沖縄返還」が日程に上った。本土に対する非核三原則もウソだったし、返還される沖縄の基地の条件が「核抜き本土並み」というのも真っ赤なウソだった。本土にさえ核の持ち込みは自由だったし、沖縄・嘉手納には核が配備されていた。

日本の国家主権の範囲に「戻った」沖縄の基地は「日米地位協定」で治外法権の土地となった。日本の警察は米軍の軍人・兵士・軍属による犯罪――強盗殺人、少女レイプ、ひき逃げ、など際限もなかった——を捜査する権限がなく、政府には基地被害を正当に評価してアメリカに補償させることもできない。しかも、基地の維持費用は「思いやり予算」の名で日本政府が負担した。二〇〇四年には沖縄国際大学に米軍機が墜落したが、「復帰」後にもかかわらず日本に捜査権は存在しない。そして、こうした事態が、七十余年前の天皇制存続の対価であることを忘れてはならない。

日本が望んだ駐留継続

米軍の極東軍事戦略は、国際情勢をにらんで何度も修正され、その過程でヴェトナム、フィリピンはおろか韓国からでさえ基地を一部撤収している。先述のように、日本への基地配備についても、基地縮小や一部撤退の意向が打診されたことは一度ならずあった（矢部前掲書）。その都度、政府は基地の継続をアメリカに求めたのである。それでも、今世紀に入ってから、日米関係の様相が一変するかもしれない機会が一度だけあった。二〇〇九年に民主党政権が成立し、鳩山由紀夫が「東アジア共同体」を提唱した時である。鳩山は同年の衆院選で、普天間基地を悪くても県外へ移設するという事実上の公約を掲げていた。だが、日本の外務省官僚は、間髪を入れずアメリカに首相の意向を汲む必要のない旨を説いた。この事実をウィキリークスが暴露した。

外務省キャリア主流はアメリカ主導の「安保国体」（豊下前掲書）に忠誠を誓っているようにしか私には見えない。彼らは日本人の仮面を被ったアメリカ軍人である。だから、二〇一五年三月三〇日、二〇一二年に策定された「アーミテージ・ナイ・リポート」に基づいてこの国の安保法制が立案された、と報道されても（朝日新聞）今さら驚くには当たらない。新憲法はアメリカ製であっても「民意」に沿っていた。ただしそれも「本土」に住む人々の民意であって、アメリカに「譲渡」された沖縄の民意は問われたことがない。

第二次安倍政権は成立時から、特定秘密保護法を制定し、武器輸出三原則を撤廃し、集団的自衛権の合憲化を閣議決定し、自衛隊を世界の戦場へ「有志連合」の一翼として赴かせる布石を次々と打ち続けた。自衛隊を「わが軍」と呼んだのも、戦後政治史で安倍が初めてだ。

沖縄県民の〈意思〉

安倍には、〈戦争を起こせない〉という意味での「戦後レジーム」を解体する欲望が充満している。基地の辺野古移転が改憲への布石と並行して強行されていることに注目すべきだろう。沖縄県民の意思はこの数年来極めて明確だ。鳩山首相の県外移設に反応した仲井眞弘多がいわば「オール沖縄」の公約数として知事に選ばれ、仲井眞が自民党と政府に屈服すると「オール沖縄」は翁長雄志を選んだ。安保賛成の人も反対の人もこぞって、沖縄からの基地の撤去ないし移設を求めた。これは基地の賛否ではない。基地負担を押しつけてきた「本土」に対する沖縄の人々の問いかけである。

「本土」の人々は、基地に賛成でも反対でも結局沖縄に犠牲を押しつけてきた七十余年の歴史的責任を問われているのである。「オール沖縄」は戦後補償を「本土」に求めているのだ。安保反対・基地撤去を主張してきた勢力は、今日に至るまでその主張を貫徹できていない。自衛隊の廃棄も災害救助隊への再編もできなかった。「本土」の反基地派は、この事実に対する苦々しさから再出発するしかない。敗戦後七十余年、「本土」が保革を問わず謳歌してきた「平和と民主主義」が、今では沖縄の犠牲に無自覚だった「本土」の擬似市民社会の象徴であるように、「安保粉砕・基地撤去」は、今では天皇制と戦争責任とアメリカ隷属に目をつぶってきた戦後日本左翼の空念仏のシンボルに過ぎなくなっている。言葉だけの正論で、沖縄の負担を拱手傍観するのはもういい加減にやめるべきなのだ。

「本土」に問われる覚悟

オール沖縄の意向に沿って、安保条約の是非を一旦留保し、外交交渉で米軍基地を短期間に沖縄から撤退させるとなれば、やはり当面の移転先として「本土」が過渡的選択肢のひとつとなることは避けられまい。フィリピンに持っていけとか太平洋諸島に持っていけとか、他国が望まないものを押しつけるのは筋違いである。これは反基地派がリアリズムを発揮すべき局面だ。

「本土」で反基地闘争をするな、などと言いたいのではない。本土の基地にも反対すべきだし、オスプレイが来たら出ていけというべきだ。口が裂けても沖縄に帰れと言わなければいい。また基地の（永続的）引き取りは、安保賛成・基地容認の勢力こそがするべき運動で、反基地派のテーマではありえない。ただ、米軍の一挙的基地撤去以外の一切を認めない空論を「本土」の左翼反基地派はやめるべきだと言いたいだけだ。

基地の始末・自衛隊の始末

ちなみに基地撤去運動は、そもそもは「左翼」の課題ではない。基地をなくしても、それだけで資本主義の諸悪が一掃されるわけでも軽減されるわけでもない。基地撤去は生活環境の権利の問題だし、なくせない基地をどこに置くのかは、戦後史の負債を負う「本土」の住民の倫理問題である。そこでは、「本土」の厚顔無恥に終止符をうつのかどうかが問われている。敗戦時の国家権力は、天皇制延命の対価として、沖縄に対する米軍の治外法権を認めた。この戦後史の起源に「本土」の日本人は無自覚に馴染んできた。この無自覚を断ち切らなくてはならない。第一の課題は日米地位協定の改訂による治外法権の一掃である。次は、軍事基地の縮減・撤去と、撤去に至るまでの期間の沖縄と「本土」の基地負担の均等化である。

日米安保の下、反基地派が「ないこと」(違憲ゆえの不問)にしてしまっていた間になし崩しに肥大した自衛隊の始末にも経過措置が不可欠だ。米軍撤退後には、基地を解体して地主に返還したり、世界各地の災害救助や復興・開発支援活動の拠点に転用させたりするのが自衛隊の仕事になる。これは自衛隊追認ではない。肥大してしまっている自衛隊を、米軍の撤退によって開かれる平和の可能性を現実化する媒介に使うべきだというだけだ。敗戦七十余年にわたる日本国家のアメリカへの隷属と沖縄売り渡しの双方に始末をつけるには、その程度のコストと時間が要ると知るべきなのだ。

非戦・非武装の外交を

私は、日米敵対を選択せよといっているのではない。中国やロシアの軍事的プレゼンスに直面して、日米安保即時破棄、一挙的非武装中立が困難な情勢の下にあることは、誰しも認めるところであろう。隷属か条約破棄か、という二者択一は不毛である。日米双方の民益に適う「国益」を模索するための改訂を求めるべきなのだ。

極東の制海権・制空権を維持したいアメリカに、最終的には日米安保を破棄する蛮勇はあり得ない。すさまじい国内矛盾を抱える中国に持続的な対米戦争や、日本占領・主権侵害を継続できる余力はない。朝鮮はなおさらだ。核兵器で威嚇するロシアもウクライナとシリアで手いっぱいである。敵が攻めてきたらどうする、という恫喝は空疎の極みだ。

九条一項（非戦）死守、二項（非武装）維持を旗幟として掲げる日本が、国際社会において、軍事衝突を回避させるための外交の主導権をとるということは可能だ。外交交渉にはかつてない力量が問われるだろうが、相互に敵対しつつ均衡する勢力の衝突を抑止する政治のキャスティングボードを掌握することを追求すべきだろう。

ある小さなシンポジウムの席上、ある社会学者が、日米一体でない安全保障のオルタナティブについて語ろうとしたとき日米外交論を専攻する東大教授の政治学者が「だから素人は困るんだ！」と苛立たしげに叫んだことを思い出す。この発想は、基地移設論を葬った外務官僚と一体である。「プロ」が、日米一体という名の日本の対米隷属を絶対とする者のことであるのなら、「プロ」に運命を委ねることはできない。

対米隷属だけが安全・安心、日米間に対等で適正距離の友好は不可能、という妄想を破壊することが、日本に歴史的責任を果たす政治選択を可能にするための要諦である。隷属と敵対以外の選択肢が考えられなくなっているのは〈隷属ボケ〉である。隷属していてもアメリカは国益に適わなければ「守って」などくれない。

〈隷属ボケ〉で想像力を喪失した「本土」の日本人は、政府の政策による格差の拡大、貧困の相続を容認し、国内の被差別者・少数者・外国人労働者の不遇に無関心である。欧米で難民問題が激化しているのは、まがりなりにも数十万人を受け入れているからであり、日本は数十人しか受け入れていないから「平穏」なのだ。この能天気な〈外部不在〉と、沖縄の「植民地」化はパラレルである。いま、オール沖縄が掲げた大義の旗を、オールニッポンが引き取れるかが問われている。これはみな、「左翼」による社会変革のはるか手前の問題だが、これに取り組めない「左翼」に、変革を語る資格はない。

「本土」の責任において

私は、沖縄の人々に〈受け入れられ〉たいと考えてこんなことを言うのではない。買ってしまった「本土」全般への不信は、七十余年分の蓄積である以上、簡単には払拭できまい。現状を動かさないままでは、「本土」の人々の「坊主懺悔」を彼らは嗤うだろう。「本土」の人々の責任においてなすべきことをなすしかないと考えるだけだ。

現実に責任を持った反基地運動が規定力を発揮し始めれば、一方で基地縮減が進むとともに、一部の基地が「本土」に一時的に移ってくるリスクを自覚しなくてはならない。むしろ、沖縄が蒙ってきた被害が「本土」のものとなったとき、オールニッポンの基地拒否と平和への民意形成の条件が整うと考えるべきだろう。

日本の近代史上、すべて「本土」の都合で、沖縄は自己決定権をただの一度も手にしていない。時は廻り来たりつつある。沖縄の人々の自立を妨害するのはもうよそう。沖縄の「自立」への道が独立なのかそうでないのか、そんなことは沖縄の人々が決めることだ。ただ、「赤提灯の外」に出た〈新崎盛暉〉、素面《しらふ》の言論としての琉球独立論が、〈アメリカ以上に「本土」は信用ならない〉というメッセージであることだけは肝に銘じなくてはならない。琉球独立は当事者の自由だが、琉球とヤマトが未来をともにできるかどうかは、ヤマトの人間の態度と実践の現実定義力にかかっている。

第2章

沖縄と「本土」の間

天皇・安保・辺野古基地

ダグラス・ラミス
聴き手：菅孝行

このインタビューは、前稿「安保・沖縄・天皇制に関する『本土』の歴史的責任」の前書きに書いたように、本書刊行に先立つこと四年、二〇一五年夏に行われた。それゆえ、最高裁判決やその後に起きた重要な出来事には言及されていない。政府は辺野古基地移転を推進するために、様々な措置を講じており、「オール沖縄」も揺らいでいる。読者には前掲の拙稿「安保・沖縄・天皇制に関する『本土』の歴史的責任」と同様、二〇一五年夏の視野から読んでいただくようお願いする（肩書は当時のまま）。

護憲・安保賛成・米軍基地は沖縄

菅——歴史認識の次元でいいますと、私は、天皇制存続、極東軍事裁判からの天皇裕仁の免罪、その対価としての憲法九条制定、これらと一体の沖縄の米軍軍事基地化、という占領統治の七十数年後の帰結が、現在の辺野古に集約されていると考えています。

それは当然、日米両国の問題ですが、同時に反基地・反安保の運動の側の問題も避けて通れません。去年（二〇一四年）の八月にラミスさんが東京に来られたときに、本土の左翼の反基地闘争は沖縄の側からすると、とても苛立たしい、とおっしゃっていました。一年経って、いよいよ戦争法制も強行採決されようとしており、これを布石に次は辺野古移転というのが政権の心積もりです。情勢は刻々と深刻になってきています。そういう状況で、ラミスさんがいま感じていらっしゃることを、話の糸口にしていただきたいと思います。

ラミス——ここに持ってきたのは、琉球新報の七月二二日（二〇一五年）の記事ですけれども、共同通信の世論調査の結果が出ています。それはたぶん、確認していないけれども、おそらく毎日新聞・読売新聞に出たはずです。五月、六月の世論調査の結果なのですけれども、琉球新報の大きな一面の見出しは、「護憲六〇％」となっています。それは、三年前に朝日新聞の世論調査の結果とだいぶ違う。当時は五二％でした。今度は六〇％になったから、かなり護憲勢力の割合は上がったわけです。それはとてもいい話に見えます。平和勢力が増えているのだから。

でも、そうすると常識的に考えると、日米安保条約に反対する数も増えるはずなのですけれども、驚いたことに、日米安保条約の支持率も調査しましたが、二、三年前の朝日新聞の結果は八一％だったのが、八六％になった。そして、前の結果では「なくすべきだ」と答えたのが一一％、今度は二％。正直にいうと、問い方がちょっと違うのです。前の質問は「日米安保条約」、この共同通信の問題の立て方は「日米安保条約に基づいた日米同盟」。だから、日米同盟をやめるということは、アメリカと仲よくしなくなると考える人もいるでしょうから、その影響もあると思うのだけれど、護憲も安保条約も両方の支持率が上がるというのはどういうことか？　論理的に完全に矛盾する。しかし、別の論理で考えればきれいに通じるということです。

先週、たまたま新聞を読んでいなかった沖縄の反戦平和運動家に、両方の支持率が上がったことを見せたら、彼は本当に顔が真っ赤になって、苦笑いして、「なるほど、沖縄からみればすぐわかる」と。つまり、戦争にかかわりたくない、だから米軍に守ってもらいたい。護憲派には日米安保条約支持がずっと前からあって、それが現在も続いている。

もう一つ、これは調査の結果というよりも問題の立て方自体が興味深いですが、共同通信の調査では「あなたは日本の安全保障上、沖縄に米軍基地は必要だと思いますか」と質問しています。「必要だ」と答えるのは合計七五％です。七五％には驚かないけれども、共同通信の、記者か誰かはわからないけれども、スタッフの人が、こういう問題の立て方をしたということ自体が非常に興味深い。つまり、「あなたは日本の安全保障上、日本本土に米軍基地は必要だと思いますか」と聞くべきなのだと思う。もしそれを聞いたら、七五％が賛成とはいわない。

菅――いわない、いわない（笑）。

ラミス――いわない、いわない（笑）。そして多くの人がそれを読んだら「沖縄から日本本土に基地が来るのか」と読み取るのではないかと思います。つまり、日米安保条約イコール基地を近くに置く、ということです。基地を近くに置くということは、自分の近くに置く、という意味なんだけど、実は沖縄に置く、ということになる。日米安保イコール基地の問題イコール沖縄の問題という三段論法で、「基地 - 置く - 沖縄」と全部つながっている。そういうことなのです。

普天間基地県外移設論の起源

ラミス――私が東京から沖縄へ引っ越したのは一五年前の二〇〇〇年のことです。そのときの政治状況は、革新があって保守があった。革新は、米軍基地はいらないが、その解決として、日本の革新と同じように、日米安保条約をなくすことだった。平和憲法を守る。一方、保守も沖縄人なのだから、それほど積極的に基地がほしいという気持ちはなかったと思うのだけれども、仕方がない、止められない。止められない以上、貸しておいたらいいじゃないかという現実主義的な考え方でした。保守である以上、革新のように、「平和憲法実現、安保条約なくせ」とまでいえない。

当時そうしたなかで、非常に少数派なのだけれども、違う言い方をしはじめる人たちが出てきた。「すべての基地でなく、とりあえず普天間基地を返還してほしい」。きっかけは、「普天間基地は県内移設」と政府が決めたときで、「そうではなく、移設するなら辺野古ではなく、本土へ」と言い出したわけです。そして一五年前にはそれはタブーで、ものすごく怒られる。本土から来る運動家にいうと怒られる、笑われる、あるいは聞いていないふりをされる。聞いていないふりが一番多い。

菅――それが、一番質《たち》が悪いかな。

ラミス——はい。話のテーマを何か違うものに変える。怒るのは行儀悪いから聞いていないふりをする。そして、沖縄の革新の主流の人たちにも怒られるから。

菅——そうですか、沖縄でも。

ラミス——かなり怒られる。かなり激しい議論があったのです。いくつかの理由があると思います。一つは、沖縄と本土の歴史なのですけれども、日本復帰運動が過去にありました。「私たちは沖縄人ではなくて、私たちは日本人です」というスローガンが運動の中心だったわけです。「区別するな。区別イコール私たちへの差別だ」ということもある。そして沖縄は法的にはそうではないけれども、歴史的にはずっと植民地だから、世界のどこでもそうなのだけれども、植民地化されると植民者に対して怒りたくない。批判するのも大変難しいのです。悲しいことだけれど、それもあります。本土の運動と連帯したいので、「県外移設」といったら本土と連帯できないから困る。二つのことが重なっているのです。

だから、沖縄の革新の主流の言い方は、「私たちが嫌だと思っていることを、他人に押しつけるわけにいかない」というものです。そう言うと、本土の運動家は非常に喜ぶ。本土での講演依頼はどんどん来る。そう言われたい。それもあります。それを必ず言う人は次々にあちこちから講演依頼があります。

県外移設に知らんふりしていると沖縄側を検閲するに近い状態になります。たとえば本土の組織は毎年、沖縄の新聞に意見広告を出すわけです。まず、なぜ本土の人たちがたくさんお金を出して、沖縄の新聞に意見広告を出すのかということが、ちょっと不思議です。沖縄の人たちに「基地はいらない」とお金を出して説得する必要はないよね。

菅――沖縄県民に向けて訴えることではないですね。

ラミス――不思議です。そして、どこを読んでも「県外移設」とは書いていなくて、「唯一の解決は安保条約をなくすこと」と必ず書いてあります。だから、「県外移設」を言うなと言外にいう広告です。沖縄が本土と連帯するなら、本土の原理に合わせて連帯する。本土が沖縄の原理に連帯するのではないということははっきりしています。でも、だんだんと「県外移設」のスローガンは主流の議論に現れて、鳩山が言ったというのも大きかった。革新のリーダーはなかなか言えないけれども、有権者にとってわりと人気なんです。有権者は誰とも連帯しなければならないことはないので、「本土に行けばいいんじゃないか」「そうだね」とシンプルに考える人が多い。

だから、仲井眞知事の二期目の知事選のとき、選挙対策本部長になったのは、当時の那覇市長だったいまの翁長知事だけれども、「仕方がない、容認するというスローガンでは当選できませんよ。有権者は変わった。今度は県外移設を主張しないと当選できません」とアドバイスしたそうです。それで仲井眞は言い方を変えて、当選したわけです。それから四年二ヶ月足らず、わりとうまく有権者に「県外移設」を信じさせた。本人がそれを本当に信じたか、あるいは演技だったのか、いまのところわからないのだけれど、不思議な意地悪おじいさんみたいに、よく政府から来るそれぞれの大臣に失礼な言い方をして、「本土は広いからもっといいところがあるんじゃないですか」と言ったりして、けっこう人気者だった。

最後、ギリギリのところでご存じのように裏切って、大浦湾の埋め立てを承認したのです。埋め立ては県知事の承認がないと法的にはできません。それで、周りの保守の人たちの一部は、彼の言うことを聞かないで、「県外移設」をそのまま主張しました。周りの保守の何人かは翁長さんとくっついて、自民党から除外されて翁長勢力になった。だから、「県外移設」というスローガンは「オール沖縄」運動を可能にした側面があるのです。仲井眞も翁長も保守として「すべての基地をなくしましょう」とは言いたくないけれども、でも普天間基地を本土へ移せとは言う。

日本政府と「本土」への不満

ラミス――その時の沖縄の運動には、別の側面があります。一五年前に革新のリーダーは誰でも、基地のことを口にするなら必ず言うことがありました。「沖縄は日本の領土の〇・六%しかないのに、日本にある七五%の米軍基地が沖縄にあります」。一つの講演で三回も四回も言うことがあった。必ず言います。それを聞いた経験があるかと思います。

でもそれを分析しますと、非常に複雑な言い方です。誰に対する文句でしょうか。アメリカに対する文句・不満とも見えるけれども、同時に日本政府に対する不満を表現しています。それから、日本国民に対する不満も表現しています。そして、どの原理にもとづいて不満を持っているかというと、それは反戦平和とはちょっと違うのです。反戦・平和の思想だったら、統計はいらないのです。何%、何%ということは関係ないのです。基地はどこにあるかということは関係ない。それは不平等に対する不満なのです。「県外移設」と言えない革新勢力でも「不平等は不満だ」ということまで一五年前は言えた。

けれども、次のステップはなかなか踏めなかった。不平等が嫌だったら解決は平等に、けれどそれは言えない。すべての基地がなくなったら平等になるのだけれど、平等負担を悪平等と批判する人もいますけど、とにかく不平等の次は何なのかということが言えない。その不平等に対する不満は、おもに日本に対しての不満だと思います。いろいろ言い方はありますけれども、一五年前に（「本土」による沖縄への）「差別」という言葉はほとんどタブーだった。だから、沖縄の人は差別されているという言い方はしなかった。それは言ってはいけない。「みな同じ人間じゃないか。差別されていません」。それがいま、「差別」という言葉が使えるようになった。そして、「植民地のような扱い」という間接的な言い方もできるようになった。そうではなくて「植民地です」という言い方もできるようになった。「反戦平和」「反基地」の運動はなくならないし、弱くもならないのだけれども、それプラス植民地扱い反対、植民地反対、差別反対という原理に広がるわけです。

おもしろいことに保守だったらそれは言えるのです。保守だったら、差別されても免疫がある、ということではなくて、保守の人たちはよく本土の政治家と交流があって、構造的差別、飲み屋での失言差別といくらでもあるわけです。だから溜まっているんです。これまでそれがあまり言えなかった。この「オール沖縄」運動が始まったら言えるようになった。ときどき一番激しく差別とか植民地扱いを批判するのは、翁長知事の周りの保守の人です。運動家になったばかり、運動をやったことがないから、自分の心が解放されてワーッと言っている人たちがいる。それは非常に興味深いです。

翁長さん自身、かなり雄弁に、ほかの知事が全然言わないような、日本政府に対する批判とか、日本の扱いに対する批判を結構言えるわけです。それでかなり人気が出ています。それぐらいの変化が一五年間であった。

菅——おっしゃる通り、二一世紀に入って沖縄は変わったのだと思います。一方、「本土」の人間は、基地住民を別にすると、沖縄は他人事、概して基地反対派も同じだ。ラミスさんは、それが一番苛立たしいのではないですか。

沖縄差別・「本土」の鈍感

ラミス——抽象論よりもアネクドート（逸話）のほうがわかりやすいのだけれど、僕はこの問題がどれだけ深刻かと初めて知ったときのことです。数年前だけれども、沖縄から東京へ来てシンポジウムに参加して、終わったら、二人の年配の女性が僕のところに来て、「ラミス先生、憲法九条を世界遺産にする運動がありまして、そうなったら素晴らしいと思いませんか。それは可能性があると思いますか？」と僕に聞くわけです。僕は意地悪だから、「いやあ、日米安保条約がある限り、米軍基地がある限り、日本がアメリカの核の傘のなかに入っている限り、世界から日本の平和主義がほめられることは期待できないでしょう」と言ったら、彼女たちはびっくりして、「日米安保条約をなくすのですか。米軍基地をなくすのですか。それだったら日本は無防備になるのではないですか。ほかの国には軍隊があるから、それは危ないのではないですか」と言います。

軍隊があったほうが安全だという考え方は成り立つと思います。良心的な人間でも、そう思っていることがある。また、そうではなくて、軍隊はないほうがいい、九条みたいなものがあって、軍隊はないほうが安全だ、という考えもあります。同じ頭のなかで、両方をどういうふうに整理するか、どちらをとるのか、考えなくてはいけない。でもその女性たちは、ただ「戦争はいけない」というだけで、日本は立派な平和主義で、世界がほめるのは当然と思っているわけです。それが、平和主義だと思いこんでいるわけです。

菅――憲法九条二項は、早くから崩れてしまって、世界で五、六番目の軍事大国になった。それも視野に入っていない。米軍の存在も自衛隊の始末も真面目に考えていない。

ラミス――つまり、「無防備になる」というのは、もちろん自衛隊も忘れている。でも、たぶん米軍基地があっても日本は平和主義という彼女たちの主張がなぜ可能かというと、それは沖縄があるからだと思います。つまり、彼女たちの頭のなかで、多くのヤマトの人の頭のなかで、沖縄は都合によって日本、都合によって外国なんだと思います。旅行者はちょっと海外を味わいに沖縄に行く。でも法的には日本だから、日米安保条約は日本に基地を置くと決まっているから、沖縄に基地を置けば、日米安保条約で守っていることになります。でも、沖縄はヤマト（という意味の日本）じゃない。琉球です。

だから聖なるヤマト、安倍晋三の言う「美しい日本」ではない。だから沖縄に置くということは日本に置くこととまったく意味が違う。日本の革新のなかにも、それが意識の深いところに入っていて、半分しか意識していないけれども、言葉をよく見ると入っている。普天間基地は辺野古に行ったら非常に悪いと思っている。だけれど普天間基地がヤマトに来るということは、「非常に悪い」どころではない。考えられない、問題外。Unbelievable, Unthinkableということなのです。

こういう会話をしたことがあります。ある反戦米軍研究者なのですが、彼がヤマトから沖縄に来て講演して、誰かが「米軍はなぜ辺野古をそんなにほしがっているのですか」と質問したのです。「大浦湾は深いから、大きな船や潜水艦が入れるから」と言いました。僕は手を挙げて、「それだったら、神戸空港もいいかもしれないね」と言った。そうしたら彼は「それは不可能、不可能。それはありえません」。「なぜ？　瀬戸内海は深くないですか」と聞こうと思ったら、彼は「周りの人はみな反対するから」と言います。そういう話をしているのではなく、地理や地形の話をしているのです。深いか、深くないか。神戸空港はどうかと。そうしたらパニックになって「そんなのはあり得ない、あり得ない。周りの人は反対する」。それで沖縄の人たちはだいぶ怒った。

菅――そりゃ怒るよね。「本土」の比ではなく強く反対しているのに、基地はほとんど沖縄にあるんだから。

辺野古移設が唯一の解決策？

ラミス――「本土」では周りの人が反対すれば基地を置けないのですか。わかりますよね。地理の話をしているわけです。ヤマトといえば彼はテーマを忘れてちょっとパニックになるのです。辺野古がいけないのと、神戸がいけないのは、レベルは一緒。それがわからない理由はいったい何なのか。

いま日本政府が「オール沖縄」運動に対して、一つの言葉だけで答えているわけです。アメリカ政府もそうです。「辺野古は唯一の解決」と。アメリカの大統領も、国務大臣も、ケネディ駐日大使も、安倍総理も、菅官房長官も。「オール沖縄」運動に対して何か言う人がいればこれしか言わない。

ここから二つのことがいえます。一つは、翁長知事とか稲嶺名護市長とか、ほかのスポークスマンがなぜ辺野古がいけないかを話し始めれば、一時間でも二時間でも話せるわけです。本が書けるぐらいです。いくらでも理由があるわけです。だから、それに対して答えようと思えば、環境問題、自然問題とか、民主主義の問題、民意の問題とか、さまざまありますが、それらに全く答えません。「沖縄の声に応える必要はありませんよ」と言っているわけです。答えないというのは立派な差別です。沖縄の声だから何も言わなくてもいい、ということです。すごい差別です。

そして「唯一の解決」という言い方に中身があるとしたら、それは、ほかの地域だったら人々が反対する、ということです。ときどき政治家は失言することがあって、本当の政治的な理由は住民が反対しているからだと言ってしまう。それも沖縄からみると、「ああ、なるほど。人が反対すれば基地は置けないんだ――ヤマトなら」。でも沖縄ほど反対しているところは、日本のどこにもない。でも基地を置く。だからこれも立派な差別です。

もう一つのアネクドート。これは二年前だったか、日本平和学会が沖縄で開かれました。あるヤマトから来た平和学者が、最後のシンポジウムでこう言いました。「では、沖縄の基地はどうするか。県外移設は難しくて好ましくないから、問題外です。やはり日米安保条約をなくす以外にやり方はない」と言いました。そうして「オール沖縄」運動の主張を二、三秒で「問題外」と言ったのです。

質問の時間になったので、僕は手を挙げて質問しました。「日米安保条約をなくすのはもちろん平和勢力みんなの目的だけれども、いまは日米安保条約支持率は八一%です。まずその世論を四〇%台まで下げなければいけない。そしていまの政党の力よりも、日米安保条約をなくす新しい政党をつくるべきだと思います。そして、選挙で、国会で過半数を取らなければならない。その国会から、日米安保条約をなくす総理大臣と内閣をつくらなければなりません。それだけではなく、鳩山さんのときにわかったように、内閣だけではなく、官僚も抜本的につくり直さなければなりません。質問が二つあります。一つは、それは何年かかると思いますか。そしてそれを待っている間に、普天間基地はどこに置くべきだと思いますか。この二つです」。

彼は、「日米安保条約をなくすのは一〇年か一五年でできると思います」。二つめの質問には答えませんでした。終わってから、彼に聞いたのです。「なぜ二つめの質問に答えなかったのですか。沖縄のみなさんには悪いけれども、一〇年か一五年間我慢してくださいと、なぜ言わないのですか」と。彼は「いやあ、そんなことは沖縄では言えないよ」と言いました。

「知らんふり」の清算へ

ラミス――これはどういう意識か。基地を沖縄に押しつけていることは全部わかっている、ということです。だから言えない。知らないのではなく、知らんふりなのです。それを沖縄で言えることは不思議です。日米安保条約を一〇年や一五年でなくせたら嬉しいと思います。しかし、その学会は二、三年前のことでしたが、(もちろん当たり前のことなのだけれど)何も事態は進んでいませんね。逆方向に行っています。辺野古新基地建設阻止を目的として、日米安保条約をなくすことを手段にするならば、それは負ける戦略です。間に合いません。だから、何年かかるかということが大事なのです。いまの沖縄の課題は、辺野古新基地建設を止めることです。だから、「安保」といっても次元が違います。それはつながっているけれども、まったく別の次元の問題です。別のタイムレンジだ。新基地建設を止めるのは、今年(二〇一五年)中にやらなければならない。本当はいまから数ヶ月間が山場です。

日米安保条約をなくすという場合、世界平和が目的といってもいいのではないでしょうか。世界平和になることと辺野古の基地を作らせないというのとはタイムレンジが違う。

菅——世界平和の理念ならば、カントの時代から言われていることだものね。

ラミス——そうなれば基地がなくなるよ。世界平和になったら基地はいらない。ちょっと次元が違う。

菅——「本土」の多くの日本人は、「平和は素晴らしい。だから憲法九条は素晴らしい。戦争は嫌だ」といいます。だけどそのときに何が生け贄になっているかは気づいていない。この鈍感を清算しなくてはならない。そこで立場が二つに分かれます。

一つは、「本土（による永続的）引き取り」です。歴史に対する倫理に基づく考えです。もう一つは、反基地運動の論理です。後者は基地と日米安保条約に反対なのだから、口が裂けても基地引き取りとはいわない。基地の本土引き取り運動は、安保賛成派がやるべきです。しかし、反基地運動で日本政府とアメリカ政府を追い詰めるプロセスで、基地の総量が削減されながら、一時的に本土に一部移ってくるのなら、暗黙には闘争の成果と評価する、そういう二重基準で反基地運動をやる、という立場です。反基地派が本土引き取りをいうのは善意の敗北主義だから、私は後者にコミットします。しかし、いずれにせよ、七十数年の歴史に対する倫理の問題として、「本土」は欺瞞を認めるしかない。

伺いたいのは、沖縄でなぜ本土移設論へのためらいがこれほど長く続いたか、です。それと、ラミスさんは、長い間ヤマトに住んでおられて、運動上のいろいろな接触があったと思うのですが、なぜ「本土」の鈍感もしくは偽善の持続が可能だったとお考えですか。

ラミス――まず僕は長い間、関東あたりで反戦運動などをして政治教育も受けたし、関東の見方を持ちながら沖縄に行ったのです。だから、本土移設を言えるようになったというか、説得されたのには何年もかかり非常に苦しかった。苦しいものです。沖縄に入ってすぐに切り替えるのは私もできなかった。鈍感というか、知らんふりというか、自分のなかの矛盾を矛盾として認めないのはどういう構造なのかは非常に分析しにくい。わかりにくい。

菅――無責任な言い方かもしれないけれど、日本人の集合的無意識、無意識を装った「偽善」は非常に自覚しにくいことなので、〈外〉からそれを客観化してみせていただきたいのです。

ラミス――僕はアメリカ人だけれど、もちろん基地は全部アメリカに帰れと最終的に思うし、もちろんそう言っている。だけれども、日米安保条約をなくすということは、基地が全部アメリカに帰るのではなくて、ほかのアジアの国に行くかもしれない。けれども、とにかく、その国を米軍基地のないところにする運動は、アメリカ人として応援できるわけです。

沖縄に行くと、差別されているということがだんだん見えてくる。関東にいるときにはなかなか見えないことが見えてくるのです。沖縄のメッセージは、本土で伝わっていない。基地がどれだけ苦しいか、伝わっていない。もっと頑張って、メッセージを送らなければいけないというふうに沖縄ではよくいいます。決まり文句です。ところが、ヤマトの人に「普天間基地をあなたの住んでいるところに置けばどうですか」と言うと、「いやいや、それだったら沖縄みたいになるじゃないですか。本土の沖縄化。沖縄そっくりになる」と、先週ある運動家からそう言われました。「沖縄みたいになるじゃないですか」と。苦しいということがわかっている。伝わっている。細かいところはともかくとして、メッセージは伝わっている。もし基地が自分の住んでいるところに来れば、沖縄みたいになって嫌だ。つまり、沖縄の生活が嫌だということはわかっている。

運動家がなかなか基地の受け入れを口に出さない気持ちはよくわかります。県外移設に対する反論は、基地はそれをどこに置くかという問題ではなく、なくすことが目的だというものです。

菅——基地がなくなるまでのタイムスパンを無視すればね。

ラミス——どこに置くかが問題なのではなく、なくすのが問題だったら、(運動をやっている人にとって)近い基地のほうがなくしやすい。基地の本当の根本的ななくし方は、そのなかの米軍を説得して、ベトナム戦争のときのように、米軍を教育する。米軍にビデオを見せて、反戦米軍をつくる。そうすると基地は使えなくなる。それは基地撤去の一番の近道です。だったら近いほうが便利です。飛行機に乗って沖縄に行って帰ってくるのは費用が高すぎる。近くにあるところを撤去する。この論理は成り立つのではないですか。

反安保派にとっての「本土移設」

菅——住民の切実感も、頭の上を飛行機が飛んだり落っこちたりするから強まります。運動家でもなかった人もきっと「嫌だ」と言い始める。

ラミス——しかし今年の問題は、すべての沖縄の基地をどうするかではなくて、普天間基地をどうするかです。普天間基地はいわゆるテーブルにあるわけです。嘉手納基地をどうするかはあまり議論になっていない。沖縄の人たちはそれがすぐになくなるとは思っていない。夢であって、さしあたり普天間基地をどうするか。ご存じのように大阪に、普天間基地を大阪で引き受けようという組織ができています。数週間前に二四〇人がシンポジウムに集まって、大阪で引き受ける組織ができ、東京に準備委員会があると聞いています（二〇一八年八月現在、準備段階の北海道を含めて、大阪、福岡、長崎、新潟、東京、兵庫、滋賀、山形、神奈川など一〇ヶ所に広がっている）。

僕は、辺野古ゲート前に本土から来ている人がいれば、あるいは翁長知事が中心になっている「オール沖縄運動」に連帯しようと思えば、自分の地域で平等負担の会をつくればいいと思います。そうすると、政府がいっている「唯一の解決」という言い方は足を引っ張られるわけです。いえなくなる。それだけではなく、なぜ安保について議論がないかというと、安保イコール沖縄に基地を置くと思っている人がほとんどだからです。先ほど話した共同通信の世論調査の設問のしかたがそうなのです。自動的に、安保支持＝沖縄に置くとなっています。そのパラダイム転換が必要なのです。

日本人がもし日米安保条約を支持するなら、それは自分の町に米軍基地を置くという意味です。それを認めているという意味なのです。安保イコール隣に基地があること。日本全国でこのことがわかれば、日米安保条約は何なのかについての議論を復活させることができます。それがない限り、思考が止まっていると思います。だから時間がかかるけれど安保をなくすことにつながっているのです。沖縄にある基地は、本当は本土に置くべきなのです。〇・六％の基地だけを沖縄に置くのが本当です。あとは全部、本土に置くということです。

日本はバブルのときにできた赤字の民間空港だらけです。みんなそれぞれ基地を引き受けると安上がりになるでしょう。工事はしなくていいし、環境破壊はしないし、簡単にできる。そうすると、

「ああ、安保はそういう意味だったのか」とわかれば、反戦平和運動は復活する可能性はあると思います。それがない限り、沖縄にばかり基地が来て、全然議論が進まない。思考力がなくなったままだと思います。

菅――安保や基地の賛否はともかく、「唯一の解決策」という嘘と、安保イコール沖縄基地という固定観念をとりのぞこうというのは、「オール日本」で不可欠のテーマです。目的は、安保賛成派は負担の平等、安保反対派の場合には、基地平等負担の先に基地の削減・撤去が不可欠で、それなしに「本土」移設の暗黙の承認もありえない。

ラミス――もちろんです。基地の平等負担と基地をなくすことはつながっている。というか、平等負担は基地撤去運動の復活の必要条件です。不平等負担が続いているかぎり、効果的な基地撤去運動は無理でしょう。

基地と徴兵――当事者性が運動を活性化する

菅――ちょっと脱線するみたいですが、基地の苦痛の受忍と徴兵制の恐怖は本質的につながっていると僕は思っています。安倍首相が「徴兵制は絶対にない」と言いました。安倍は貧困層を、特典を与えて志願させることや、外人部隊（傭兵）を考えているのでしょう。でも、命の引き換えとなれば貧困層もそう簡単には志願しない。だから徴兵制の可能性は否定できません。徴兵制がいいなどとは口が裂けても言えないけれども、徴兵制になったほうが、国民が殺人と戦死の当事者になる可能性が飛躍的に増える。だから反軍闘争が起きる可能性が出てくる。基地被害の当事者性が迫ってくるのと似たところがあります。

ラミス——あります。ベトナム戦争のときに反戦運動が一番盛り上がったのはアメリカに徴兵制があったときです。大学生が懸命に反対したわけですが、それは在学中は徴兵されないけれど、卒業すればされるかもしれないという本当の恐怖があったからです。大学は、非常に激しい反戦運動の大きな中心のひとつになりました。志願制に変わったのは、ニクソン大統領のときでした。ニクソンの立場から考えれば非常に賢いやり方でした。そのとき反戦運動がなくなったわけではないけれど、非常に弱くなった。

菅——軍隊の外のものになったわけですよね。軍隊のなかでの強力な反戦運動は、志願制や傭兵制度の下ではあり得ない。

ラミス——徴兵制の時代は、軍隊のなかでの反戦運動も激しくあった。志願制になると反戦活動は、できなくはないけれど、非常に難しい。

菅——でも、徴兵制賛成とはなかなか言えない。

ラミス——言いにくい。脅かしで賛成と僕は言ったことがあるのだけれど。反戦平和の集会で「賛成だよ」と。全然何も反対しなかった東大生とか、早稲田、慶応の学生が「徴兵されたらいいじゃない?」と。それは脅かし。

いまの状態はいいと思うんだよね。つまり、安倍までが「徴兵制はしない」と言ったら、若者がみんな驚くよね。これは「するかもしれない」という意味なんです。だから徴兵制は若者の間の話題になったはずです。それはいいことだと思っています。もし、本当に自衛隊が人を殺し始める戦争になったら、志願しないと思います。徴兵制になると思いますよ。いままでの志願者は戦争に行きたいから志願したのではなくて、雇用のため、メカニック（整備工）か何か、パイロットなどの技術を学んで、除隊して就職する。だから本当に戦争する軍隊になったら、志願者は減る。志願者は足りなくなります。

日本はずっと七〇年間、戦争がなかったという言い方がありますけれども、間接的にかかわってきた。けれども文化として人を殺す経験はないのです。人を殺した先輩もいないし、何世代も人を殺すことはやっていない社会になっています。

菅――「交戦権はこれを認めない」とちゃんと憲法に書いてある。

ラミス――「交戦権」を使っていない。交戦権を使うようになったら、人を殺すことを承知で志願する人はいないと思いますから、徴兵制が必要になると思います。いまアメリカなどでは、戦争ビジネスの民間企業があります。でも、それ以外は兵士が足りなくなったら徴兵制しかない。徴兵制があったほうが、問題はものすごくはっきりする。同様に、沖縄の基地が「本土」に来たほうが、当事者性が出てきて、反対運動は強まる。その通りなのだけれど、基地の誘致を反基地運動がスローガンにできるのか。

東京周辺の市議会議員として何十年と反基地運動をしていた友達は、数年前に選挙で落ちた。数十人の立候補者のうち、落とされたのが彼だけだった。彼はずっと普天間基地の県外移設反対だったが、その時僕は電話して、今どう思うかと聞きました。彼の答えは興味深かった。「勧めるわけにはいかないけれども、もし普天間基地が横田に来ることがあれば、もう反対しません」と答えました。

基地「撤去」の真の意味

菅――反基地運動団体だから、ウェルカムとは絶対言えない。しかし、過去七十数年の沖縄の現実に対する「本土」の倫理的責任からすれば、沖縄に戻せとも言えない。だから、真面目に考えれば、そういうことになる。

ラミス――そういうことがなければ、私は反対運動を応援しません。僕は彼と議論して、だいぶ怒ったと思う。彼の結論ですが、とにかく「賛成しないけれど、反対もしない」という立場もあり得るとその時わかりました。

菅――全体として基地が減る、そのプロセスとして、基地が一部「本土」に移ってくる、というのは運動として「成功」です。

ラミス――沖縄にとって成功です。

菅――反基地運動全体としても実は成功だと思います。「ほかに選択肢はない」と言っていた政府をほかの選択肢へと追いこむわけですから。

ラミス――運動のなかでそれが成功かどうかは、大議論になるけれども、アメリカ政府にとっては敗北です。すごく敗北です。

菅――日本の政府にとっても敗北です。基地を沖縄に封じ込めておけなくなるわけですから。

ラミス――沖縄の運動の目的は安倍政権を倒すことではないけれども、もしそれぐらい成功すれば、安倍政権は倒れるでしょう。沖縄は二つの政権を倒したことになる。すごいことです。もしそうなったら、沖縄にとって戦後なかったような大勝利なのです。ものすごく元気が出る。多くの人は「じゃあ、次は？」と言うでしょう。次は嘉手納とか、もっと小さい基地とか。嘉手納は一番なくしたいのだけれども、でも議論があります。そして、本土の反戦運動も「なんだ、基地が来るのか」。

菅――全体として基地を減らしながらであれば、それは前進です。基地の誘致は、政府が政策としてやることであって……。

ラミス――でも、政府にやらせるのは誰？

菅――国際情勢の変化も必要ですが、基本的には反基地運動の圧力です。スローガンは基地の「本土」誘致ではなくて、「基地を撤去せよ。とりわけ沖縄からなくせ」という運動です。

ラミス――もしかして、「撤去」という言葉は、本当はそういう意味だということがわかればいいのだけれど。何か「移設」でなく「撤去」と言うでしょう、反論として。「撤去」とは何なの？

菅――読んで字のごとく、どいける、どけることだけど、土地も施設も軍人・兵士もまるごとですから、全部どけるにはプロセスがあります。だから時間もかかります。行き先も問題だ。それをぬきに抽象的に基地撤去とだけいっていると、実は現状維持になる。

ラミス――どうなるかな。武藤一羊さんと議論するときには。

菅――以前、武藤さんと議論されたと聞きましたが、その時武藤さんは何と言われたのですか。

ラミス――「撤去ってなんですか」と聞いたら、彼は「撤去は撤去です」と言ったのです。「そういう質問をするのは愚鈍」と言われました。

菅――運動の表の論理として「移設」は「言わない」という禁則はわかります。「撤去」の意味は、政府とアメリカ政府が追い詰められて沖縄から軍を「移設」することですね。

ラミス――基地「撤去」って、何かずれるわけですね。普天間基地に第一海兵航空団という軍団がありますが、基地を掘って持っていくのではなくて、建物はそのままにして、軍団はどこかへ移す。私は若いヤマトの人に、「『撤去』というのは、その軍団を解散させて、海兵隊を除隊させて、民間の飛行機に乗せてアメリカに帰すということじゃないよ」と言ったら、「そう?」と。「撤去」というと何となく蒸発してしまうようなイメージがあるようなのですが、違うのです。軍団はそこを使えなくなるから、アメリカ政府はどこかへ送る。どこかへ行く。つまり「撤去」の裏に軍団の移転がある。

菅――海兵隊撤退要求運動のほうが具体的かもしれない。

ラミス――「どこかへ行け」。でもその「どこか」が問題です。伊波洋一さんは「グアム」と言って大失敗したわけです(二〇一〇年の沖縄県知事選で落選)。沖縄の有権者がグアムへというのを選ばなかったのは、やはりそこも植民地で、先住民を犠牲にすることを意識しているからです。

菅――日本が軍事同盟を結んだ結果として基地があるわけですから、よその国に行けなどと絶対に言ってはいけない。しかし、ただの「基地撤去」では抽象的で何だかわからない。だから「海兵隊は沖縄から出ていけ」、普天間を返して、辺野古には作らないで、どこかへ行けというしかない。それで政府とアメリカ政府を追い込めば向こうが選ぶ。選んだ結果、とりあえず「本土」に来ちゃったら、それは基地を沖縄に置けなくなったということだから、腹の底では「これは成果だな」と総括しながら、やはり、やってくる基地と海兵隊に対してはさらに「出ていけ、出ていけ」と言い続ける。それが反基地運動だと思う。

空論をやめて先に進め

ラミス——別の言い方でいうと、反米軍基地の日本の運動の目標は、やはり日米安保条約をなくすことですよね。一昔前なら「安保粉砕」を主張しないデモは、デモとして評価できないというのが常識でした。まず「安保粉砕」。それはまったく別の経済問題のデモでも「安保粉砕」を言うのです。何でも「安保粉砕」。これを言わなくなった。しかし、それが目標のはずです。

日米安保条約をなくせば、米軍基地は全部なくなるわけです。沖縄からみれば、基地が多くあるということは植民地扱いです。そして沖縄は、日米安保条約賛成一〇％前後ですから置くべきではない。置くなら在日米軍基地の〇・六％分。でも沖縄以外のどこに置くかということではなく、日米安保条約をなくせ。だから、沖縄から横田に基地が来たら、日米安保条約反対運動の邪魔ではなく、かえって強くなるきっかけになるということです。問題は、日本から基地を追い出す。この基地をどこに置くかということではないのです。

菅——「オール沖縄」の一翼を担っている安保に賛成の人にとっては、七五％も沖縄に基地が集中しているのは沖縄差別だということが最大の関心事ですね。そういう人にとって重要なのは「基地がどこにあるか」です。だから、安保反対派と容認派が統一戦線を組むとしたら、当面の問題はいまここにある基地をどこにやるかということになる。この場合、基地を沖縄に置くのか置かないのか、のほうが安保条約の是非より優先される。

ラミス——もう一回説明してください。

菅——沖縄の世論は、安保条約の賛否を超えて、「基地が沖縄ばかりにあるのは差別だから絶対に許せない」という点でひとつになり「オール沖縄」ができた。これを大事にするということは、反安保の立場の人も、今は、安保の是非ではなくて基地を沖縄からどけること、目の前の普天間基地移転に関して、辺野古移設はダメということのほうが大きいわけです。

ラミス――いま目の前の問題に関してはね。

菅――もう一つは、安保条約と米軍基地の関係です。矢部宏治の『日本はなぜ、「基地」と「原発」を止められないのか』で読んだのですが、フィリピンはアメリカと軍事同盟を結んでいる。だけどフィリピンの基地はなくなった。日本もフィリピン方式にすればいい、といっています。

ラミス――最近フィリピンで基地をもう一回許すといっているんじゃないの？

菅――ええ。中国の「脅威」で、また米軍駐留が始まっていますが、駐留の条件などをちゃんと交渉しています。それに、その前段では確かに一旦、なくしています。基地をどけさせることはアメリカとケンカしなくてもできる。リアルに考えると、即刻安保廃棄、自衛隊全廃というノーガードで、今外交ができるか、国際関係も難しいけれど、それ以上に安保と自衛隊のない状態が想像できない保守的世論が承知しない。絶対ゴールは軍事同盟をなくすことだけれども、実現に向けたプロセスのなかでの順番があると思う。まずは辺野古に基地を作らせない、つまり基地がどこにあるかがまず問題で、次にそれを一つ一つ、主に沖縄から順に減らすこと、安全保障条約をどうするかよりもまずそちらを考えたほうが戦線は広がります。私もずいぶん「過激」じゃなくなったと我ながら思いますが……（笑）。

ラミス――ときどき、一番ラディカルだと聞こえる「〇〇主義」は実現不可能だから、ラディカルでも何でもないこともある。

菅――イイキモチの空文句ですね。

ラミス――言いやすい。とても言いやすい。

菅――物事をありのままに見ようとしない空文句はやめようと思う。唯物論的じゃない（笑）。

ラミス――目的は世界平和です。よく「基地はどこにもいらない」といいます。それはとてもラディカルに聞こえるけれども、じゃあ、ウクライナにもいらないし、イタリアにも中国にも、北朝鮮にもいらない、どこにもいらない。世界平和。ユネスコの地球の平和。誰がどうやってやるのかが、全然わからない。つまり、何をいっているかというと、「私はいい人です。こんなにいい人です。こんなに素晴らしい思想を持っている。誉めてください」。

菅――それ、ものすごく下らないじゃないですか。政治でも運動でもない。

ラミス――ビスマルクがいったのだけれど、政治は実現可能なことを中心にするわけです。

天皇免責・非武装・沖縄軍事占領

菅――国民多数派は安保と基地が当たり前で、沖縄なんか知っちゃいない。左派は実効性無視の「安保粉砕基地撤去」。どうしてこういう想像力の集合的な「鈍化」が蔓延したのか。これには戦後日本の敗戦処理の過程が大きく影響している。加藤哲郎の『象徴天皇制の起源』によれば、アメリカは一九四二年に、日本を占領したら天皇制を残す、と決めていました。もちろん連合国では、天皇を戦犯として処刑しろという声が優勢だった。この世論を説得しなくちゃならない。

ラミス――どこの世論?

菅――戦勝国の世論。アメリカ、イギリス、フランス、オランダ、オーストラリア、ソ連の世論。オランダやオーストラリアは政府も天皇訴追論でした。中国は内戦中だったから……。

ラミス――中国はちょっと忙しかった……(笑)。

菅――ええ。で、天皇不訴追、天皇制存置を説得するためにアメリカが考えたのが、憲法の一章と九条のバーター、天皇制を残した武装解除です。非武装の日本はどうやって防衛するのか。沖縄の軍事占領は決めていたようですが、最初は国連軍を想定していた。でも冷戦が激しくなって、国連軍は実現不可能になります。そのときにアメリカは、米軍による半永久的な沖縄軍事占領を日本のほうからお願いしろと言います。これに応えて天皇裕仁が一九四七年九月に「沖縄メッセージ」を出して、沖縄を米国が長期に占領することを希望すると言いました。こうして、戦後七十数年の沖縄の運命を決めてしまった。

このときから戦争責任だけではなくて、沖縄の運命も忘れるように「本土」の人々は仕向けられ、「本土」の九条を盾にした「平和と民主主義」は、沖縄の軍事基地化との引き換えだったことを自覚しないできた。だから、「本土」の人々の沖縄に対する無関心の起源は占領政策にあったのだと思います。そのときからこうなるように仕向けられてきた。都合のいいときには沖縄は日本で、都合の悪いときには沖縄は日本ではない。ラミスさん、「沖縄を返せ」という歌をご存じですね。

ラミス――はい。

菅――あれをヤマトの人間が歌うの、みっともないですよね。

ラミス――辺野古建設反対運動の人たちも、別の意味で歌いだしているのです。

菅――――沖縄の人が「沖縄へ返せ」というのだったらいいです。

ラミス――そのように歌っている人もいます。でも、この間、二十数人のヤマトから来た団体が、ゲート前で嬉しそうにあの歌を歌ったわけ。気持ち悪くて。デモの帰りのバスで「気持ち悪かったでしょう」と言うと議論になった。「気持ち悪かった」という声と、「別にいいでしょう」という意見もあった。

菅――――ヤマトからの移住者はコロン（植民者）だという野村浩也さん（広島修道大学教授）の指摘があります。そのコロンたちが沖縄の闘争に連帯した気で「我らのものだ　沖縄は」と歌う。この無意識は、天皇制の自明化と表裏一体で、戦後占領統治の〈初めに罪あり〉だという気がする。

偽善を生んだ平和教育の失敗

ラミス――菅さん、無関心とおっしゃるけれど、無関心とちょっと違うと思う。

菅――――自己欺瞞由来の無意識・無関心かな。

ラミス――今年沖縄に来る観光旅行者は、一〇〇〇万になるという。そのうち国内から来るのは七〇〇万になりそうだ。それは沖縄の人口のちょうど五倍です。この数字は年々増えていますが、この二〇年の平均は大体三〇〇万としましょう。その多くはただ遊びに行くけれども、平和ツアーに参加する人も多いのです。「安保の見える丘」にのぼったり、「平和の礎《いしじ》」に行ったりして、ガマ（洞窟）に入ったり、平和ガイドは懸命に説明するわけです。もしその一〇〇人に一人が熱心な安保反対運動家になったら、二〇年間で六〇万人の熱心な安保反対運動家ができているはずです。どんどん増えてきたはずです。

ところが減ってきている。であるならば、その平和教育は何なのかを考えなければならない。沖縄訪問者を、基地に反対して活動する市民にするようにはあまり機能していない。悪く考えれば、まず沖縄戦の跡を見て、「本当にひどかった、本当に苦しかった、やっぱりこれがヤマトでなくてよかった」。そして米軍基地のところを見ると、どれだけひどいことだということは説明される。「やっぱり米軍基地があるとひどいね。よくないね。苦しいね。沖縄に基地がちゃんと片付いていてよかった」と内心の深いところで安心して帰っていく人が多いと思います。

無関心じゃない。無知じゃない。わかっている。ちゃんと沖縄がそのようにヤマトを守ってくれている。沖縄大好き。沖縄に行ったらいい気持ち。

菅——沖縄に行くといい気持ちだという人がいます。

ラミス——癒やしの島。ホッとする。沖縄に行ったら人が優しい。全部つながっている。それは、無知・無関心じゃない、嫌な感じじゃないかと思う。

菅——占領政策の都合で敗戦後の日本に天皇制を残した。多くの本土人は君主制と民主主義が矛盾するのではないかと、気にはなっても避けて通ってきた。同時に、生け贄は沖縄という事実も素通りした。戦後の統治形態がこの素通りの誘導装置になっています。これは集合的な「嫌な感じ」です。鈍い悪知恵です。ただ、多くの人が自分で気づいていない。

ラミス——気づいていない。そのことを指摘するとものすごく怒る。失礼だ、侮辱だと。沖縄が好きな人はいい人。沖縄に行ったことがある人はいい人。自分がいい人だということを実証するために沖縄に行く。運動家のなかにすごくそれがある。東京の集会に参加すると、人が走ってきて「私は沖縄に行ったことが三回もある」「毎年行きますよ」。沖縄に行ったことが誉められることだと思っているんですね。何回行ったなどと自慢する。島ぐるみ会議の那覇からのバスに乗ると、必ず四、五人ヤマトの人が来ているのだけれど、もちろん感謝されるわけです。「遠いところからお金を出してきてくれて、ありがとうございました」「本土の人が関心があるということで、力になります」とか。

でも、本土から来た人が変なことを言うことがある。自分はヤマトから来たから説教をしていいと考えているわけです。「沖縄の運動はなぜもっと頑張らないの」とか、「なぜこれをしないの」とか。それに対してはだいぶ激しい議論になります。ヤマトの人の言うことは、神様が言うことという時代は終わりました。

菅——知念ウシさんの『シランフーナーの暴力』のなかで、沖縄在住の「本土」の作家のことに言及されていました。その作家が自分のことを、「本土」から来たイミグラント（移民）だと言ったら、「お前はコロンだ」と野村浩也さんに言われた。

ラミス——池澤夏樹というヤマトの小説家が沖縄に来て数年住んだら、「ぼくら」と書き始める。もし彼が沖縄人と同じになったつもりで「ぼくら」と思っても、しかし沖縄人としても何一つ差別されることはありません。ヤマトから来て沖縄に住んでいても、沖縄人として差別されることはありません。そして「沖縄人」をやめようと思えばいつでもやめられます。沖縄の人が沖縄人をやめることはできません。たとえヤマトに行ったとしても。だから、「二〇年間、三〇年間沖縄に住んだから沖縄人です」といっても、それは違う。沖縄で自分が変わるかもしれないし、見えなかったことが見えるかもしれないけれども、「なんちゃって」といつでもいえるという存在であることに変わりはありません。

菅——間違いなく植民者だものね。

ラミス——植民者。沖縄に行って、自分はいい人だということで、「私たち沖縄の人は」となると、沖縄の権威を自分の文章に入れることになる。そして、彼はいきなり消えた。もう住んでいないよ。その次はフランスの田舎に住んでいました（さらにその後、〇九年に北海道に移住）。

気持ちではなく効果でつながる

菅——ラミスさんと私は一九八五年にフィリピンに行きましたよね。あのころを思い出すのだけれど、日本の左翼の運動家で、フィリピンの民主化運動に触れて帰ってくると、とても元気になるという人がいっぱいいいたじゃないですか。

ラミス——フィリピンに行ってきたって自慢してましたよね。すごく元気になったのは確かです。

菅——沖縄は「本土」に比べるとずっと革新勢力の運動も盛んだし、激しい反基地運動もある。政府批判の言論も激しいし、アメリカに対する批判も鋭いし、そこへ行って何かエネルギーをもらって帰ってきて「沖縄は素晴らしい」と言っている。それとよく似ている気がする。

ラミス——彼らは「私たちはフィリピン人」だという幻想は持っていなかった。フィリピン人だとか、フィリピンを代表しているとか。

菅——たしかにそれは無理だ。

ラミス――それは無理で、両方の側面がありますね。交流する相手が向こうの運動だったから、懸命に海外の人たちにフィリピンの状況を伝えたいということがあったから、帰ってきて、文章を書いたりして、伝えたから。役に立つ側面もすごくあったと思います。

菅――沖縄の人からすると、「本土のヤツはいらない」というふうになる……。

ラミス――意見が分かれていて、「来るな」という人もいるし、反対の人もいて、激しい議論が続いている。辺野古バスの普通の庶民は、来たら嬉しいんだけれども、お説教する人間は嫌だ。お説教は聞きたくない。反感を買う。そして、山城（博治）さんたちとか、辺野古の中心になっている人たちは、県外から入る人たちは客観的に必要な数ですから、自分の心はともかくとして、その応援は断れない。

菅――「ヤマトンチューは絶対に信用するな」という真久田正さんのような意見もあったほどに「本土」の人々は嫌われ、警戒された。それは歴史的因果関係の帰結なので、個人にはどうしようもない面もあります。ただ沖縄の人たちに対しては、「本土」の人間や、運動の成果が役に立てば、毛嫌いしながらでもそれを活用してくださいというふうに私は思います。役に立たなければ捨てればいい。そっぽを向きながら、実は共闘している、ということがあっていい。好き嫌いはどうでもいい。問題は現実規定力です。

ラミス――カマドゥー小《グヮー》の女性たちは、よく「沖縄に来るのではなくて、自分のところで運動を起こしてほしい」というので、それは排他的だとか、あるいはヘイトスピーチだとか、といわれるわけです。そうではなく、自分の立場があるから、その立場からやってください、と言っているんです。沖縄に来て「私、いい人」で帰るのではなく、「本土」に帰ったらやるべき仕事をちゃんとやってほしい。

そういうことです。個人的に嫌いではなく、議論なのです。議論のレベルです。どこで誰がどういう運動をすればいいか。一つの言い方は、「沖縄に頼るな。従属するな」。沖縄で元気になるということは、ちょっと頼っている側面が確かにあるわけです。

菅――三〇年前のフィリピン訪問団のことを思い出したのは、当時フィリピンの活動家に「あなた方はこんなところへ来なくていいから、自国の帝国主義と闘いなさい」とさんざん言われました。あれと似ている。

ラミス――僕はあの旅行で、あまり罪悪感は感じなかった。つまり、帰ってきて仕事をしたから。やるべき仕事をなるべくやったわけです。フィリピンの状況をわかって自分の国へ帰って、自分の政府がやっている嫌なことをなるべく止めるべく公に知らせようと、文章を書いたり、集会を開いたり、フィリピンから人を呼んだりしたから。そして実際にマルコス独裁政権は倒された。マルコスを倒す崖崩れのなか、私たちがやったことは砂一個ぐらいですが、参加できて嬉しかった。

菅――沖縄に関しても、「本土」の人間が沖縄に行ってはいけないとは全然思いません。ただ、七十数年の歴史がありますから、みだりに好かれたがるのはやめるべきです。個人ではどうしようもない関係の隔たりを自覚できないと、みっともないことになる。何かをやって結果が出れば、それが共闘だ。

逃げられる移住者・逃げられない沖縄の人々

ラミス――僕は、ポジショナリティ（positionality）という言葉はあまり好きじゃないけれども、意味はあるのです。その言葉の意味が初めてわかったのは、（そんな言葉がまだないときの話なのだけれど）大学院の夏休みにメキシコに遊びに行ったときのことです。マサトランというビーチのある町に行って、お金がなかったから、キャンプしました。そこには若いアメリカ人がたくさんいたわけです。夏休みで、テントのなかに住んだりして、安い生活をしているわけです。彼らが自慢したのは、「メキシコの人は貧乏だけれども、私のポケットのなかにもお金がないから、同じように貧乏です。全然違いがありません。私たちはメキシコ人とまったく同じように貧乏です」と嬉しそうに話すわけです。

夏休みが終わり、帰るときになって、その一人は車を持っていました。ガソリン代はない。帰る途中のレストランで食べ物を買うお金もない。みんな車に乗って帰ろうとしたのだけれど、お金がない。一人がワイシャツを着てネクタイを締めているのを見て、「どこへ行く？」と聞いたら、「アメリカ領事館」。「何しに行く？」と聞いたら、「お金を借りに行く」。「貸してくれるの？」「当然だよ。持っていないから」。なぜ領事館がお金を貸すかというと、アメリカ人がメキシコでホームレスになると、国は恥をかくからです。その金でアメリカに帰った。いまはポケットにお金がないけれど、アメリカ人をやめない。貧乏になっても、何があっても、その客観的に有利な立場はそう簡単に手放さない。普通、帰ろうと思えば、向こう払いの電話で家族か誰かに連絡して、お金を用意してもらう。

菅――ポジショナリティの問題って、オマエハナニサマダ、ということに関して主観が陥る錯覚ですね。沖縄でのわれわれヤマトンチューの姿と重なります。ありがとうございました。

（インタビューは二〇一五年八月四日に行われた）

第Ⅳ部

〈聖なる天皇幻想〉は何を生み出したか

第1章

日本近代国家の宗教性をめぐって

I　近代の統治の幻想性とその射程

近代国家の宗教性

近代国民国家における〈支配〉には三つの次元が存在する。第一に生産関係、第二に権力による統治、第三が幻想の共同性による観念の馴致である。第三の次元には何らかの宗教性が関与する。それは国家が〈国教〉をもつか否かとは次元を異にする問題である。

近代国民国家には公的に〈国教〉をもつ国（イスラム教各派を国教とする中東諸国、カトリックを国教とするアルゼンチン、コスタリカ、英国国教会をいただく大英帝国、プロテスタンティズムを国教とするスウェーデン、ノルウェー、フィンランドなど、仏教を国教とするブータン、タイ、カンボジアなど)、国教を定めてはいないが実質的に〈国教〉というべき圧倒的な規定力のある宗教を持つ国(イスラエル〔ユダヤ教〕、インド〔ヒンドゥー教〕)、アメリカのように、暗黙にピュリタニズムと密通した「市民宗教」(ベラー)をもつ国などさまざまである。日本近代国家の国教は国家神道であった。「スカーフ事件」でイスラム系マイノリティと軋轢を起こした、非宗教性の原則(ライシテ)を過酷なまでに貫徹しているフランスが例外だが、この国には「非宗教」という宗教への信仰という逆説が維持されている。「共和主義者」レジス・ドゥブレはいう。

共和主義的ネーションのうえには人類がある。デモクラティックな社会のうえには神がいる。フランス共和国の大統領は、この地上の人間によって投票・可決された憲法にかけて誓うが、アメリカ合衆国の大統領は、神に由来する聖書にかけて誓う。(…)

共和制のもとでは、国家はあらゆる宗教的影響力から自由である。デモクラシーでは、逆に、教会が国家の影響力から自由なのである。「教会と国家の分離」という言い方は、フランスでは、教会は国家の前ではまるで存在しないかのように控えめにならなければならないという意味であり、アメリカ合衆国では国家が教会の前で控えめにならなければならないということである。

(レジス・ドゥブレほか『思想としての〈共和国〉』増補新版、二一三−二一四頁)

日本近代国家の宗教性

この国の近代は薩長下級武家（太政官政府）による政治独裁によって始まった（松浦玲「マルクス主義と明治維新論」『講座マルクス主義7歴史』付録Ⅱ、一九六九年）。この政治権力の実効支配の下で、近代資本制が劇的な速度で作りだされ、ブルジョワジーによる階級支配が成立した（野呂栄太郎『日本資本主義発達史』一章、服部之総『明治維新史』初版）。だが、維新権力は、「おかげまいり」の伊勢信仰エネルギーを背景に廃仏毀釈を煽動し、一気に祭政一致国家を確立しようとしたが失敗し、幻想の共同性の次元の制度整備は欽定憲法確立期まで遅延した。そうした時系列的な関係もあってか、一九二〇年代の野呂栄太郎や服部之総の記述には、明治国家における天皇制への言及はない。まずは奸智に長けた権力による、生産関係の抜本的転換と「法治」の形成の次元が活写されているにとどまる。

伊藤博文らは「明治一四年政変」（一八八一年）で、一種の「例外状態」を現出させ、明治憲法「制定権力」を樹立した。維新期の下級武家政治独裁は、維新の二一年後（一八八九年）、明治憲法体制〈欽定憲法〉という、支配の正当性の根拠となる〈幻想の共同性〉の制度を構築し、国民の〈統合〉に成功したのである。共同性の媒介は国家の宗教的権威としての天皇である（村上重良『国家神道』、島薗進『国家神道と日本人』）。これが、明治国家の宗教的性格の独自性である。明治憲法は天皇の不可侵性を定める一方で、制限付きながら諸宗教の信教の自由を承認した。これに対応して神道信仰は、絶対的な臣民の義務ではあるが非宗教とされた。憲法によって正統化された権力は、名目的には神であるところの「絶対君主」の専制であり、実質的には生き残った「元勲」たちの合議による制限君主制による統治であった（坂野潤治『近代日本の国家構想』）。明治権力は二枚舌の性格をもった。前者が大衆に向けた「顕教」の顔、後者がパワー・エリート向け「密教」の顔である（久野収・鶴見俊輔『現代日本の思想』）。

絶対君主の神聖性の根拠は、「天孫」（この概念は水戸学＝会沢正志斉による「創造」）である瓊瓊杵《ニニギ》の末裔が現人神であることとされた。皇族社会では、皇室神道に基づく皇室祭祀によって権威の神聖性の自己確認が日常的に反覆された。皇室神道と対応して、民間では神社神道の儀式の反復による天皇崇敬の大衆への刷り込みが行われた。日清・日露の戦争は多くの戦死者を生み、明治権力はこれを東京招魂社に起源をもつ「英霊」追悼施設である靖国神社に祀った。全国にその支部ともいうべき護国神社を配置し、天皇の命令で闘い死んだ英霊だけを祀る排外主義的な新たな追悼の慣習を作り上げた（子安宣邦『国家と祭祀』）。

さらに明治権力は、それを補強する様々な国民教化のイデオロギーを複合的・多重的に編み込んだ。一八八二年に定められた「軍人勅諭」は、軍における君臣間の絶対的な忠節の義を説いているが、直接、天祖（皇祖神）によって正統化される現人神の権威を謳いあげるものではない。九〇年に制定された「教育勅語」は、儒教などに依拠した普遍道徳（忠孝・夫婦愛・兄弟愛・長幼の序・勤勉）を組み入れつつ、皇道実践を求める複合的性格を有している。

天皇崇敬と近代化の推進

日本が帝国主義段階に突入する二〇世紀初頭には、国家宗教の様々なイデオロギー的補強が行われた。穂積八束らは天皇をこの国の「自然」であるとして批判をあらかじめ禁じる「国体論」イデオロギーを構築し提唱した（北一輝は『国体論及び純正社会主義』で国体論批判を行ったが、ただちに発禁となった）。もう一つは、高山樗牛・井上哲次郎らによる、日本国家の〈家長〉は天皇、臣民は家族だとする「家族国家観」の提唱である。さらに一九〇六年、神社合祀（神社の再編・統廃合）によって、すべての神社の主神に皇祖神を祀り込み、素朴な自然神信仰の伝統を破壊した。市民生活においては、明治末期には、「陛下の赤子」の使命を刷り込む修身教科書のイデオロギーが整備された（色川大吉『明治の文化』）。それでも、権力は大衆の抵抗に怯えて、勃興しつつあった社会主義運動・労働運動への対抗措置として一九〇〇年に治安警察法を制定した。一九一一年には冤罪承知で無政府共産主義運動の領袖、幸徳秋水らを大逆罪で処刑した。

国家神道は古代的権威を近代に呼び戻すものであったが（神山茂夫『天皇制に関する理論的諸問題』）、王政復古と天皇尊崇の展開と深化は、劇的な近代化・文明開化、つまりは西欧規範の進歩主義・合理主義・生産力至上主義の推進力とされたのである。「五カ条の誓文」「四民平等」令（「穢多」解放令）のあと、天皇の名において廃藩置県以後の諸改革（土地所有制度、税制、学校制度、兵制、警察機構、太陽暦・度量衡〔メートル法〕の制定、標準語の制定と方言撲滅、音楽・美術・演劇の近代化〔改良、これは成功しなかった〕、身体所作〔敬礼・集団行進型歩行〕や服装〔裸体の禁止〕の近代的規範の確定〔成沢光『現代日本の社会秩序』〕）が遂行され、「遅れた」アジアとの決別、「進んだ」西欧との一体化が遂行された。[*1]

反権力闘争こその陥穽

「近代化」への政治的抵抗は、士族反乱から士族民権運動（在地民権は、「反近代化」とはやや別の文脈に属する）へ、さらには、社会主義運動や無政府共産主義運動、それらと連携した労働運動へと引き継がれた。だが、国際共産主義運動の一環としての階級闘争の開幕は、一九二〇年代中葉を待たねばならない。一九二六年の共同印刷大争議はその象徴である。

マルクス・レーニン主義は、生産力の発展を権力奪取と生産関係の変革の契機とみなす理論であるから、その限りで逆説的な進歩主義・生産力主義であるため、皮肉なことに近代天皇制国家日本（に限らずすべてのブルジョワ国家）の原理と表裏一体の関係にあった。その上、日本のマルクス主義者の家父長制的作風は、一党独裁のヒエラルキーと密通して、独特の権威主義を生んだ。それが運動の前進局面では猛烈なセクト主義を生み、後退局面では、一挙的な転向から翼賛への道を用意する内的契機となった（『共同研究　転向　戦前編』『同　戦中編』鶴見論文、藤田論文、高畠論文）。転向以前から、その権威主義的傾向は天皇制的序列意識と相似形であり、転向によって中心がコミンテルンから天皇へ移し替えられたにすぎないという一面をもっていたのである。

生産力の発展が革命をもたらすという神話は、転向後の大河内一男や風早八十二の生産力理論（高畠通敏「生産力理論」『共同研究　転向3戦中篇（上）』）にも継承された。また、帝国主義の危機の進行は体制の矛盾を深化させ、総力戦体制の瓦解を意味する敗戦は、革命の好機と考えられていたから、左

＊1　社会意識の「近代化」「改良」の全般を見渡した検証としては、壮士が淘汰され、『国民の友』によって推進された「青年」という概念・作風が形成されていく過程について木村直恵『青年の誕生』（新曜社、一九九八年）に詳しい。

翼が体制に協力することに倫理的な痛痒を感じなかった（埴谷雄高・宮内勇「対談・戦争下の転向と抵抗」『運動史研究5』）。生産力を発展させて総力戦を遂行するという論理と、総力戦体制に協力すれば矛盾が深まって破局が来るという論理は、結論以外のすべてにおいて生産力決定論であるという次元では酷似していた。

Ⅱ　占領軍と天皇裕仁の合作

戦後日本の「国家構想」

敗戦によって、日本国家は、君主（天皇）主権の国家ではなくなった。しかし、共和制国家でもない。元首でない主権をもたない君主（象徴）の立憲君主制国家が成立した。〈統合〉の権威と政治権力が憲法上の規定で分離され、民主主義と矛盾しないかのような君主が誕生した。敗戦は天皇制を一層洗練させたのである。天皇が、直接的政治権力の外に立つことによって、〈統合〉の中心である天皇を国民は認識しなくなった。中心は国民にとっての〈集合的無意識〉（拙著『天皇論ノート』Ⅰ）の状態に置かれた。

ジョン・ダワーの『敗北を抱きしめて』や豊下楢彦の『昭和天皇・マッカーサー会見』『昭和天皇の戦後日本』によれば、敗戦後の日本の占領政策のフレームワークを構築したのはマッカーサーと天皇裕仁であることはほぼ明白である。単独占領に近い規定力を発揮することに成功したアメリカは、一九四二年段階から、天皇制の下での「民主化」（＝「日本計画」）を構想していた（加藤哲郎『象徴天皇制の起源』）。

神道指令によって宗教教団としての神社神道と権力の関係を遮断すれば、GHQの構想する「民主化」に天皇（皇室神道・皇室祭祀）は妨げにならないというのが、ケーディス准将らの判断だった（ダワー前掲書、島薗前掲書）。その結果、天皇が訴追されなかっただけでなく、皇室神道と皇室祭祀は温存され、祭祀王としての天皇への国民の信仰も放置されたのである。これは、アメリカへの隷属と「国体護持」のバーターという「密約」である（豊下前掲書）。後には日米安保条約こそ「戦後国体」であるに等しい事態が引き起こされた（白井聡『永続敗戦論』）。ちなみに、皇室神道において天皇が主宰する大祭には、元始祭、昭和天皇祭、春季皇霊祭（春分の日）、神武天皇祭、秋季皇霊祭（秋分の日）、神嘗祭、新嘗祭（勤労感謝の日）がある（島薗前掲書）。

> 大祭のうちのいくつかは内閣総理大臣、国務大臣、国会議員、最高裁判事、宮内庁職員らに案内状が出されており、これら国政の責任者や高級官僚らは出席すると天皇とともに拝礼を行う。明らかに国家的な行事として神道行事が行われているが、「内廷のこと」、すなわち天皇家の私事として処理され、国民には報道されない。（同前）

これでは、招待されたパワー・エリートはみな天皇の僕《しもべ》であると自覚するよう規律訓練を施されているようなものではないか。民間では、神社本庁に統括される神社神道の信仰が「信教の自由」条項によって保障され、公的施設での地鎮祭開催など公的領域の境界にまで侵入してきた。靖国神社による戦死者の顕彰儀式はためらいもなく反復され、極東軍事裁判の処刑者が合祀され、天皇裕仁が参拝をやめてからでさえ、何人かの首相、多くの国務大臣、国会議員は参拝を繰り返してきた。中谷訴訟（自衛官合祀拒否訴訟）は、国（自衛隊）の信仰の自由（護国神社合祀という死者追悼の自由）を認めない信仰観が偏狭だとして最高裁は原告敗訴とした。象徴である天皇は、公的な仕事として叙勲を行い、首相や大臣や大使を任命し、園遊会にも出席する。国体・高校総体・植樹祭・海の日など国民的行事の開会式への出席、福祉施設・文化施設の訪問など、「象徴としての公式行事」は増え続けている。これこそが天皇制延命の内実であり、「永続敗戦」の対価である。対価にさしだされたのは、米軍による占領期の全土基地自由使用であり、今日に影を落とす沖縄占有であり、核持ち込みの自由であり、思いやり予算であり、脱原発さえままならぬ日本のエネルギー政策の対米完全従属だ。

左翼・進歩派は戦後国家の「宗教性」を没却した

反米右翼は衰退しても、天皇制タブーは生き残った。一九五九年の皇太子（明仁）成婚ブームの翌年、山口二矢による浅沼稲次郎社会党委員長刺殺事件が、翌々年、小森一孝による嶋中事件が起きた。それでも、天皇が権力でなくなったために、左翼は、資本制打倒・権力奪取ですべては決着する、天皇制廃止は革命に随伴して実現されると認識した。戦争の末期、延安にいた野坂参三は、天皇制廃止は緊急課題ではないという見解を取り、占領下での民主主義革命は可能とする平和革命論路線を唱えた。毛沢東も、ソ連も天皇制存続やむなしと考えた（加藤前掲書）。これをうけて徳田球一は、やむなく「天皇よりメシ」と大衆を煽動した。

リベラル派憲法学者（田畑忍、宮沢俊義）の認識は、天皇が元首ではなく、その地位は国民の総意に基づくのだから、もはや政治的重要性は微塵もないというものだった。一般市民は背広姿の裕仁を「テンチャン」と呼び、時代遅れの遺制など恐れるに足りないと考えた。その延長上に、松下圭一の名づけた「大衆天皇制」という社会現象が成立した。皇太子成婚のフィーバーを契機にマスコミによって演出された、天皇・皇族の国民的アイドル化・タレント化である。この時期、ひとり藤田省三のみは戦後天皇制を「買弁天皇制」と名づけ、天皇制に対する民衆の自立的な闘いの強化を説いた（『天皇制国家の支配原理』）。

戦後左翼が天皇制への批判を運動化できなかった責任は極めて重大である。社会党は自党の憲法草案で天皇主権を否定しなかった。中野重治「五勺の酒」が描くように共産党員個人のなかには、共産党の天皇制批判の運動論を批判するものもあったが、政治にならなかった。背景には、共産党と共産党員の転向・翼賛問題からの逃避がある。天皇制問題と対峙することは戦前の共産党の天皇制問題への総括を不可避にさせる。共産党は非転向党員を無条件に賛美しつつ、内部から輩出した転向と天皇制権力への翼賛の問題を回避した。翼賛を素通りしたという批判も素通りした（丸山眞男「戦争責任論の盲点」）。最善に見積もっても、権力を奪取し生産関係を変えればこっちのもの、政治革命によってすべてOK、歴史的責任はスルーすればよいという杜撰で無神経な思想態度がそこには見出される。吉本隆明・武井昭夫の『文学者の戦争責任』や吉本隆明の『芸術的抵抗と挫折』が提起した批判は、革新派の政治からも文学者の自覚からも消去されていった。共産党としての天皇制問題の総括の不在は、国家権力および国民の戦争責任についての総括もないがしろにすることに繋がった。一五年戦争は基本的に中国を侵略し中国に敗北した（竹内好）のだという視点に欠けるという点で、保守派と大多数の左派は選ぶところがない。

この欠落は、日本はアメリカの国力と科学技術文明に負けたという科学技術至上主義と通底する。これは、天皇制問題に関する瑕疵だけでは済まされない偏りをもたらした。原爆を落とされるに至った政治過程の総括よりも、原爆や原発を作れなかった「能力」が反省されてしまったのだ。政府・保守派の高度成長・近代化路線に、平板な進歩主義の左翼が対抗できなかったことは必然的だった。この思想的杜撰と無神経は、差別（性・身分・民族）と階級の理論的区分と総合の手続きを等閑視させ、運動の作風・感性の「前近代性」を温存させ、女性蔑視、朝鮮人党員の使い捨て、被差別部落出身党員の使い捨ての作風を温存した。新左翼もまた、これらの弊を同じように共有していた。あるいは共産党以下である。七・七華青闘告発には必然性があった。

Ⅲ　日本社会の差別と天皇

古代の身分差別と天皇

ここで、この国における、差別意識と国家の宗教的権威の体系との関係構造を分析しておきたい。まず「古事記」および「日本書紀」の「国生み」のくだりを思い起こしてほしい。伊佐那岐《イザナギ》と伊佐那《イザナ》美《ミ》は次々と大八洲《おおやしま》を生み出していくが、冒頭で蛭子《ヒルコ》が生まれる。蛭子は障害をもった神である。生まれた理由は「女子先に言えるはよからず」である。女が先に声をかけたのがよくない、つまりは女性上位のセックスはよくない、ということだろう。蛭子は葦舟にのせられて流される。日本の貴種流離譚の起源はここまで遡るともいえる。蛭子を流した上で、伊佐那岐が先に声をかけ、つまり正常位のセックスで国生みが成功するのである。世界各国の国生み神話には、最初の子がうまくできないという話が少なくないというが、古事記の場合、明らかに、女性差別と障害者差別がそこに絡まり合っている。

また大国主《オオクニヌシ》の国譲りをみてほしい。葦原のなかつ国を作り上げた大国主は、中央権力（天皇）から国譲りを要求されて冥界に去る。つまり自決する。代わりに出雲大社が建てられる。これは異族の領土に対する、天皇の祖先による割譲要求であり、大国主は国を譲って死に、神として祀り込まれるのである。異族は天皇直系の下位に置かれる。これは、皇祖の制覇と異族の同化吸収を示唆する野郎自大な服属儀礼の物語だが、死なせた異族を祀っているところは靖国とは正反対であることにも注意を怠るべきではないだろう。まず、こうして、古代王権を正当化する神話の中に、女性差別と障害者差別と異族排除が繰り入れられた。

古代王権は、自己の正統性と表裏のものとして、こうした差別の物語を背負い込んだ。古代の身分制は、天皇・皇族・天皇家に服属した豪族（貴族階級）・平民（農民）・公地公民制の埒外にある賤民に区分され、こうした差別性に貫かれつつ、基本的には職能によって規定されていた。帰化した職人層は重用されてはいても身分は賤民であった。巫女とか芸能者はみな賤民とされた。芸能と宗教（他界と交通し往来すると信じられた者）は未分化で、ともに、不可思議の業をなすものと考えられた。工芸者にも似たような位置づけを与えられた。異界と交通するものは、天皇とその一族だけが頂点を構成し、それ以外は、農民の下位に置かれたのである。

中世の差別と天皇

しかし、古代国家では、租庸調（律令制下の租税）の重圧に耐えきれず、衆をなして脱走して賤民化した者も少なくない。また、賤民が貴族層に取り入って要職につく機会あった。古代天皇制下では階層間移動も階層間の上下関係も、後世に比べるとルーズだったとされる（喜田貞吉『特殊部落研究』）。上下関係――いわば現世的な職能の上下を古代の神道的概念で秩序づけた位階――に、仏教（真言・天台）的な浄穢観念と、それに重なり合う罪障観念が付加されると、差別感は深まった（横井清『中世民衆の生活と文化』）。とりわけ、殺生に関連することを生業とする者たち――屠殺・死体処理・皮革加工、産婆、墓守など――の被差別性（罪業の深さゆえの穢れの、来世にわたる逃れ難さ）の観念は、絶対的なものとなった。良民と賤民の往還は稀になる（同前）。

中世に浄土宗・浄土真宗などの新仏教が大衆に広まると、一方で、それは被差別層の苦渋を救済する重要な役割を果たしたが、同時に、信仰をわがものとすることによって、それまでは外から強いられるものであった差別の苦痛を、自らの信仰で主体的に前世の罪業として受容することとなった（つまり、自分は卑しめられるに値する無残な存在であるという自己認識に到達してしまった）ため、かえって、苦しみが深まったという一面もあったことは否定できない（河田光夫『親鸞と被差別民衆』）。

差別されるのは、農民（良民）以外の生業の者と障害者、不治の病者、化外の民（異族）やそのように見なされがちな接触機会のない場所に生きる人々である。生業を持てない賤民の生活は、凄惨を極めた。また、聖と賤、良と賤の境界（標識）が画然と定められた（横井前掲書。黒田日出男『境界の中世・象徴の中世』）。被差別者でありながら、天皇の神話化と屈折した形で差別の正当化に「貢献」したのは、芸能賤民だった。説経節は説経節語りによって伝承されたが、「さんせう太夫」などに典型的に示されるように、多くは貴種の流離と、聖なるものによる罪の浄化と救済の物語である（岩崎武夫『さんせう太夫考』）。

しかし、中世にはまだ、賤民に下克上のエネルギーが充満していた。その最も異様な姿が、網野善彦によって活写された後醍醐をとりまく異形の者たちである（網野善彦『異形の王権』、佐藤進一『日本の中世国家』）。網野はまた、後醍醐をとりまく統治権力の外部に立った「婆沙羅」たちの異形・異装が、この例外的天皇を支えた者たちだけに特有だったのではなく、遍在していたこと、黒田、横井らが指摘する、蓑笠と柿帷という「賤」と差別の刻印が、一転して一揆の標識に転化するものだったことに言及している（網野前掲書。勝俣鎮夫『一揆』）。

賤民の実体的エネルギーは、後醍醐の権力の崩壊とともに衰弱に向かう。しかし、琵琶法師——彼らも芸能賤民である——は『太平記』を語り継いだ。楠正成が率いる軍の奮闘の物語は、後醍醐とそれを支えた「忠臣」を伝説化し、人々の間に権力を失った天皇への憧憬や崇敬を浸透させた。ちなみに正成は、散所——河原と並んで、中世賤民のトポスとして象徴的な意味（実利的な意味も）をもった空間である——の長でもあったとの説がある。〈みかど〉は、武家政権の苛斂誅求の暗雲の重圧を癒やす〈もう一つの空〉、逆説的希望の象徴として、民衆意識の片隅に継続的に刻印されてきたといえよう。それを芸能賤民が伝承したことにも着目する必要がある。また、職人層が営業許可証に当たる由緒書の正当化のために、天皇・皇族とその係累の押印を活用したことに関しては、網野善彦の研究（『中世の非農民と天皇』）に詳しい。実利的にも、みかどの権威は、人々に無縁ではなかった。

江戸時代の被差別身分

中世の脆弱な武家の権力秩序は、戦国時代の一〇〇年にもわたる動乱を経て、徳川幕藩体制が形成され、賤民身分が劇的に再編される（松浦玲『日本人にとって天皇制とは何であったか』参照。本書では第I部第3章「集合的幻想の起源と占領統治七十余年の欺瞞」で言及している）。この過程で士農工商・賤民という基本的な身分のピラミッドが改めて強固にうち固められ、権力は武家の棟梁である将軍に集中され、戦争に敗北した武家の家臣の多くは賤民身分に落とされて、瘦せこけた土地で農業を生業とするようになる場合が多く、職業と身分の関係は、中世よりも錯綜するようになる。いわば、差別が、あるいは身分制が、極めて政治的な性格を帯びるようになったといえる。

殺生とその関連の仕事に従事するとか葬祭の末端を担うとかいうものが賤民で、農民ならば良民という区分は、実態とは整合しない要素が数多く出来したのである。また、藩ごとに細かい身分の区分と呼称はまちまちだった。ただ全国に共通するのは、身分制として末端まで確固たる骨格を備えるようになり、幕藩体制の「化外」に、得体の知れない賤民が存在しにくくなったことだろう。また、穢多は固定的な身分、非人は、刑罰として「良民」から落とされる賤民階層の受け皿という性格が強くなった。雑賤民は、読んで字の如く雑多であるが、芸能民はおよそここに編入された。

江戸幕藩体制下でも、被差別民の技術は伝承された。また、各地で（また、流浪芸として）賤民芸は伝承され続け、その中にみかど信仰は生き残った。近代になっても多くの被差別部落――被差別部落に限らないが――に、貴種流離譚が無数に生き延びてきたことの意味は考えるに値する。また、近松門左衛門の一連の天皇劇は、観客のそういう意識を当て込んで書かれたものと推測される（森山重雄『近松の天皇劇』）。みかどへの尊崇や憧憬の幻想は、論理的には架空であるその存在の現実における対応物である天皇への尊崇と無縁ではありえない。その天皇が神の神たるゆえんを担保している伊勢神宮が、倒幕派の煽動によって幕末動乱期に、熱烈な参拝の対象としておかげ参りの受け皿になったとしても、またそれが、維新期の廃仏毀釈のフィーバーに繋がったとしても格別理解不可能なことではなかった。一方で、江戸時代の天皇家は、泉湧寺を菩提寺とする「仏教徒」でもあったのだが、「神」と「仏」の習合は、鎮護国家の始まりとともに古い。それを矛盾と考えない馴致（規律訓練）が社会の各層に蔓延していたのであろう。

Ⅳ　戦後（象徴）天皇制の延命と変質

延命した天皇制（国家神道の影）との闘い

話を戦後に戻そう。一九六四年、日本遺族会の発議で靖国国家護持運動が起き、自民党が立法に向けて動き出した時、精力的に反対したのはプロテスタント、浄土真宗などの宗教者だった。これがまぎれもなく一種の宗教問題であったからだ。だが、左翼も、民主主義的世論も動かなかった。アメリカの逆鱗に触れる靖国国家護持法案は廃案となったが、神武建国を祝う神権天皇制下の紀元節を引き継いだ建国記念日はやすやすと制定を許した。

七〇年代に入ると、天皇とその周辺の動きは次第に活発化し始める。その軌跡を追うと、

- 七一年　裕仁、訪欧諸国を訪問し、天皇外交の端緒を開く（各地で猛反発が起きた）。中央教育審議会（中教審）七一年答申が出され、教員の処遇改善と権力による管理統制への道が開かれ始める。
- 七三年　裕仁、訪米し、天皇外交第二弾に着手する。
- 七四年　答礼の形で、フォード大統領が来日し、天皇と会見した。
- 七〇年代中葉　文部省指導要領が改定され、君が代・日の丸の卒業式、入学式での斉唱・掲揚の指導が開始される。
- 七六年　裕仁の在位五〇周年記念式典開催、四〇年式典も三〇年式典も行われていなかった。
- 七九年　元号法を制定し、元号に法的根拠を付与した。

この時期まで、延命した国家神道との闘いを主導したのは、キリスト教、仏教などの一部の宗教者たちだった。

世俗の反象徴天皇制運動

天皇と、別働隊による天皇制イデオロギーの浮上が本格化するのは八〇年代、中曾根康弘が「戦後政治の総決算」を掲げて首相の座に就いて以後である。ちょうど、裕仁在位の最晩年に当たる。列挙すると、

- 八三年一一月　立川の米軍基地跡地に立地した昭和記念公園が開園し、祝賀の式典が行われる。山谷での日雇い労働者の運動に対する天皇主義右翼（金町一家西戸組など）の暴力的介入が続く。
- 八四年　天皇裕仁・全斗煥会談。山谷でドキュメンタリー映画を撮影中の映画監督佐藤満夫が金町一家西戸組組員によって殺害される。
- 八五年　中曾根首相の靖国公式参拝。
- 八六年四月　天皇在位六〇周年記念式典が挙行される。
- 八七年一月　佐藤満夫から映画『山谷　やられたらやりかえせ』製作を引き継いだ山谷争議団のリーダー山岡強一が、右翼テロリストによって射殺される。
- 八八年　裕仁の癌発症に伴う「自粛」強制が続く。本島等長崎市長が、天皇裕仁には戦争責任があるとの発言を行い、後日、右翼のテロに遭う。
- 八九年一月　裕仁死去。国葬、即位式、大嘗祭の戒厳令的様相が継続。

われわれは一見、有名無実で無害の、戦後永らく、大衆の〈集合的無意識〉の中にのみ生きていると見えた天皇制（「国体」）が、実はしたたかに延命していたこと、「国家神道」がその生命力の枢要をなしていたことをまざまざと思い知らされた（私事に触れておけば、筆者は『天皇論ノート』から、『天皇制解体の論理』へ、戦後天皇制認識を一部変更せざるを得なかった）。

この時期、日本資本制は、後のバブル崩壊やリーマン・ショックなどのような大規模な危機に瀕してはいなかったし統治の危機も存在しなかった。しかし、中曾根は、彼の政策（レーガノミクスおよびサッチャリズムと呼応した新自由主義＝民活路線、国鉄分割民営化を基軸とした労働戦線解体、臨教審による教育の「民営化」）が、企業による統合と福祉によって支えられてきた日本社会の秩序を崩壊の危機に追いやることを予測していたのではないか。中曾根の天皇主義、靖国公式参拝、戦後政治総決算路線のイデオロギーは、それを見越した国家の宗教性の新たな呼びこみのイデオロギー戦略だったのではないかと推測される。二五年後、紆余曲折を経て、この路線の亜流は第二次安倍内閣に継承された。

天皇再浮上への「世俗」における抵抗運動（八〇年代反天皇制闘争）の性格は、日本国家の統治の宗教性を周知するプロパガンダ、戦後天皇制の「生政治」に対する暴露闘争であった。もちろん、シングル・イシューの反天皇制闘争で天皇制は倒れない。天皇に国政に関与する権能はなく、天皇制は権力崇高化・国家秩序・民族固有の価値の内面化の装置である。トータルな階級闘争、反権力闘争の中に組み込まれてこそ打倒は可能となる。しかし、天皇制は権力の不可欠の構成要件であり、天皇制をなくすことは権力との闘争の不可欠の構成要素である。

天皇制は問題ではないという人々へ

国家神道が、敗戦をすり抜けて生きつづけ、「神の末」（J・ダワー『敗北を抱きしめて』）への尊崇が、儀式の反復を通じて国民に刷り込まれてきたことは明らかだ。敗戦後七十余年、われわれ日本人は「国家神道」（天皇教）に横串を通された儀式・行事の反復によって馴致され、規律訓練を施され続けてきた。この反復的馴致（要人の皇室祭祀への招請、祝日儀式、叙勲、園遊会、政治家・外交官の任命儀式、国民的行事の開会式への天皇とその名代の出席、天皇・皇族による各種の督励・顕彰・慰問・鎮魂）が存在し続けてきたという事実に直面することが重要だ。

また、なぜ、反原発闘争が全原発の即時廃止に至るほどには激化し大衆化しないか。なぜ、雇用液状化に起因する貧困と格差に対して、強靱な階級闘争も、百万人規模の暴動も起きないのか。なぜ、アメリカ軍の傍若無人な基地使用や米兵の犯罪や日本政府の唯々諾々たるアメリカへの対応に、沖縄住民以外の日本人がこれほどまでに鈍感であるのか。この国の人々の、権力や資本に対する従順さ、寛容さ、鈍感さの原因の少なくとも重要な一部が、この半ば隠蔽された国家神道の馴致の中に隠されていると疑ってみる必要はないか。領土問題ではヒステリックに排外主義に走る一方、自国の歴史的責任に関しては限りなく鈍感で、靖国を参拝する政治家を賛美し、外国人による批判に対していきり立つのか。その限りなく内向きで閉鎖的な態度の奥底にも、国家神道による馴致の刻印があることを疑ってみる必要はないのか。

ある集会で国家の宗教性などという問題意識はアナクロだという指摘があった。どうやら含意は、観念体系を問題にするのは唯物論的でないということだったらしい。時間がなくて反論できなかったが、唯物論とは認識対象がブツであることを意味しない。むしろ宗教性を含む非物質過程の事象を取り扱えない唯物論はその名に値しない。天皇制など日本国家権力の統治に関係がないと認識する人々は、日本社会の政治的社会的鈍感と権力への慎み深さと、ヘイト・スピーチに象徴される国家の外部への幼稚な排外主義、弱者へのマニアックな差別の作風の蔓延は何に由来するのかを解明する責任があるのではあるまいか。

買弁天皇制に対する闘争

今日、日本社会で起きていることは、まさしくアメリカが裕仁との合作で作り上げた戦後体制の、七十余年後の破綻の露顕というべき性格を帯びている。安倍内閣は、アメリカとの軍事的一体化を進めることに全力を傾注し、特定秘密保護法・戦争法制（集団的自衛権合憲化）・共謀罪制定を通じて、アメリカの力で中国・韓国・朝鮮と軍事的に事を構えられる国家たらしめようとしている。だが、衰弱の道を辿りつつある「帝国」アメリカは、国内に致命的な矛盾を孕みつつも台頭する中国のプレゼンスへの対抗に全精力を注がねばならない。安倍がすり寄っても、日本案件は二の次三の次である。

加えて安倍は戦後体制がマッカーサーと裕仁の密約であることを自覚していない。だから、日本の戦争を免罪し、東条を祀る靖国に参拝したり供物奉呈したりして「大東亜戦争」の首謀者たちを英霊として顕彰したがる。アメリカにしてみれば、民主化の旗印の下、神道指令で廃絶したように装いながら国家神道を隠密に延命させた、占領政策の恥部を白日の下に晒す安倍が心地よいわけがない。これは極東軍事裁判史観への挑戦だと先方が受け取っていることを安倍は気づいていないのである。

「国体」を守ってもらった裕仁は東条合祀後の靖国には参拝しなかった。明仁もそれを踏襲し、戦後民主主義と「国体」を折り合わせ、父の密約を延命させようとしているように見える。安倍の祖父である戦犯岸信介は、戦後処理過程の裏面を知っているから、アメリカの視線を顧慮して核武装を急がずに、原発導入で将来の核武装に備えたといえる。何にも知らない安倍晋三は、米・中・韓・朝、さらには天皇処刑を主張した旧連合国多数派、大東亜共栄圏で辛酸をなめたアジア諸国民が一気に牙をむく途を、その自覚なしにひた走ろうとしている。アメリカに守られ、政権のロボットとしての天皇を元首にいただいて、中国というリヴァイアサンと闘うというのは、妄想の極致であることを知らねばならない。

天皇裕仁は、徹底的な対米従属と引き換えに、鬼畜米英イデオロギーを放棄し、民主主義の顔を装った象徴天皇制の護持を手に入れ、東条以下を身代わりに差し出した極東軍事裁判に深々と感謝の意を表した。このとき、神道の信教の自由と引き換えに、権力による靖国的鎮魂の論理の放棄がなされたはずなのである。だから、アメリカは復興に手を貸した。円払いの賠償というからくりで、アメリカの手でアジア再進出の道も開いてもらった。引き換えに、靖国国家護持法は廃案にした。そのかわり、建国記念日は決めさせてもらった。同じ天皇教（国家神道）の儀式でも、神武建国は占領政策と関係ないが、靖国の鎮魂は戦勝国アメリカへのイデオロギー的反抗なのだ。

そういうことがすべて忘れられてしまった「保守」政治とは、そもそも何であろうか。無知が栄えたためしはない。私とは思想信条が全く相容れないが、天皇主義者の中に「保守」として慧眼の人が二人いたと私は考えている。一人は、葦津珍彦《うずひこ》、彼は、GHQの神道指令（正直言って靖国の失権はネックだろうが）こそ、神道の生き残る道だと喝破した。国策と一体化した明治憲法体制下の制約から自由になることによって、神道は自由を獲得できると主張した。そしてほぼその構想のもとに戦後神社神道を思想的に導いた。もう一人は正反対の位置（反「戦後国体」）に立つ、三島由紀夫である。『英霊の声』にその視点は集約されている。裕仁が「人」となったのは、二二六決起将校と特攻隊将兵への裏切りだという。三島は、天皇教の最悪の裏切り者、売国者が裕仁その人だったというイロニーを直観していた。一九七〇年一一・二五の三島の切腹は、自衛隊員への決起の煽動のためというよりも天皇裕仁への諫死にほかならないと私は考えている。安倍には、二人の爪の垢でも煎じて飲め、というしかない。

長いスパンで見れば、神道の命数は世界金融恐慌・国内統治の危機（自民が多数だなどというのは本質的には物の数ではないのだ。近代国民国家の前提が揺らいでいるのだから）とともに、尽きようとしている。近代国民国家とはのっけから虚構であり、嘘への信仰の集合が幻想の共同性となってそれを支えているのである。それを解体できるか否かは、幻想の内部にある人々（つまりわれわれ）が外部の視線で自己対象化できるかどうかにかかっている。藤田省三の言った「買弁天皇制」を解体する闘いとは、国家宗教の幻想の共同性に対する唯物論の確立であり、それは認識の問題であるけれども、安保と闘ったり、特定秘密保護法と闘ったり、原発と闘ったり、差別と闘ったりする実践と呼応しなければ成し遂げられるものではない。シングル・イシューの反天皇制闘争で天皇制は打倒できないと書いたのはそういう意味である。

第2章

賤民文化の精神世界

I　日本文化と天皇

天皇を「日本文化」の中心とする考え方は、今日でもなお少なくない。最も積極的に、こういうイデオロギーをかかげたのは三島由紀夫だった。三島の天皇主義は、「日本文化」の中心に神としての天皇を据えたことに特色がある。それは、戦後の象徴天皇制が、一応、政治的権威の座から天皇が身を引く形をとることによって成立する天皇制であったため、その事実を逆手にとって、天皇の権威の本質は政治ではなく文化にあると強弁するためにつくられた論理でもあった。つまり、三島は政治的に頽落しても、文化的には天皇が不死身であると強調したのだといえよう。三島の『文化防衛論』は、このような論理で一貫している。三島は次のように書き、そこに天皇による文化統合の幻をみた。

文化の現存在と源泉、創造と伝承とが、このような形で関わり合っている文化共同体としての天皇制は、近代文化の担い手の意識からは一切払拭されているように見えるけれど、われわれは宮廷風の優雅のほかには、真に典例的な優雅の規範を持たず、文化の全体性は、自由と責任という平面的な対立概念の裡にではなく、自由と優雅という立体的構造の裡にしかないのである。

（同前）

三島の論理を正当化するには、幾つかの前提が必要だ。ひとつは、「日本人」が単一民族から成り、その、一色の日本人を天皇が代表し統合しているという関係、第二に、どの時代の、どの社会階級・社会階層に担われた文化も同質であり、いずれも天皇の存在と直接のつながりをもっていること、第三に、天皇と「日本人」との文化的つながりは、歴史のなかの人為・作為（政治的強制）ではなく「自然」的・超歴史的なものであること、である。

だが、「日本人」は単一民族ではない。また、「日本人」の文化は、天皇を原点に単一の起源から生み出されたものではない。天皇と「日本人」との結合関係は、決して自然的なものではなく、作為的につくり出されたものである。

三島は、貴族のみやびと武士道と天皇とがあたかも三位一体の伝統文化のきずなに結ばれているといっているが、天皇中心の古代政治権力の成立と、平安時代の貴族文化と、武家社会の生活倫理や精神世界は、それぞれ異なる経緯で生み出された歴史的存在である。しかも、それらとはさらに別の圏域に、農民の文化体系・生活体系は存在し、さらに非農耕、非定住の民が生み出した別個の精神世界が存在した。これらの異質な文化は、たがいに、歴史の中で交わりを結んでいて、天皇の影があちこちにみられることは事実であるが、すべてが天皇と自然的に結びついていたなどということはありえない。

　三島は宮廷文化のみやびと、武士の文化との一致に、伝統的日本文化の最高度の合一を見ようとしている。古代天皇制の宮中儀式に根をもつ雅楽と、中古のみやびと中世の武家文化を画然と区分する契機には全く頓着しない。それ以上に、民衆の文化がそれとは別の地平に成立していたこと、古代宮中芸能が、その時代の芸能賤民によって担われていたこと、中世文化の粋とされる芸能や作庭もまた、現実の創造者は中世賤民だったことなどは顧慮されていない。彼は、文化の特権的享受主体が文化主体であると信じて疑わない。

　このような天皇が日本文化の中心であるという通念が、なぜ形成されてきたのか、その理由が解き明かされなければならない。それには歴史的必然性が存在したのであり、それを解き明かすことぬきには天皇制文化のイデオロギー的枠組みからわれわれが自由になることはできないからだ。

Ⅱ　柳田國男と民衆文化

柳田國男は、文化を民衆自身が創り担うものとしてとらえ、その掘り起こしに力を注いだといわれる。「郷土生活の研究法」（全集八巻）のなかで、「ごく普通の百姓」の日常生活を研究するのが民俗学であるといい、おおむね彼は、その枠組みのなかで研究を進めた。この「ごく普通の百姓」こそ、柳田のいう「常民」であった。これは、支配階級に文化の中心をみる立場とは、一見きわめて異質である。少なくとも柳田には、正史の舞台に登場しない圧倒的多数の人間の生活体系に根づいた世界の解明なしに、人間の精神世界をとらえられない、ということはよく分かっていた。

だが、柳田の民俗学の特色は研究対象を「ごく普通の農民」に限定したところにあった。「ごく普通の農民」の生活の中心軸は農耕である。したがって、家を単位にした農耕生活を律する観念が、その精神世界の中心になる。そうすると、ここでは、おもに祖霊信仰を軸とした様々の生活習慣が掘り起こされてくる。豊作を祈るのは祖霊神に対してであり、豊作を感謝するのも祖霊に対してである。祖霊はたいてい田の神である。田の神だけでなく山の神が含まれることも少なくないが、中心はあくまでも田の神であった。「常民」の視野からは、祖霊神＝農耕神＝田の神という軸でしか、信仰体系はみえてこない。山の神は、いわば田の神と偶然同一視されたとき視野に入ってくる、信仰対象の辺境である。

民衆の全体像は、柳田が研究対象にえらんだ「常民」の実体よりもひろかった。「普通の百姓」ではない、常民の共同体の外におかれた多様な存在もまた、民衆にほかならなかった。宮田登は、「非・常民の信仰」(『民俗宗教論の課題』所収)のなかで、柳田民俗学が埒外においた存在の側から民衆文化をとらえることの必要性を鋭くついている。

宮田は、千葉徳爾の「女房と山の神――わが妻を山の神と崇める由来」(『女房と山の神』所収)を引き、山民の側からみた場合には、山の神は田の神の付随物ではなく、山の神を中心に生活の中の精神世界が組み立てられていることに注意を喚起した。また漁民の場合は、漁の神が中心となっていて、神に対する豊漁祈願の儀礼があるという。山民も漁民も、いずれも、「常民」ではなく、近世に宗門人別改帳がつくられたあとの段階でいえば、みな宗門人別改帳に載らない階層に属している。このような非・常民は、山民や漁民だけではない。江戸時代に穢多・非人・雑賤民身分に編入された階層はすべて非・常民である。民衆文化の考察には、これら全体を視野におさめなくてはならない。

柳田國男も、非・常民に対して、はじめから全く関心を払っていなかったわけではない。柳田には比較的初期に「所謂特殊部落の種類」という論文があり、非・常民の世界を柳田なりの方法で研究しようとしていた。なぜか、ある時期から非・常民についての視野を柳田はとざしてしまう。そこに私は、柳田の、きわめて作為的な態度をみないわけにはいかない。柳田は、何らかの決断によって、賤民と、自分の研究との接点を断ち切ったのにちがいないのである。柳田の「所謂特殊部落ノ種類」のなかには次のような一節がある。

関東地方ハ穢多部落ノ氏神ハ例ノ浅草新谷町ヲ始メトシテ多クハ白山神社ヲ祀レリ。此ノ点ハ頗ル興味アル事実ニシテ他ノ特殊部落ニモ此ノ神ヲ崇祀スル例少ナカラズ。

宮田登によれば被差別部落には白山神社信仰のもとにある、白にまつわる多様な信仰がひろく存在しているという。白には、

（…）人の出産という意味、稲の生育という意味が含まれていて、そのことは生命があらたまって生まれかわるということとかかわりがあると考えられる。（宮田前掲書）

宮田によれば、賤民が「白」と深いかかわりをもつということは、生命をあらため、再生することに深くかかわるものであるということを示しており、それは「常民」にはない力である。賤民は、そのような「常民」にない力をもち、「常民」とちがった生活様式をもっていたがゆえに、一面では賤視され、差別されたのであった。死の儀礼もまた、単に死の穢れに触れる忌むべきことであるだけでなく、穢れを祓う聖なる儀式という半面をもっていた。このような儀式によって人間は穢れを祓いきよめることができると信じられた。

その意味では、賤民は、まさに常ならぬ力をもつ光輝ある存在だったのである。柴田道子、菊池山哉などが被差別部落伝来の書として引いている「長吏由来記」には、「長吏」は死者を蘇らせる、常民にはない能力をもつものとして自己規定されているという。

死の儀礼にたずさわるということは神事にたずさわるということである。それが、被差別賤民の仕

事なのである。しかも、白山信仰は、折口信夫によれば、単に被差別部落にのみ固有のものではなく、その対極にある、天皇家の最高の儀礼である大嘗祭とも結びついている。賤民と天皇の、この逆説的なちかしさについて、宮田は次のように述べている(柳田は、一面で天皇を「常民」の範疇に加えるというようなことも試みているのであるが、その問題はここではとりあえず措く)。

(…) 被差別部落にこれがあったということと、天皇家にあるということは、奇しくも常民というものをはずしたところに成り立っている信仰形態としての意味づけを可能にしてくるのである。(同前)

しかも先に引いた「長吏由来記」によれば、長吏の祖先は、衆生を救うために漆を体にぬったところ、悪い病気になって内裏を下った、天皇の子であるということになっており、ここにも賤民と天皇の結びつきが示唆されている。このほか、被差別部落を貴種と血縁づけるいわゆる貴種流離譚が数多く知られている。これは、必ずしも、天皇と賤民が実態的に同じ祖先をもつということを意味するわけではない。しかし、それは両者の間に深いつながりがみられること(そのつながりは、生命の再生や、穢れを祓う神事とのかかわりをもっているという共通性による)を示唆している。このように、非・常民の担ってきた機能は——常民の視野からでははかり知ることのできぬ側面をもっていて民衆文化の全体像をとらえようとする際に、決して柳田國男のように切りすてるわけにはいかないものであるというだけでなく——支配層の頂点とも屈折したつながりをもっていることがわかる。

それゆえわれわれは、第一に、民衆文化の全体像をとらえるため、第二は、民衆文化と支配階級の精神世界との関連をとらえるため、賤民、非・常民がどのような生活体系をもち、どのような精神世界を築いてきたかということから、決して目をそらすことはできないのである。柳田はそこから意図的に目をそらしたことによって、彼の学問の幅を著しくせばめたといわなければならない。

Ⅲ　野垂れ死にと隣り合わせの〈幻想の解放区〉

常民と非・常民の区分を、宗門人別改帳に記載されていたかいないかで識別できるのは江戸時代に入って、幕藩体制の制度化が進んでからのことである。だが「賤民」という存在が民衆文化の底辺にあって、「常民」の世界と緊張した関係をもち、また、支配階級の世界の中にも吸収され編み込まれて存在するようになったのは、はるかそれ以前からである。それゆえ、今日の「賤民問題」（おおむね被差別部落問題）の起源となる身分制度が政治的に確立されたのが江戸時代であっても、文化史的にこの問題をとらえる場合には、それに先立つ長い賤民史を視野におさめなくてはならない。

賤民の原形が作られるのは古代であるが、古代から中世に移行するなかで、賤民身分の内実は、社会の変容や仏教の浸透によって大きく変化した。古代の浄穢観の構造については後に触れることにして、まず中世賤民の存在形態から検討を加えたい。

中世において最も賤視されるようになったのは、殺生を生業とする人々であった。何が殺生をもっとも穢れ多き、賤しいものとする考えの深化を動機づけたかといえば、仏教の浸透以外には考えられない。日本に伝来した仏教思想は、①平等主義的なブッダ直伝の教えから遠く隔たっており、ヒンドゥー教の影響をつよく受けていたこと、②「鎮護国家」のイデオロギーとしてはじめて布教を許されたものであること、③貴族（支配階級）のなかに広まった一種の階級的なイデオロギーとしての性格をもっていたこと、などの理由によって、とりわけ差別的であった。関係意識が社会意識に与えた影響は極めて大きく、賤民制度の実態的な変容に対応して、仏教イデオロギーによる様々の意味付与が行われた。その中心軸となったのが、殺生を不可触の賤とする思想であった。

三好伊平次（『同和問題の歴史的研究』）や喜田貞吉（『特殊部落研究』）が早くから指摘していたように、中国の職業的貴賤観は相対的なものであって、そこには、貴・賤の一応の別はあっても、浄・穢の絶対的区分は存在しなかった。したがって唐の律令を模倣した古代律令制下の賤民制においては、絶対的賤視の風は比較的稀薄であった。現に、律令制の下での社会変動によって、公民の逃散→流民化がおき、その中から賤民に流れた部分が少なくない。他方、多くの職能が脱賤化された。概して、生活が経済的に安定していて仏教イデオロギーにおけるタブーに抵触しなかった階層は脱賤化し、没落階層と仏教タブーに抵触した階層の「賤化」が著しく進んだ。

弘安年間（鎌倉時代中期）に成立したとされる「塵袋」に初めて「穢多」の定義がなされ、鎌倉時代末の作とされる「天狗草紙」にはこと細かく四条河原における穢多童の生活状況が活写されており、おおむねこの時期には、「穢多」を賤の極限とする認識が定着したと考えられる。ちなみに「穢多」が住みつく場所は、多くの場合、河原であった。横井清は次のように書いている。

散所人（者）・河原者・非人・唱聞師等々、数多くの賤業者たちのうち、とくに穢多と河原者と非人については慎重にみてゆく必要があると思う。なぜなら、こうした用語が、実は近世身分制度において、たんに賤業者を表わす語としてだけでなく、まさしく特定身分を明示するための用語として承け伝えられ、差別を明確にし、賤視を固定化するために活用されてゆくからなのである。（…）いわゆる穢多と河原の地との密接なつながりは覆うべくもない。元来河原者という語は穢多について、その居住環境の側面からこれを規定したものかとさえ思える。尤もその居住地は河原の地とは限らない。これも著名な例だが、永禄十年（一五六七）八月半ば、奈良（北山）十八間戸の「癩人ノ宅」と共々軍勢のために焼却された「穢多ヵ所」は「坂」であった。ただ大略のこととして、非課税地という好条件によって穢多の住処が多く河原に求められたのであろう。そして、多く河原に居住する穢多‐河原者にほぼ一貫して窺える特質は、何といっても屠にたずさわり、皮剝を行うことにあった。（横井清『中世民衆の生活文化』、傍点原文）

だが、河原者すなわち「穢多」という対応関係は必ずしも成り立たない。河原居住の細民と、「穢多」の呼称の関係は、時代とともに移り変わっている。この点について横井は、

河原者というのは古代末〜中世初期においては河原の地へ流入し定着しはじめたような社会的没落者‐都市細民の総称として極めて広範囲な意味で使われており、室町期ごろからは、主として穢多と同義の語として意識して使用されるにいたると考えた方がいっそう明快と思う。（…）穢多

はもともと中世社会にあっては「賤民」的階層のうちの一存在形態に対する蔑称にすぎなかったのであり、かかるものの総体的表現としては「河原者」の語が一般に行われたというように理解できる。（同前）

と述べている。これらの河原者は、「多くの雑多な没落者たち」であり、「特定の『主』に隷従する性質をもたない（…）ヴァガボンドであった」（同前、傍点原文）。中世賤民は、彼らのほかに「社寺や荘園領主の配下に流入して新しい方途を得た」人々があった。これらの特定の保護者に隷属することとなったかつての「浮浪人」たちは「散所」（の民）とか「寺奴」とか「犬神人」と呼ばれた。ヴァガボンドたちも新しい隷属民も、ともに必ずしも古代律令制下の賤民の系譜であるとは限らない。もちろん、古代賤民の系譜に連なる人々もあったが多くの没落班田農民も混じっていた。

中世賤民に共通する特色は「農耕生活からの離脱」であった。河原者たちは屠殺を生業とする「穢多」にせよ「乞食非人」にせよ――非人の呼称は、中世においては身分をあらわすものでなく、極貧者や、隠棲者、癩者などの遺棄された病人、等々一般をさすことばであったとされるが、いずれにせよ、その中の多くは河原へ流入した――諸国を放浪する雑芸人にせよ、また、寺社の庇護のない遊行僧にせよ、両者の中間に位置するような宗教的芸能者や、芸能者的な「法師」たちにせよ、農耕とは縁が薄かった。散所民や犬神人の場合は、多少、農耕に従事することはあっても、寺社や荘園からの庇護の代償として課せられるのは非農耕的雑役が主であった。横井清は、上田正昭の業績（『日本古代国家成立史の研究』）をふまえて、「（…）古代～中世の卑賤観の基底には、最も大きい要素として、この農業以外の生産部門に対する軽視が相当根強く存在していたのではないか」（横井前掲書）と述べている。そもそも律令制は、農を軸とし、他を従とすることを基本とする社会制度であったが、律令制が解体した後にも、農業を軸とする社会は形をかえて維持された。そのため農以外の生業に対する賤視観はひきつがれ、「賤民的身分のものや下層民たちによって」（同）担われた商工業もまた、相対的には賤視の対象とされたのである。

このような賤視の思想は農以外の生業の創造性を卑しめ、また、人間の精神世界にかかわる様々の営みの担い手たちを正当に評価する社会的な基準をつくることを妨げた。近代社会においてもこの卑賤観がもたらしたひずみは必ずしも正されていない。それは、今なお被差別部落が存在しているという事実だけをさすのではない。賤民が、農耕という営みの外にきずきあげた精神史的蓄積が、歴史の中で果たした役割を軽視する偏見が正されていないのである。

賤民は、単に苦渋にまみれ一切の創造的営みから除外されていたのではない。後に述べるように芸能の担い手の中軸を担ったのは、ほかならぬ芸能賤民たちであった。だが、それと同様、あるいはそれ以上に注目されなければならないのは、賤民もその一翼となって権力の支配に抗して生み出そうとした大衆の自治、自立、自救の陣形であった。

網野善彦は『無縁・公界・楽』において、勝俣鎮夫や笠松宏至の所論を手がかりとしながら、幕府、封建領主、寺社などの諸権力から独立した広範囲の非農業民がつくり出した（あるいはつくり出そうとした）自治の諸形態をきわめて魅力的に描き出している。「無縁」とは、「有縁」の反対を意味する。「有縁」とは、権力の支配のもとに身を置き、庇護を受けることであるから、「無縁」とは権力から自立した「無主」の状態のことになる。「公界」というのも、大名などの支配も庇護もなく権力の介入を許容せぬ自治空間をさす。「楽」もほぼ同様の意味だと網野はいう（『日本中世都市の世界』）。

網野は、大湊、山田、桑名、堺などいくつかの自治都市や、権門から自立した寺社（無縁所、公界寺）、市、宿、河原、墓地など、権力の介入を許容しなかった自治空間の事例をあげ、「有縁」へ「有主」の世界に対抗する独自の世界が築かれてきたことを説得的に描写している。網野はこれを、アジールの一形態とみなす。アジールとは避難所のことである。むろん、「避難」とは、権力からの避難であり、また、生命の危険からの避難でもある。

「無縁」「公界」「楽」の特色は、「俗権力も介入できず、諸役は免許、自由な通行が保証され、私的隷属や貸借関係から自由、世俗の争い、戦争に関わりなく平和で、相互に平等な場、あるいは集団」であると網野はいう。それは、もし、理想的な状態で実現されるならば、「非常民」の解放区にほかならない。だが、現実には、解放区・アジールとしての「無縁」「公界」「楽」に、権力はたえず圧力を加えていた。それゆえ、現実には餓死、野たれ死にと、自由な境涯とは、背中合わせの現実であった（『無縁・公界・楽』）。

それゆえ解放区としての中世自由都市や、自治空間を実体的なものと考えるのは、思い入れが過ぎるというものである。しかし、このような自治空間をつくりあげようとした多くの「非常民」たちが存在したこと、萌芽的にではあれ、そのような志向が実現されていたことの意義を過小に見積もってはならない。また、その志向のなかに、「非常民」の、広い意味での文化、すなわち、創造的な精神世界の結実を確認できるということだ。

ところで、散所の民や河原者の多くは、漂泊、流浪という属性をもっている。散所から散所へ、河原から河原へと、多くの賤民たちは放浪し、この放浪、漂泊それ自体が、定住民からの賤視の理由ともなっている。漂泊者は定住者に対して、「まれびと」であり、「まれびと」であることが賤視の理由となった。おそらくここにも、農耕文化を主軸とする社会観の力学が働いている。「まれびと」は農耕者にとって異貌の他者であった。

たとえば、芸能賤民、遊行僧、その中間というべき宗教的芸能者、唱聞師、非人乞食などは漂泊する賤民である。彼らと定住者との関係をみると、ちょうどそれは、無主・無縁と有主・有縁に対応した関係にあることが分かる。散所や河原が飢餓と自由のシンボルであるように、漂泊もまた飢餓と自由のシンボルであり、有主・有縁が、拘束と庇護のシンボルであるように、定住もまた拘束と庇護のシンボルである。漂泊とは、移動する散所・河原であり、散所・河原は、空間として固定された漂泊である。そこには、賤視とともに、定住民の自由への憧れの眼差しもまた注がれた。漂泊は、「無縁」が両義的であるように両義的なのである。

Ⅳ　賤民文化の歴史的原基

賤視の下で培われた想像力や「無縁」「無主」で世俗権力と対抗した集団的力量はどこから導き出されたのだろうか。賤視や差別・抑圧に抗して賤民が歴史の中で果たしてきた積極的、能動的役割を正当に評価するためには、賤とは何なのか、とらえ直してみることが必要だ。

賤視とは、賤民が、非賤民にはない独自な力をもっていることに対する、非賤民の側からのリアクションとしての眼差しなのではないか。事例の一端は――極めて差別的なアプローチであるにもかかわらず――柳田國男の「能と力者」（全集一五巻「物語と語り物」）などにもうかがえる。「力者」は差別される、という事実は、賤とは何かを考える上での有力な手がかりの所在をわれわれに教えてはいないだろうか。

古代の賤民制の原理は、賤民の力の根拠がどこから生まれてくるかを示唆している。古代賤民制は、古代天皇制の対極に、律令国家の支配体制を底辺で支える沈め石として成立した。もちろん、それに先立つ部族国家時代から奴隷制は存在し、律令国家成立の直前には部民制がとられていた。しかし、この時代には、身分と職能との対応関係は明確ではなく、大量の農耕民が豪族に私有されていた。

律令制度の形成過程において身分制度の機軸が大転換され、基本的に農耕民は口分田《くぶんでん》を与えられて公民化し、非農耕民は賤民とされた。半賤民とされた雑色人《ぞうしきにん》は、口分田を与えられた公民でありながら、社会的な処遇は賤に分類されるという中間的な扱いとなっているが、機軸は、農耕／非農耕で大別されたと考えることができる。雑色人には、品部《ともべ》と雑戸《ざっこ》が含まれるが、雑戸が武具の製造など特殊な技能をもつ各種の工人から成っていたことは示唆的である。彼らは口分田を与えられて農耕に従事してはいたものの、同時に、固有の工芸的技能の所有者としての役割を果たしていた。つまり彼らは「ごく普通の農民」（柳田）ではなかったのだ。農を「良」とし、非農を「賤」とする制度の中で、普通の農民でない者たちが、その中間におかれたのは、いわば必然であった。

非農民が賤とされたということは広義の「ハフリ」の民が賤とされたということを意味する。ハフリとは祝であり葬であり屠である。いずれも神事にかかわる。つまり、生と死、此岸と彼岸という、日常世界に生きる者にはアンタッチャブルなマージナルな領域のかけはしの営みにかかわる。それは、聖なるものとケガレとに触れる領域である。古代においては、工芸もまた呪術などとともに神秘なものとされていたから、これらもまたハフリの民の側に編成されたのであろう。もっぱら直接土に働きかけて収穫を得る労働に従事するもの以外は、古代世界においては一括して良民とは別個の存在として扱われたのである。

　農耕を中心とする社会においては、それらはすべて、農耕の豊凶を左右し、したがって人間の死活を左右する、不可知な、神秘な力にかかわるものと考えられたのであろう。古代人の精神世界においては、不可知なもの、神秘なもの、聖なるもの、それゆえアンタッチャブルなものに属する領域が今日と比べてきわめて大きくかつ境界が不分明だった。

　宗教的な儀式と、呪術と、芸能との間の区分が画然となされていないから、芸能者も文字通りハフリの民であり、芸能を演ずること自体が、神秘の世界とよしみを通じるわざにほかならなかった。しかも、そうした神事とのかかわりと現世の政治とが未分のまま一体化されていたから、宗教的行事と俗世の政治的儀式との区分もなされなかった。まつりごとということばが、なによりもよくこの時代の政宗未分の一体性をあらわしている。それゆえ、律令国家においては、天皇家の最高の神事である大嘗祭が、政治的にも、皇位継承の最大行事であった。大嘗祭は、まさにまつりごとの頂点に位置した。

この大嘗祭のなかで、宮廷芸能の果たしているきわめて積極的な役割は、注目に値する。村井康彦は、大嘗祭が「さながら芸能集中の場」であったと記している。

さて大嘗祭には、厳粛な神祭の他に宴と芸能とが不可欠であった。ここには貞観元年(八五九)十一月に行なわれた清和天皇の大嘗祭の場合をあげてみよう。

十六日(卯)天皇、朝堂院斎殿〔大嘗宮のこと〕に幸し、親しく大嘗祭を奉る。

十七日(辰)鶏鳴前に大嘗宮祭礼終る。天皇豊楽院に幸し、悠紀の帳《とばり》に御して宴を群臣に賜う。悠紀国物を献ず。主基の帳に移御、群臣主基座に移就す。悠紀国、風俗歌舞を奏す。日暮れ、悠紀国献れる所の衣被を以て、親王巳下、五位巳上に賜う。是の夜、天皇、豊楽院後方に留御し、文武百官侍宿す。親王巳下参議巳上、御在所に侍す。琴歌神宴、終夜歓楽、御衣を賜う。

十八日(巳)天皇悠紀の帳に御し、宴を群臣に賜う。主基国物を献ず。主基の帳に移御、群臣座を移す。乃ち主基国、風俗歌舞を奏し、主基国献ずる所の衣被を賜うこと、一に昨儀の如し。是夜天皇留御、親王巳下百官の侍宿、また昨の如し(琴歌神宴も同様か)。

十九日(午)悠紀、主基両帳を撤去、天皇豊楽院広廂に御し、百官に宴す。多治氏は田舞、伴・佐伯両氏は久米舞、安倍氏は吉志舞、内舎人は倭舞を奏す。夜に入り宮人の五節舞、並びに旧儀の如し。宴竟て絹綿を賜うこと、各々差有り。日暮れて宮に還る。(村井康彦「第一章 宮廷と寺院 二 遊宴の歌舞」、芸能史研究会編『日本芸能史2』。傍点原文、傍線引用者)

芸能ぬきに大嘗祭はあり得なかった。大嘗祭は天皇が「天皇霊」を注ぎ込まれ、いわば、天皇としてのアイデンティティを手に入れる儀式であるとともに、各国の国司らが天皇の政治権力への恭順の意を表し、現世の権力の頂点へと押しあげることに加担する政治のセレモニーでもある。それは聖俗二重の権威を天皇が身につけるハフリの場にほかならない。

バランディエが『舞台の上の権力』で述べているように、政治権力は、みずからを権力として、舞台の上で演じてみせ変身する儀式を経てはじめて権力の名に値するものとなる。大嘗祭は、まさにそのような、権力のアイデンティティ獲得の場であり、大嘗祭の全体が、まさしくそういう政治的性格をもった芸能表現にほかならなかった。次々に奉納されるあれこれの芸能だけでなく、神を呼び出し、神と同衾する大嘗祭の中心的儀式それ自体が、まさしくひとつの演芸であり、「演芸」ぬきに政治権力は政治権力たりえなかったのである。

芸能が、律令国家の成立期の歴史的文脈のなかで、皇位継承の最高儀礼と不可分一体の役割を果たしたという事実は否定すべくもない。そして、長い中断があったにせよ、天皇睦仁の死以降、現代の大嘗祭儀礼は、古代・中古と相似形の位置を与えられた。また、形骸化しているとはいえ、儀式の担い手たちもまた、相似の役割を担い続けているのである。

古代天皇制の祭祀とは、神聖で神秘な、この世のものならぬ力をこの世に呼びだし、これと交通を図る儀式である。ハフリの民は、この世のものならぬ力と交通を結ぶ役割を担う。そのかぎりで最高祭司である天皇の役割と、ハフリの民の役割とはきわめて親しい。両者はともに、日常世界を離れた触れることにオソレを伴う世界に踏み込む存在である。

このような役割を担うもののうち、なぜ、天皇一族だけが聖の極限に押しあげられ、他は賤とされるのであろうか。聖と賤、浄と不浄は、ともにアンタッチャブルなものであるという属性において共通しているといっても、それはアンタッチャブルとしての聖と賤のちかしさ、浄と不浄のちかしさ、オソレとケガレのちかしさの説明とはなっても、両者が画然と上下に分化する理由を解き明かしたことにはならない。

白山信仰の例にもみられるように、天皇と賤民には「非常民」としての共通の精神世界があるのに、なぜ、一方は聖の極限に、他方は賤の極限にと分化したのだろうか。不可知の世界に対する古代人のオソレは、その対象に対してこれをイムという観念と行為を生み出した。この、イム、イミがどのような内容をもっているかを考えることは、聖と賤、浄・不浄の、アンタッチャブルとしての共通面と、両者の間の絶対的分岐の契機とを考える手がかりとなる。岡田重精は次のように書く。

> （…）イムは神聖にかかわってこれを冒瀆し、穢に接触してこれを伝播させ、呪的対象に接触したり、これを反規範的な方法で操作する、こうした行為が危険な不浄なことであり、またこれに連関する事象も問題になる。これに抵触するとき畏るべき災禍がふりかかることを警告しこれを忌避するところにイムの本質がある。（…）
>
> 神聖（清浄）とは要するに社会集団の規範性・統合性を表象した概念で、社会集団の神はその根源的な存在である。その神の祭祀はもとより、社会生活の諸規範もまたこの意味で神聖性を帯びることになる。不浄とはこの規範や統合に反しこれを侵害する一切の行為や事象を指す。その

典型は穢と罪及び災とである。賤とは社会集団の規範と平衡とを攪乱する生理・社会的な異変現象にまつわる危険力をいうとみる。罪は同じく社会の規範を侵犯するすべての行為を指す。(岡田重精『古代の斎忌《イミ》』)

岡田は、イミに「忌」の字をあてるだけでなく、「斎」の字も加えて「斎忌」と書くことに注意を喚起する。

(…)斎を用いることによって積極的に神聖を標示し、不浄と絶縁されたものとして質的な転化を表明する。いわば単に聖別されたものとしてでなく聖化された局相への転回を示すものにほかならない。主体の側面においてもモノイミ・イハフ・イックといわれる局面では主体そのものが聖化されて神聖との合一や憑依という積極的な態勢がとられるようになる。(同前)

また、タブーと対比して、古代のイミの独自な性格を次のように定義づけた。

つとに柳田国男はイミないしモノイミがタブーと同種の法則に立つことを是認しながらも、「忌がタブーと全然同じものか否かを、もつと多くの事例によつて確めなければならぬ」といい、「果して物忌が彼等謂ふ所のタブーであるか否か、是からして先づ第一に盲従し難い」と疑義をさしはさんでいる。具体的な事例として一つは、忌機殿や忌火のような極度に清浄なるもの、他は死者・出産・穢火のような不浄なるものという差別の著しい一見矛盾するような現象のあることを指摘したうえで「忌を人間の自主の力によって、処理し変更し得るものと考えたことも他に類似を見ない」と述べている。（同前）

以上の記述から明らかなのは、古代の斎忌《イミ》の、禁忌一般をこえた特色が、「主体そのものが聖化されて神聖との合一や憑依という積極的な態勢がとられる」点にあるということである。つまり、単に神聖なものを敬して遠ざけるとか、触穢をきらうとかいうだけでなく、そのような忌む行為の主体が、自ら神聖な存在、つまり周辺の人間から畏敬の対象となるような存在に転化するところに、斎忌《イミ》の独自性がみとめられるのである。

天皇は、斎忌の「斎」の契機を身分的に表現する存在であるという一点で、画然と他から区分される。天皇は古代のイミにおける「斎」を身分的に独占し、ハフリの民は単に「忌」をうけもつ。宗教的儀式にかかわる賤民が、宗教行事の中でモノイミするという行為を担うことはあっても、身分的に自ら神聖な存在の側に身をおくのは天皇（およびその一族）と、俗世の権力秩序の中で高位の身分を与えられた神祇官たちだけで、そこから排除された者たちは、対極にある賤の側に退けられるのである。

しかし、身分的に賤とされても、ハフリの民は、神秘の世界、不可知の世界への通路となる、独特な能力と役割を担う常の者からぬきんでた力として、自他ともに認識していたにちがいない。この、ぬきんでて力あるものとしての自覚こそ、領域こそちがえ、それぞれのわざに生きる古代賤民のレゾンデートルではなかったろうか。

そしてかれらは、ハフリのいとなみを共有しつつ一方は聖を代表し、他方は賤の身分に列せられるという境涯の落差に直面したとき、その落差を合理化するひとつの経路として、貴種流離譚を生み出したのではなかったろうか。被差別部落に貴種流離譚が多いという事実の背景には、古代に成立した、斎忌《イミ》の構造と身分関係のこのような力学が作用していたのではないかと想像される。「長吏由来記」などは、その典型であろう。

だが、それにしても、不可知の世界、他界、彼岸と交通するという常ならぬ力をもつ者を、賤民身分に列するという統治の知恵は、何に根拠をもつものであろうか。古代天皇制国家が、農耕社会につくられた政治的共同体であったということ、それゆえ、農が重んぜられ、他が軽んじられたというこ とは、たしかに、現実原則に則したひとつの理解の仕方ではある。しかし、まだ自然の神秘的な力に対するおそれの意識のつよい社会において、この力と交通しこれをコントロールする異能者であるハフリの民は、むしろ農耕者に対して優位の存在とうけとめられてもふしぎではない。そのような存在が賤とされたのには、天皇が宗教と政治との未分一体の権威を持続するためには、天皇にとってかわるような神秘的能力をもつものが、権力の周辺に並び立っていることを阻止しなければならなかったからと考えられる。まさに力あるものこそ賤とされたのだ。そうすることによって天皇は、支配階級において唯一の、他界との交通を司る能力をもつものとしての地位をかため、他の何者によっても、絶対にとってかわられぬ体制を敷いたのである。しかもそれは、唐から輸入された律令制における、農耕社会の生産力を尊重する社会的要請とは、矛盾なく接合されたのである。

V　賤民の力――宗教と芸能をめぐって

力あるものは賤――これが賤民の賤民たるそもそもの所以であった。それは、宗教・呪術・芸能・工芸・諸技術すべてにわたって言えることである。しかし、機軸が宗教としての権威にある以上、まず、巫覡《ふげき》の運命に焦点をあてよう。

推古いらい着手された大陸的律令制は、大化のクーデターにより一挙に改新政治の推進が行なわれた。その反動が壬申の乱となったが、天武朝以降の律令国家は、『記紀』神話の完成とともに神統譜をととのえ、（…）神仏習合が進行するとともに、宮廷を中心とする全国神祇制のなかに、古代巫俗は祭祀儀礼に吸収されていった。

しかしながら、隋唐から導入した律令制が固有の民族性や社会にかならずしも適応せず、すでに奈良初期から土地制度が崩壊しはじめ、平安の政治はほとんど律令外のいわゆる「令外の官」によって行なわれた。つまり、律令の指導理念は固有の民族習俗と一致しない面が多く、神儒仏的宗教方針は民間信仰や土着の巫俗を排除する方向にすすんだ。（山上伊豆母『巫女の歴史』）

これは律令神祇制に吸収されなかった「民間巫覡」たちのことである。彼らはみな、賤民への道をたどることになる。ちなみに、神祇制の中の巫覡の最高位すなわち律令国家の皇后は、「斎宮」と呼ばれ、最高位の巫女であった。斎宮は「采女《うねめ》」とも呼ばれたが、これとは別に、やはり「うねめ」と呼ばれる下級女官が大嘗祭に奉仕していた。両者の関係を山上は、次のように区分している。

わたしは「ウネメ」と「皇妃」と「斎宮」とは、ほんらい定義的にはまったく別個の存在であったと考える。ウネメは、農耕祭儀や神話における水田のウネ（畝）に侍る乙女（メ）であり、神話のクシナダヒメ（奇稲田姫）や普通名詞になったサヲトメ（サは神稲の意）などに相当する、忌み清まわった聖処女（ときに水辺の）を指すのが原義である。

農耕的要素の強い日本神話が下敷きになっている『記紀』において、天皇の后妃の出身には以上の本義からくる「ウネメ」の肩書が必要であったのではないか。「大嘗祭」に奉仕する「采女」たちは、大農業主たる天皇の聖婚儀礼をふくむ国家的農耕祭において、ウネメ（畝女）たるみずからの起源を演出したのであろうと思われる。「斎宮」が律令の神祇制のうえで至上神へ送られる高級司祭皇女であったのに対し、采女は制度上は下級女官ながらも、原始の農耕巫女の残映を有していたのであろう。（同前）

しかし、律令の官制にくみ込まれた巫覡たちも、やがて仏教が国教化されると排除されるようになった（同前）。

こうした巫覡への排除圧力にもかかわらず、神祇信仰は、支配階級の内部でも民衆の間でも絶えることがなかった。そして、律令の神祇官制の外でこれが行われるようになると、巫覡たちの果たす役割は変化する。支配階級の内部では政敵を呪殺するための秘儀にたびたび巫覡が動員された。また民衆レヴェルでは、八幡信仰と御霊信仰が、菅原道真の不遇の死を媒介に世直し運動とつながりをもつ新しい託宣習俗を生み出すに至った。これらの託宣習俗の中心には必ず巫女が存在し、人々の信仰や、信仰にもとづく行動と神のなかだちをしている。

では、巫女の役割が意味するものはいったい何か。巫女とは、神の性的対象、すなわち〈神の嫁〉である。桜井好朗は、折口信夫が「古代生活に見えた恋愛」（全集一巻）で展開した〈神の嫁〉についての推論をふまえて次のように述べる。

巫女が〈神の嫁〉であったというのは、神という〈聖なるもの〉、つまりこの世界の根源でもあり始原でもあると想定された観念的な基点（拠点）を、性の関係のなかに位置づけ、人間の肉体性のなかにとりこんでとらえるという観念のはたらきの成果であった。神を性の関係におさめとることで、国家権力あるいは王権が一方的に神＝〈聖なるもの〉を奪いとり、それを権力支配の関係のなかへたぐり入れてゆくのに対抗するための観念上の足場を固めうるのである。（桜井好朗『中世日本文化の形成』）

ここで問題なのは、巫女＝神の嫁と結合している〈聖なるもの〉の性格である。律令神祇制の内部では、この〈聖なるもの〉は天皇の政治権力を正当化する権威としての神的なものであり、巫女は古代天皇制を支える存在であることができた。しかし、託宣習俗が律令神祇制の外に成立すると、おのずから国家権力の頂点に立つものを権威づける権威と、巫女が契りを交わす〈聖なるもの〉とは、全く別個の存在となっていく。巫女が、権力と対抗的なものとしての〈聖なるもの〉と結びついたということは、古代律令制の天皇祭祀の中での巫女とは全く異なった下部構造に依拠する存在となったことを意味する。

本来〈神の嫁〉としての巫女の地位は忌まわしいものとは考えられなかった。しかし神観念の変動にともない、巫女も〈神の嫁〉の座にいることを忌避するはずだという観念が生じ、（…）別の土俗神や仏教の力をかりながら、巫女が〈神の嫁〉の座から解放されるという構造をもった説話が生み出されたのである。（同前）

ここにとらえられた、「既存の神と〈神の嫁〉の関係」（桜井）の解体と再編は、「国家体制と観念的に一体化せしめられた世界そのものの根源でもある〈聖なるもの〉の秩序」（同）の解体、再編にほかならなかった。この「神と〈神の嫁〉との関係の再構築」（同）を、端的に体現したものとして、たとえば「志多羅神」があった。九四五年におきた「志多羅神」の事件について山上伊豆母は

（…）「志多罹神《ママ》」（拙稿「志多羅神信仰と童謡の史的考察」『風俗』4-2、昭和39年10月）という宗教運動は、巡行する信仰集団といってよい。また西国地方に残存した古き巫呪教と、大衆を動かす歌舞をもった大道芸能の集団祭礼とも考えられる。「道俗男女、市を成し、歌舞山を動かす」

とか、「歌遊して前後を囲繞する輩、数千万人なり」と『本朝世紀』のしるす志多羅《(ママ)》神騒動は、天慶八年（九四五）七月二十八日から八月一日にわたる、東西の諸国から「諸神入京」の一大集団行進であった。（山上前掲書）

と述べている。この一大行進は、神が石清水八幡へ移座する、という八幡信仰系の巫女による託宣によって始まったという。しかも、この民衆の行列は、権力の神から自立した、民衆の〈聖なるもの〉をかかげた祝祭であった。桜井好朗はいう。

民衆はこれまでの〈聖なるもの〉の秩序をどうさぐってみても出あえなかったような、世界をよみがえらせる力をもった神が生まれたことを、既存の神社寺院的信仰圏の水準を離脱した祀り方つまり漂泊する祭式として表現し、さらに神の誕生について、歌舞するという遊芸のかたちで自己の肉体をとおして確認したのだった。

そのばあい、神の出現のための祭式は、日常の現実をこえた異質の世界（異域・異郷）へむけての空間的な漂泊と同時に、地上の生とはちがった未生・死後といったかたちの、つまりこの地上とは異質の時間の流れる他界へむけての時間的な旅をふくまねばならない。二つの旅を同時に成立させなくては、世界を再生させるほどの力をもつ〈聖なるもの〉としての「天神」が出現するのは困難であった。（桜井前掲書）

この神は、まさに「巫女に運ばれる神」（桜井）である。つまり、〈聖なるもの〉は移動し漂泊する。桜井は、巫女によって運ばれる漂泊する神の誕生の意味を次のように記している。

（…）比喩的にいえば、二つの移動・漂泊の時間軸と空間軸の交点に巫女多治比奇子がたってい る。（…）〝交点〟にたたり神を背負った巫女がたつという観念が成立することで、「世直し」への幻想が生じたのであり、かかる幻想は既成の国家の支配体制や秩序を克服するための観念的な発条となろうとしていた。（同前）

このように巫女は、第一に、権力の秩序の観念体系をくつがえす民衆の集合的意識に根拠を与える〈聖なるもの〉の担い手であった。第二に、その〈聖なるもの〉は、移動し漂泊するものであった。〈聖なるもの〉が漂泊という属性と不可分であることの意味は、権力の共同性を脅かす力をもった者としての賤民の存在様式を考える上で決して忘れてはならない。第三に、巫女が〈神の嫁〉、つまり性的な存在であったことに着目する必要がある。巫女は、エロス的存在であることによって、はじめて日常を超える機能を担うことができた。将門が「新皇」たるべきことを神託として述べた巫女が遊女であったという『将門記』の記述は、決して偶然ではない。

『将門記』によれば、将門に八幡大菩薩の神託がくだり将門は「新皇」と称するにいたるのだが、神託には「菅原朝臣霊魂」の名がひきあいに出されていて、それを口走ったのは一人の「昌伎」

であった。遊女が巫女の役割をはたしているのである。遊女＝巫女はここで「菅原朝臣霊魂」を既成の〈聖なるもの〉の秩序をはみ出したかたちで、つまりそのような秩序に拘束されぬ民俗的信仰圏にあらわれる〈聖なるもの〉として位置づけ、そこからたたり神としての神格を導き出した。（…）将門の乱は支配層の〈聖なるもの〉と民間の〈聖なるもの〉との抗争という面をもっていたのである。（同前）

まさに〈聖なるもの〉の争奪戦である。エロスは両義的であり、それ自体が反権力に属するものではない。支配層の〈聖なるもの〉もまたどれだけかエロス的なものではあった。しかし、権力の秩序の観念体系を覆す「世界をよみがえらせる力」は、〈神の嫁〉としての巫女のエロスに媒介されてはじめて生み出される。このエロスは、既存の秩序の自明性を「異化」する。エロスが既存の秩序のコスモスから距離をとり、自明性を揺るがせ、カオスを生み出し、「世界をよみがえらせる力」を現出させる。「世界をよみがえらせる力」は、ベンヤミンのいう「摂理の暴力」「神的暴力」に通じる。そのような性格をもった「暴力」の観念を生き生きと具象化する媒介者として、巫女のエロスは機能したのであった。第四に巫女が示す「異化」の力が、芸能と不可分であることもまた忘れてはなるまい。

もと原始の自然神のシャーマンであり、つぎに中央王廷の仏神の巫祝をもつとめた巫女は、平安の御霊会信仰いらい、巷間の集団芸能の唱導者となって、庶民の巫覡として再登場したともいえるのである。

くりかえし説くように、童謡（わざうた）とは本来巫覡が憑依して歌う「神語」の呪歌であった。この『志多羅童謡』六首のうちにも

志多良《しだら》打てと、神は宣まふ。打つ我らが命千歳

とワザウタが神託にはじまることを、皇極二年（六四三）の童謡いらい三百年の系譜は伝えている。（山上前掲書）

このような、芸能者としての巫女の性格は、神事とのかかわりを持続したもののうちにも引き継がれ、また、他面では神事を離れた芸能者集団をも生み出していく。いずれの場合にも、巫女は、既存の秩序の外に〈聖なるもの〉を媒介させて新たな世界を現出させる媒介者であった。その力は、漂泊、エロス、芸能という、三つの属性のすべて、もしくはいずれかとかたく結びついていた。『保元物語』の、鳥羽法皇の死を予言する「伊岡の板」という巫女の役割は、藤田省三が述べているように、もっとも典型的かつ全面的に、巫女の発揮する恐るべき力を体現している。

「伊岡の板」は「美作の国」の者とも言われている一介の巫女に過ぎない。（…）その流れ芸人かも知れない巫女に取りすがって救いを乞うているのは専横を誇った法皇鳥羽である。巫女はどう答えたか。（…）残念ながら「定業かぎりあることには神力にをよばず」、決まって了っていることについてはどうにもならん、したがって諦めなさい、此の世の方は諦めてあの世の極楽浄土の方を念願されよ、「今（は）ただ今生の事をば思し召し捨てて、後生菩提の御勤あるべき也」と

またしても断言的に託宣するなり無愛想にもそのまま権現はさっさと「あがらせ給ひぬ」という次第となった。

(…)「伊岡の板」は(…)専制法皇鳥羽の生命を一言のもとに制圧したのであった。そして同時に古代社会の終焉と中世的動乱の開幕を宣言したのであった。(藤田省三『精神史的考察』傍点原文)

この巫女が解読を託された如来権現の託宣は、女性的で優美な、芸能的所作として示されたものであり、それに対する巫女の解読の手続きは、きわめて芸能的である。それは、藤田のいうように、『保元物語』の史劇的性格を彩る演劇性であるとともに、巫女自身が、巫女である、というそのことにおいて演劇性と不可分の存在だった。

「伊岡の板」のことは、『愚管抄』にも記されている。史書としてのこの書物に、既存の秩序の終わりが、巫女の託宣によって告げられ、事実がこの通りに運んだと記されていることは、この時代の感性において、巫女は、まさに歴史をうごかす力として自覚されていたことのなによりの証左にほかなるまい。

だが、〈聖なるもの〉の担い手であるそのことによって、巫女は権力の警戒、排除の対象となった。権力にとっては、自身を権威づけるための〈聖なるもの〉だけが必要だったのであり、敵対する〈聖なるもの〉の具現者は、安んじて身をおくべきところを与えられなかった。神祇官制の外にある日常的秩序の制度のなかで、巫女は賤しめられたものとして生きることを強いられた。その存在様式のひとつが、「白拍子」である。白拍子は、白拍子舞を舞う芸能者である。そして彼女たちは芸能者であると同時に、春をひさぐ遊女としての性格をもあわせもった。

また、巫覡の世界にとどまった者も、現実には「巫娼」として、神事にかかわるかたわら、春をひさいだ。漂泊する巫娼が「あるき巫女」である。神社の勧進を行うというのは表向きで、女たちは遊女として生計をたてるしかなかった。彼女らの末裔に出雲阿国《いずものおくに》があらわれる。阿国は漂泊する巫女であり、遊女であり、また芸能者であった。

古代のシャーマンは女ばかりではなかった。シャーマンの男たちは、どのようなかたちで社会のなかに身をおいたのであろうか。柳田國男の「毛坊主考」は、そのことに逆説的な手がかりを与えてくれる。

> 民衆のなかに於ける「聖」なる流民、それは今日に於て「被差別」を不当にも強いられる人々であるが、鉦打、鉢屋、茶筅、ササラ、地者、願人、シュク、と呼ばれる人々、それが更に皮革、竹細工等の手工業者へと分流するのだが、〔柳田は〕その人々とその村の所在とを一挙に洗い立ててみせた。その一環が『毛坊主考』なる一篇である。柳田は右に掲げた生活技能者をあくまでも蔑視をもって特殊な賤民としての世界に押しこめる。(…)
>
> その柳田が『毛坊主考』に於て極めて重要な発言を洩らしてしまった。柳田は言う。
>
> 「東国通鑑に依れば、新羅の第九王伐休尼師今(…)風雲を占して預め水旱及び年の豊倹を知り、又、人の邪正を知る、之に由て観れば、天皇をヒジリノミカドと申上げたのは、多分は聖天子などと云う漢語の直訳であって、何れの世にも天皇を神とこそ申せ、ヒジリと唱へたことは無かっ

たろう。毛坊主如き者の元祖と共通の名と云ふは畏れ多いが、要するに上古の文学などは此ほど迄に平民と没交渉のものであった。」と。（…）

「何れの世にも天皇を神とこそ申せ、ヒジリと唱へたことは無かった」と柳田は言うが（…）天皇こそヒジリと呼ばれたのである。ヒジリは常民にとっては不定住の流浪漂泊の異族である。その、日を知り日を司どる不定住の異族・毛坊主がいかなる境をも超えて浮遊するという超越的支配性の故に、国家統合の時点で唯一のものとして国家の上に上昇し定着させられた。それが天皇である。（米村竜治『殉教と民衆』）

米村によれば、弾圧され、天皇制権力のスケープ・ゴートとなったヒジリたちが、強いられて行きついた果てが仏教であったという。

毛坊主とは、本来、仏教とは関係のない人神であった。ヒジリに被慈利（慈恵利益を被る者）、又は非事吏（世事を離れた寺務吏員）という字をもって当てるようになったのは仏教との接合以後に於ける作為である。

（…）阿弥陀ヒジリと呼ばれる集団に彼等はその身を仮託する。（…）それらは、今日、猶、不当にも被差別の扱いを受ける鹿杖鉢叩き、鉦打ち磐叩きとして、埋葬と勧進を業務とし、更にはそれが特殊手工業として分岐しながら、日本全国の村落にジプシーとして下降して行く。「あるき筋」という別称を当てがわれて。それが埋葬以下の技能を持つ以上、やがては常民の要請によっ

て村落のなかに、あるいは村落の境や外れに土着化を見せることになる。これが毛坊主の種族である。(同前)

江戸時代の相良藩で禁制とされた真宗を信じ、すさまじい弾圧を受けた「隠れ念仏」の組織者たちは、この毛坊主の流れをくむという。念仏聖が天皇と「同じ種族」に属するがゆえにスケープゴートとされたシャーマンの末裔であるとする説は衝撃的である。巫女が「賤」への途を歩まねばならなかったのと、男のシャーマンがヒジリとして漂泊したり、被差別者として村落の一角に定住するしかなかったこととは対応しているのである。

VI 漂泊者の精神世界

ひとたび、ヒジリたちの漂泊という生活様式が、社会の特定階層のうちに選びとられたとき、そこで重要な意味をもつのは血縁的な起源ではない。重要なのは、ヒジリと呼ばれる漂泊者たちが、人々に何をもたらしたかである。また、ヒジリたちとともに、「賤」の世界を形成していた人々が、何を創り出したかである。それは、古代における「賤」の起源の問題と無縁ではないが、系譜、由緒を問うこととはおのずから別問題である。

「漂泊」には、民衆にとっての〈聖なるもの〉、いわば権力に対する対抗的な共同性の存在様式という意味がこめられている。志多羅神信仰は「天神」を媒介に生み出された、権力に対抗するひとつの時代精神の貌であった。だが、桜井好朗の次の指摘は重要だ。

漂泊はそれ自体がただちに定住に対して侵犯力をもつのではない。侵犯力が有効であるためには、侵犯される側がいかに侵犯されるかという条件を提示せねばならず、したがって侵犯は両者によってつくられる文化の在り方なのである。その条件は歴史的に形成され、変動するのであって、文化の在り方もまた歴史を超えて存在するのではない。(桜井前掲書)

侵犯する力は歴史がつくり出す。歴史にかかわる主体の力なしには、漂泊は単なる空疎な生活様式にすぎない。志多羅神を〈聖なるもの〉として担った巫女は、民衆の観念の力を既存の観念秩序を覆す巨大な祝祭の物質力たらしめたことにおいて画期的なのであり、その力を背景として、はじめて巫女は日常の世界の中でも、定住者を侵す力たり得た。漂泊のヒジリたちもまた、潜在的に、そのような観念秩序を転化する力を背負うことによって、はじめてオルガナイザーたりえた。ヒジリたちの示す力は、個人を超えたものであった。多くの漂泊者たちもまた同様である。

民間には御師《おし》・鉢叩・鉦叩・歩き巫女らが遊行していた。宗教と明確に区別されていない芸能にたずさわって遍歴する遊芸民である琵琶法師・唱聞師《しょうもんじ》・傀儡子《くぐつ》らも活躍しており、『平家物語』は琵琶法師らによって語られた。『一遍聖絵』には琵琶法師の旅姿が描かれている。隠遁した文化人も各地をめぐり歩いた。西行の旅は有名であるが、『とはずがたり』の作者二条も貴族出身の女性の身で、世をすててから北は善光寺、南は足摺岬までを巡遊したのではないかと考えられている。連歌師と旅とは切りはなせない。商人・手工業者あるいは博奕打ちも定住していたわけではなく、職業がはっきり分化していなかった当時は、悪党とよばれていた人々も移動生活をしながら多面的な活動を展開した。（同前）

この漂泊者たちの担った、定住者に対する侵犯力は、まさに歴史の展開がおのずから付与するものであった。それは木下順二が『ドラマの世界』で『マクベス』の三婆の存在に見た侵犯力が、歴史の予兆を体現する力であったことにも通じるかもしれない。「漂泊」と「定住」の関係についていえることは、河原や散所の「無縁」の世界と「有縁」の世界との関係についてもいえる。「無縁」の世界が、野垂れ死にと紙一重であっても、なお「有縁」を侵し得る力を保持し得るとすれば、それは「無縁」のなかに、権力の秩序観念に対抗する〈聖なるもの〉の力が脈搏っていたことによってである。だからこそ、権力は彼らをおそれ、疎み、遠ざけたが、抹殺することは不可能だったのである。

「無縁」の世界に属するヒジリたちは、仏法の唱導者であるとともに神の子として「常民とカミの間を媒介する生活技術者」（山折哲雄）でもあった。また、多くの場合、布教、勧進の活動は、芸能とも密接していた。マレビトとしてのヒジリは一面、定住民の賤視の対象であったであろうが、半面では神の子、神の使者としてのまぶしい他者であり、憧憬の対象でもあった。彼らが布教する「仏」もまた民衆にとって新しい「神」＝〈聖なるもの〉たりえた。彼らは、巫女のように直接的な意味ではエロティックな存在ではなかったが、既存のコスモスをこわし、カオスをもたらすものとして十分に侵犯的《エロティック》であった。

仏教の唱導、という次元では、鎌倉仏教の創設によって、彼らの思想的役割は、一段と既存の秩序に対抗的な性格をもつものとなった。彼らは単に無位の宗教者として、仏教の宣布を行うだけの存在ではなかった。のちの一向一揆のオルガナイザーとして、念仏聖の果たした役割はきわめて大きい。声聞師、陰陽師も、似たような役割を果たしていたと推測される。

これらの流浪者のうち、宗教的な唱導から分岐して、次第に芸能者として自立していったのが説経師である。説経は、もともと経典の講説であり布教活動である。だが平安中期あたりから、説法の効果をあげるために、説法に娯楽の要素がとり入れられ、鎌倉時代に入ると、さらに説法に多様な音曲の要素が加わる。室町時代には、遊民化した説経者があらわれ、そこから宗教的な芸能民が現れてくる。岩崎武夫は遊民説経者の誕生から、芸能としての説経節の成立への経緯を次のように整理している。

（…）まず自然居士のような、簓《ささら》を摺って経典を講説する芸能化した説経者が、寺院をバックにして現われる。次にその寺院を離脱して遊民化し、談義僧のような群れに化していく説経者が生まれる。そしてさらにその中から、講義僧の語る妄説狂語（神仏の霊験譚や譬喩因縁譚）を、独自に練りあげ、本格的な語り物（説経）にして、これを語る簓説経の徒が輩出してくるという筋道になる。

（…）その世界は、中世的な神仏の霊験譚や因縁譚のもつ、宗教的なモチーフの限界を越えて、はるかに人間臭い次元に開花している。それは、神仏の霊験譚や因縁譚と関わりながら、社会の底辺に制外者《にんがいしゃ》（社会からはみだした非定住のもの）として生きる賤民の眼を通して、中世末期の民衆の世界が、赤裸々な形で描かれている語り物である。（岩崎武夫『さんせう太夫考』）

最下層の芸能賤民として諸国を放浪した説経節の語り手たちは、すでに遊民であり、寺社の庇護の下にはなかった。差別される流浪者である説経節語りたちは、「さんせう太夫」「しんとく丸」「をぐり」「苅萱」「愛護若」などの演目を語り歩いた。それは大道芸、門付芸の典型であった。これらの演目は、いずれも神仏の縁起譚のかたちを踏襲するもので、高位の身分の主人公が、不幸を背負って流浪し、神仏の加護によって、主人公を不幸な境涯に落とした者に復讐をとげる物語であった。主人公たちの悲惨なすがたはどこかしら語り手たちの境遇とも通じあっているようにみえる。

物語はきわめて陰惨で、主人公たちの復讐も残酷である。「しんとく丸」では、しんとく丸を呪咀して癩者にし追放した継母とその実子を、しんとく丸は斬首しているし、「さんせう太夫」では、太夫の下半身を土に埋めた上、その首を太夫の子に引かせるという報復を行っている。なぜこのような復讐譚が生まれたのであろうか。そのような想像力の下部構造について、横井清は次のようにいう。

林屋〔辰三郎〕氏が端的に指摘されたように、その背後には荘園領主をはじめとする領主権力のもとにおいて、苛酷に駆使される隷属民の怒りや願いがこもっていたこと、さらにそれが民衆の共感をえたであろうことは疑う余地もないであろう。たとえば早期の一例ながら、建治元年の紀伊国阿氏河荘の百姓らの仮名書き言上状に言う「ミミヲキリ、ハナヲソク」といったような、在地の農民の身に迫る圧迫一つを想起しても、その点は容易に理解されるように思われてならぬ。

(…)現実にそのような迫害を蒙っていた民衆が、たどたどしい仮名書き文でもってあえて訴え出るという事実そのものの意味の重さについてはすでに注目されているが、文章という眼でみえる形ではけっして現われることのなかった民衆の恐怖や激しい怒りは、さきに例示したような作品のうちに身を潜めているのではあるまいか。(横井前掲書)

これらの物語は、神仏の縁起譚であるから、必ず、神仏の力によって主人公は救われ、転生をとげることになる。この物語展開は、非道を懲らす〈聖なるもの〉に関する民衆の共同観念の存在をわれわれに示唆する。しんとく丸にとっての天王寺や、厨子王にとっての国分寺、天王寺は、そのような神仏の加護と主人公とを結びつける場として機能している。二人の主人公は、天王寺で新しい生命を与えられるのであり、また、厨子王は、丹後国の国分寺の住職の庇護によって太夫一味の追跡をのがれるのである。厨子王にとってこの寺はアジール(避難所)にほかならない。

だが、同時に着目しなければならないのは、主人公は必ず、本来身分の高い者の子でありながら、非道なものの手によって悲運に見まわれる、と設定されていることだ。はじめから悲運のもとにある下賤の者は決してこれらの物語の水準に姿をあらわしてこない。それは、この時代の物語の前提となっている約束事といってしまえばそれまでだが、そのような約束事のなかにかくされた、説経の観念の構造の特色は着目に値する。説経節語りを生業とする漂泊者たちは、自分たちを、つねに追放された貴種として意識しており、自分たちの神である〈聖なるもの〉の力によって、自分たち自身が救済される、というフィクションを次々とつくりあげていったのではあるまいか。

このように考えてくると、貴種流離譚という物語の性格が、単に、虐げられた民衆が自身を物語の主人公になし得なかったという、想像力の歴史的制約といったものではない側面がみえてくる。説経節の語り手たちは明らかに悲運の貴種を自分たちの祖先、観念の上の同胞として描き出しているのである。それは必ずしも、自分たちを、貴種の血縁に結びつける虚構で、身分の上昇を図ろうとしたことを意味しない。むしろ、貴種と同位の存在でありながら、裏の世界へ排除されてきた自己を、貴種と対抗する存在として位置づけ直そうとする試みというべきなのではなかろうか。このような志向は、「長吏由来記」にもみとめられる。

また、供御人の系譜を引く職人たちの座にも、自らを貴種につなげる由緒書をもっているケースが多いという（網野善彦「偽文書について」「中世文書に現われる『古代』の天皇」、ともに『日本中世の非農業民と天皇』所収など参照）。もちろん、それは、沖浦和光（『アジアの聖と賤』二五六頁以下）らが指摘するように、「無縁」の賤民が抱いた「有縁」の思想であるとのそしりはまぬかれない。ただ、筆者は、ヒジリ、芸能民のなかにある、自らを「神の子」と自覚して、天皇と、観念の次元で拮抗しようとする志向に、空しい上昇志向とのみ片付けられないものを読みとりたいと思うのである。

桜井好朗は、しんとく丸の物語的構造をめぐって、次のように述べている。

しんとく丸はかたちをかえたスサノヲであるといえよう。それはもはや国家神話や宮廷祭式のなかでひきたて役をつとめず、それらの対極においてあらわれる。それは〝王権〟の始原でなく、それと反対の〝民間〟の始原を示している。(…)

〝民間〟において穢れと災厄の神であったしんとく丸は、やがて変身する。物語の次元でいえば、しんとくは病気がなおり、陰山長者に迎えられ、長者にねがって安倍野が原で七日間の施行をおこなうのであるが、それはしんとく丸が、構造の次元で秩序と繁栄をもたらす神として機能することを意味している。(…)それによって、秩序や繁栄はもはや〝王権〟を回路とせず、巫女の〝性〟によって出現した〝民間〟の神によって地上に実現されることが、確認されるのである。(桜井前掲書)

「さんせう太夫」や「をぐり」の場合は、主人公を救済するのは「みかど」ということになっている。「しんとく丸」には、こういう「みかど」は登場しない。その点で、「しんとく丸」は国家神話の構造にからめとられてはいないと桜井はいう。だが、この違いは紙一重である。

しかし、しんとくの変身をうながし、彼に利益をあたえた清水の観音や、彼を迎え、その施行に協力してやった陰山長者の役割は、他の作品では「みかど」にとってかわられている。『しんとく丸』においても、そうなりかねない可能性がありはしないか。(同前)

桜井は、その物語構造を分析して、次のように結論づける。

> 物語にひそかに介入していた〝国家〟のはたらきは、〝民間〟の側によって実現されるはずであった秩序を〝王権〟に帰属させ、〝王権〟の回路をとおしてもたらされるものとして位置づけようとする。現実に実権を掌握した国家権力が意図的にそうするのではない。語り空間そのものが、しばしばそうさせるのである。その結果として、「みかど」はいたるところで統治する。そうなる可能性をかかえながら、しかもなお、そうなってはいないというのが『しんとく丸』の特徴的な結末なのである。(同前)

「しんとく丸」は、「みかど」的契機からの距離を保ち、民間の神を国家の神と対抗させ得た数少ない例外的な説経ということになる。そこには、由緒書に存在証明を求めるような「神の子」の意識をこえる、別の世界への志向の萌芽がみとめられる。

漂泊の芸能者が担った芸能には、このほかにも多くのものがある。たとえば『平家物語』は、琵琶法師たちによって創られ、語りつがれ、次第に完成されていったものである。

だが、琵琶法師は単なる鎮魂者ではなかった。彼らの語りは、藤田省三ふうにいえば、まさに「史劇」であった。ひとつの秩序が崩れ、新しい別の世界が出現するすがたを、彼らは、新たな神の呼び起こしを通じて告知した。

（…）『平家物語』の語りの底辺では、唱導芸能の徒はたんに鎮魂の役割ばかりをはたしていたのではない。たしかに彼らの語りには怨霊・たたり神を漂泊者が鎮魂するという構造があったが、語りがあらたな意味をもつのは彼らが鎮魂すべき怨霊・たたり神をいくさ語りの水準におしあげ、それを乱後の社会を動かすあらたな〈聖なるもの〉として表現したところにある。彼らは語りによる鎮魂を通じて、かつて多治比奇子らが天神をよび出したように、民俗的信仰圏からあたらしい神々をよびおこしていった。（同前）

それは、まさに転形期の表現としての意味をもった。『太平記』にもこうした事例は数多く見出される。周知のように『太平記』では、楠正成が大活躍する。正成ぬきに『太平記』はありえない。それは、正成が散所の長であったということと関係があるらしい。法師たちは、いわば身分的同胞としての正成に重要な役割を担わせたのである。正成は、カオスの中から新しい世界を告知する〈聖なるもの〉の担い手として活躍する。

楠木正成が背後にもっている〈聖なるもの〉は、「天」であり「毘沙門」であり、そして太子信仰のなかでの「聖徳太子」とも関係があり、おそろしい「天狗」とも無縁でない。しいて表象すれば、そういういろいろなかたちになるが、ほんとうは既成の秩序と結びついた〈聖なるもの〉＝神仏には該当しない何だか正体のわからぬおそろしい力だったのではなかろうか。そのような力をこの世に導き入れる役割を正成がはたしているわけであるが、それならばこの既成の〈聖なるもの〉からはみだした、あたらしい力としての〈聖なるもの〉は、この世界をどうしようというのか。それを考えることは、正成を主要な作中人物に仕立てあげた『太平記』(とくに巻十一・十二あたりまで)の歴史叙述の基本的な表現構造が、いったい何を語ろうとしていたのかを解読することでもある。

(…)実は変動の結果としての世界のよみがえり(後醍醐天皇方の勝利と新政)だけが問題なのではない。むしろ変動=危機そのものが、かくされた主題となる。古い世界の解体は、それをささえてきたと見なされる根源的なものがうしなわれたということであろう。それが混沌、すなわち危機なのであり、したがって危機に媒介されてはじめてこれまでどこにも存在しなかったものが世界の根源としてあらわれる。それが世界が変動したということであり、つまり当時の人々の観念のなかでとらえられたかぎりでの歴史というものである。根源としての〈聖なるもの〉が出現するのは比喩的にいえば祝祭であり、その祝祭が歴史へ投影されて『太平記』の歴史叙述の基本的な表現構造が成立するのである。(同前)

正成はいわば世界の転生の媒介者であり、物語の創り手であり語り手である「法師」たちは、転生を告知する役割を担った。漂泊者たちが、民衆に対して、魅惑的なオルガナイザーでありえたのは、〈聖なるもの〉の告知者だったからである。彼らは、その力を、まさに自身が「賤」とされた関係そのものの中から汲みあげてきた。

新旧仏教の宣布も、説経、戦記の語りも、その他さまざまの雑芸能も〈聖なるもの〉をよびさます諸様式にほかならない。いずれにせよ、河原者や散所の民が、既存の秩序に向かいあう、別の世界を開示しえた理由は、「賤」が「賤」である根源の、いわば天皇とは別のヒジリ＝日知りであるという属性と不可分なものであった。このような、賤民の精神世界の構造は、猿楽能の完成者であり賤民芸能者の最上位にあった世阿弥にもあてはまる。横井清は、足利義満の寵を一身にうけていた世阿弥が、同時に、当時の貴族社会から、どれほどさげすまれ疎んぜられる身の上であったかを、次のように記している。

> 大樹義満がこの世阿弥を「寵愛」し「賞翫近仕」することによって、義満の所存にかなおうとする大名らが競って世阿弥に金品を贈ることにもなり、「世以て傾奇《かたぶき》」「比興《ひきょう》の事なり」とも評されていた（『後愚昧記』）。そのことを伝える三条公忠は（…）「大和猿楽児童、去る頃より大樹これを寵愛し、同席して器を伝う。かくの如き散楽《さんがく》（猿楽）は、乞食の所行なり」（同前）との言を記しのこしたのである。（…）「都」での世阿弥が一部貴紳の眼にそのように写っていたことは、いかに他の貴紳の「寵愛」をこうむり、「教養」を身にそなえ、「芸道」に精進しようとも、それのたずさわる芸能というものが「乞食の所行」とまでいわれる出発点と軌跡とをもっていることを忘れさせはしなかったであろう（…）（横井清「民衆文化の形成」『岩波講座日本歴史』7、傍点原文）

世阿弥の世界の原点は、まさに「屠沽の下類」として自己認識するところにあった。能の世界には、「諸国一見の僧」があらわれ、これが怨霊、幽鬼を鎮魂するという夢幻能の様式が多くみられるが、ここにも、説経や戦記物がそうであったように、鎮魂を鎮魂に終わらせず、新たな世界の提示にまで転成させる意図が働いている場合が少なくない。たとえば、「善知鳥《うとう》」では、殺生に明けくれて地獄におちた猟師が呼び出される。猟師は、「士農工商の家にも生まれず、又は琴棊書画を嗜む身ともならず、唯明けても暮れても殺生を営み」と己が境涯をなげく。この亡霊が、鎮魂されるということの意味は、ただ単に、賤しく穢れたものが慰撫され、成仏するというだけのことではない。そこには屠沽の下類を鎮魂する、かつて存在しなかった新しい〈聖なるもの〉の提示があり、穢れの極限におかれたものをその〈聖なるもの〉の名において復権するという思想が秘められている。それは、法然、親鸞らの新仏教の理念とも通じる、それ以前の制度的思考では存在しえなかった転生の思想なのではないか。それは、自らも「賤」であることによって、はじめて思い至ることのできる観念世界であり、当時の貴族社会の常識の水準をぬきんでた地平に立つものであった。常套的な鎮魂の様式は、いわば、そうした危険思想を糊塗する装置であった。

Ⅶ　新旧仏教と被差別

横井清は、「中世の触穢思想」（前掲『中世民衆の生活文化』所収）の中で、「えた」＝「屠者」を最も穢れたものとする思想が確立する要因のひとつに浄土思想の浸透があったのではないか、と述べている。「鎮護国家」を旨とした国教としての外来仏教が、穢れの観念を深め、「屠者」への差別を絶対的なものにしたことはすでに常識となっているが、横井は一歩進めて、これとある意味では対抗的にあらわれた浄土思想の普及に、差別思想の「深化」の契機を求めているのである。

> （…）室町後期を生きぬいた一人の山水河原者のつぶやきが聞こえてくる。庭園美の創造に身命を注いだ（…）山水河原者の名は又四郎という。一視同仁を理想としたという東山殿義政の寵をうけた河原者善阿弥の嫡孫であったが、延徳元年（一四八九）六月五日、相国寺鹿苑院の庭前から院主景徐周麟（臨済僧）に彼が語ったことばはつぎのようなものであった。
>
> 　それがし一心に屠家《とか》に生れしを悲しむ、故に物の命は誓うて之を断たず、又財宝は心して之を貪らず。
>
> （…）ここには、人間ひとしなみに穢身を観想する思想の次元よりも、はるかに深い底のほうで穢というものを己が身の内に確認せざるをえなかった「賤民」としての山水河原者の苦悩が浮かんでいる。「屠家に生まれし……」とする自己認識には（…）、己が家統・血脈の「不浄」の厳しい確認でもあったと私には思われる。（…）「屠者」に独自の「内なる穢」、などというものがあったはずもないのに、「屠者」自身の思いすらもがそこに至らざるをえなくするような歴史的路線は、たしかに「中世」が固めたものである。（横井前掲書、傍点原文）

源信の『往生要集』が示した「厭離穢土」の思想は、たしかに、国教としての仏教を「異化」する上で、きわめて大きな役割を果した。いわば、それは、主体的思想としての仏教観のさきがけであり、鎌倉仏教への緒をひらくものでもあった。それゆえ、彼の仏教思想においては、穢れの観念もまた内面化され、穢れているのは、人間存在それ自体から内発してくるもののすべてであるとされ、救済は、人間をそのようなものとして深く認識することによってのみもたらされると考えるに至った。つまりケガレは、祓いおとすことのできるような、外からやってくるものではなくなったのである。仏教思想の内面化、主体化がすすんで、新仏教にもこうした人間観は引き継がれた。念仏によってのみ救われるとする親鸞の思想は、このような原罪観と一体のものであろう。

こうした思想に立つとき、「屠家に生まれ」たケガレは、職業の問題ではなく、己から内発するものとされてしまう。この点だけがイデオロギー化されると「穢多」のケガレは、払拭できぬ宿命と観念されざるを得ない。そのために浄土思想は上からの触穢思想と結合されることによって、賤民、とりわけ「穢多」とされた人々の上に重くのしかかっていく。

もちろん、平安時代以来、浄土思想は、「鎮護国家」イデオロギーに対する根底的な批判となりうる側面も持っていた。さらに鎌倉新仏教の創立と普及は、いわば仏教のルネッサンスであり宗教改革であった。旧仏教の側からも、それに対応して救民の思想としての成熟が図られた。こうした思想の深化は、一面では賤民層が負っていたケガレの重圧を——たとえ来世における救済という、欺瞞を含んだ部分をもっていたにしても——軽減する機能を果たしたといえる。また、こうした、中世における仏教思想の影響のもとに、権力の秩序をこえる民衆の神＝〈聖なるもの〉が創造され、怨霊、たたり神の鎮魂という消極的な主題と様式に、新たな世界、別の世界への積極的眺望をひらく表現が生み出されたことも事実である。さらに新仏教の思想的展開は、社会思想のレヴェルで大衆をとらえ、多彩な漂泊のオルグたちに媒介されて一向一揆への決起の途をひらいてもいった。

だが、にもかかわらず、その同じ仏教思想が、賤民のケガレが遁れようもない業であるとする社会通念を定着させる上で与って力あったことも否定できないのである。横井は、「屠者」についてだけでなく、「癩者」と「不具」の差別を深める上でも、仏教がきわめて重大な役割を果たしたことを詳述している。その差別性は、旧仏教だけにとどまるものではなかった。禅宗でも、法華思想でも、「癩」や「不具」は前世の業罰の現世への応報であるとし、これを差別的に扱うことにかけてはなんの憚りもない。

（…）仏教の思想の体系の内に、「癩者」「不具」をはじめとするすべての被差別者への差別的処遇を排斥する信念のあったことを疑うものではけっしてない。しかしながら、つねに己れの「業」を深く省みつつ、人として在るべき道を歩め、と教えさとすにさいして、「癩者」「不具」を「業罰」の「現報」の極致として提示したことは、現実の社会的諸関係の中で機能する場合、生身で生きつづけて「猶命を惜む」「癩者」「不具」たちに対する人びとの偏見を〝合理〟的なものとするに与って力があったのみならず、「癩者」「不具」じしんの内に、自らを、一塊の穢、「業罰」を蒙りし者、と観ずる意識を定着させたのではなかったか。（…）

いかように「権力」に刃向い、いかように「衆生済度」を試みつづけた「仏教」思想であろうとも、その核心部分においては、「癩著」「不具」にかんする限りでも一つのジレンマを抱えこんでいたはずである。（同前）

皮肉なことに、このような「癩」と「不具」への認識に乗っかることによって「しんとく丸」のような説経節の名作も生まれたのであった。「不具」を笑いものにすることなしに、狂言の体現した民衆の笑いの文化は存立しなかったであろう。

「癩者」を主人公とする説経作品が、主人公の蘇生・復活をさいごに声高らかに謳い、寿いでも、現実に「猶命を惜む」で生きつづけた「癩者」たちは結局は死んで行った。(…)「思想」が如何ようであれ、「救済」がどのようであれ、蘇生も復活もないままに、「現世」を去ってゆくことに違いはなかった。そして、差別のしくみの中で、差別観念の回路に乗せられて、終命の時までの限られた生を、ともかくも生きぬいたのである。(同前)

また、仏教思想は、差別に対して両義的な関係に立っていたというだけでなく、権力に対しても両義的な関係に立っていた。「鎮護国家」のイデオロギーをこえた日本の仏教思想は、きわめて稀である。おそらく、われわれは親鸞において、国家をこえる思想の手がかりをみることができるのみであろう。

在来親鸞の「護国思想」を示すものとされてきた性信あての一通の消息(…)では「国家」はついに否定的な相でしかあらわれなかった。親鸞が「仏法」のひろまるために安穏であるようにとねがったのは、「社会」のことであって、「国家」ではなかった。そして「朝家の御ため国民のため」の念仏を、親鸞は法廷での性信の弁論として容認したにとどまり、自身はかような念仏をほかならぬ性信に対してさえ説きはしなかった。この消息のなかで親鸞は「国家」が彼の「仏法」の世界に積極的な意味をもってあらわれるとは考えておらず、そのような「国家」は彼の思考の地平から消えていた。（桜井前掲書）

一種の革命思想の側面を持っていた新仏教もまた、歴史の波にあらわれ、堕落する。そして、体制を支えるイデオロギーと化し、入信した賤民たちに対しては、権力による収奪を容認する諦念を組織するものと化していった。この変貌は、中世から近世へ、より酷薄な被差別の状況に投げ込まれていく賤民のすがたと対応しあうものである。

VIII　賤民文化の達成と展望

古代に淵源し中世に開花した賤民文化の達成が何をわれわれに示唆するか、論点を整理しておきたい。広義の賤民文化が生み出した社会史上の成果は、権力が支配する「有縁」の世界の交通形態を突破するものとしての「無縁」の世界の自治、自立、自救の契機であった。河原・散所が、いわばその根拠地であった。しかし、それは、歴史的制約の下で十分に展開されず、たえず「有縁」の世界の圧迫によって掘り崩され続けた。そして、「無縁」の世界は実態としては近世の統一権力の支配の網に吸収されて終わりをつげた。その点で、ヨーロッパ中世都市が育てあげた民衆的共同性と対比すると き、それが近代世界での民衆の抵抗拠点の像へと直結しない恨みのあることをみとめないわけにはいかない。

この弱点は、「無縁」の世界と天皇を頂点とする共同性との密通構造とも相関している。職人の偽りの由緒書や賤民芸能の物語世界などにあらわれる天皇の影は、我が国の「無縁」世界の特性といわなければならない。これはおそらく、賤民の精神世界の根底に、日知りとしての天皇の属性と通じるものが存在していることと無関係ではありえない。それが賤民階層の想像力の源泉でもある。多くの賤民芸能の世界は、このような属性と不可分のものとして形成され、権力の〈聖なるもの〉とは別の、民衆の〈聖なるもの〉を呼び出した。それは、明からさまな異神を、表現世界に登場させない。むしろ、権力の神とみかけ上同じ神が、民衆の〈聖なるもの〉として呼び出される。貴種流離譚は、その典型である。それは、よくいわれるほどストレートに、芸能世界が天皇制的共同性に包み込まれてしまっていることを意味しない。別の通路で、貴種と連なるこれらの物語には、日本的な様式による、新たな世界、別の世界の提出の形をよむべきなのではないか。

むしろ気がかりなのは、この芸能の物語世界は、作り手の階層を主人公として登場させないことである。

（…）説経の世界では、「癩者」「盲目」「乞食」の三者が相互に重複しつつめぐり歩く。それは〝貴種〟の出でもあれば〝長者〟の子でもあった。そして蘇生・復活をとげ、「千秋万歳」の寿ぎで祝いつくされる。ある者は死してのち神に祀られて、民衆の守護神として崇められ、またある者は生きながらにして富貴・栄華を讃えられる。だが、ただの一人だって、名もなきままに底辺に生きた民が、そのようにみごとな栄誉で飾られ、讃仰に包まれることはなかったのである。

（横井前掲書）

説経の世界のゆたかな展開をうながした様式が、自身の階級の主人公を物語に登場させられなくしている。それは、民衆が歴史を創る主体として十全に登場し得ていないことの、表現世界への投影であるのかもしれない。もうひとつの問題は、「癩者」「不具」への深い差別性である。それは、仏教の観念と深くむすびついた「特色」であろうが、賤民世界の、共生、共苦の論理と感性の網から、「癩」と「不具」とがこぼれ落ちている。

幾つかの限界を示しながらも、賤民は「中世人民闘争史」を、社会的にも文化的にも牽引してきた（この時代、「人民」にほぼ政治は存在しない）。つまり、あらたな神を呼び出し、それによって既存の観念体系を「異化」し、覆す営みの機軸に、芸能賤民は存在しつづけてきた。それは、権力が賤民を賤民として排除した理由が、そもそも賤民とされた者たちの、秩序に対する「異化」の力であったことと対応している。

しかし、今、賤民文化のいくつかの負性に思いを致すとき、賤民文化が、対極に見すえてきた天皇の「聖性」の影をそこにみなければならぬことも事実である。「無縁」世界のアイデンティティに、天皇の影がみえることも、貴種に依拠することによってはじめて成立するような芸能表現がしばしば見られることも、ともに、観念の次元で天皇の超越性を超え得ていないことの反映にほかならない。

不具・廃疾への差別性についても同じことがいえる。国生みした神々は、力なきものを葬り、女を下位に置く。そこには臆面もなく障害者差別と女性差別の原理が働いている。賤民文化の達成は、まさに、天皇制的観念体系との緊張から生み出されたが、その限界もまた、天皇制の観念体系によって規定されている。その敷居を超えることは、天皇制的想像力を超えることにほかならない。それは、既存の神を超える〈異神〉を呼び出す営みである。呼び出される〈異神〉は、最後の、廃絶されるために呼び出される神である。

第Ⅴ部

統合切断に向かう〈組織戦〉

〈組織戦論〉序説

〈組織戦〉の課題と天皇制の解体

本稿でいう〈組織戦論〉とは、現存の統治——階級支配・経済格差および支配的文化による抑圧・その帰結としての差異の蹂躙、秩序からの逸脱に対する予防的および事後的な暴力行使——を覆す物質的な力を、人と人との関係を作り替えることによって産出するには、どのような条件が必要で、過去の運動の歴史を参照しつつ、その実現の道を探る試みのことである。

大方の読者にとって以下に論じることの内容のほとんどは天皇制（＝日本固有の立憲君主制、とりわけ、敗戦後に成立した国政に関する権能を有しない象徴天皇制）の批判・解体論と馴染まないように読めるかと思う。だが、両者は密接に関連している。なぜなら、天皇制問題とは、単に天皇制を批判的に対象化するだけのものではなく、実践可能な、廃絶の現実的筋道を展望することに帰着する。それには、資本および権力と対抗する陣形を組織しなくてはならないと考えるからだ。

天皇制は日本国家に固有の君主制であり、現代の「天皇制国家」の統治形態は、国政への権能をもたない天皇を象徴とすると定めている。天皇は主権者ではないし、巨大資本でも、戦前の日本におけるような「最高地主」でもない。軍を統帥しているわけでもない。したがって、天皇が直接に階級支配（資本制）と権力支配（法によって正当化された暴力の支配）に寄与するのは、ひとえに「国民」に支配階級の私的利害と私的な価値を、普遍的な利害、普遍的な価値と幻想させることによってである。この機能は支配階級の価値意識（規範・権威）を利害において相反する「国民」の大多数が内面化することによって発揮される。この幻想の呪縛を解くことが、反天皇制闘争にほかならない。

天皇制とは何かを解明することは、制度の解体の必要条件であるが、それは十分条件ではない。解体の契機を個人の内面の〈自覚〉などに還元したのでは、幻想の共同性の呪縛を解くことはできない。天皇幻想は、統治のメカニズムであり、メカニズムの足腰は、単なる観念ではなく、資本制と政治権力（法によって正当化された暴力の支配）なのだから、幻想の呪縛を解くには、権力と支配階級の構築したヘゲモニーが貫徹する時空の渦中で、これに対抗して組織された〈関係の物質力〉が不可欠である。したがって、関係の物質力の組織化抜きに、天皇への幻想の共同性を瓦解に導くことはできない。天皇制の規定力、つまり観念の支配システムの解体は、資本の支配、権力の統治の規定力の解体と深く相関し、後者の展開なしには実現に近づくことはできない。日本国家の主権のもとにある者が世界の変革を構想し実現することと、天皇制の解体を構想し実現することとは不可分一体である。思い返せば、私が『天皇論ノート』[*1]を書いたときの問題意識は、概括すれば侵略的な日本資本制の自己

（無）意識に対する批判であった。中曾根内閣の戦後政治の総決算から裕仁代替わりの時期を経過、明仁の代替わりを前にして、再び初心に立ち返ることが求められているのだともいえる。

ところで、以下の論稿に先立って、読者に二つのことをお断りしておきたい。一つは、これはあくまで、試論・序説・ノートの類であって、系統的な論議は改めて試みられなければならないこと、もう一つは、遊撃戦・正規戦、陣地戦・機動戦といった軍事論の概念の類比で平時の問題を語るという批判が存在していることは承知しているが、そもそもグラムシや毛沢東の概念を平時の今にどう適用するかという問題意識に発しているので、とりあえずは、あえて撤回せずにおく。

I 「短い二〇世紀」の帰結

主体としての党・党派・個人の瓦解

既存の二〇世紀的革命（論）の終焉は一九八九年に訪れた。ホブズボーム[*2]が、「短い二〇世紀」の終焉を八九年に見た理由はそこにある。八九年は、共産主義を名乗った国家権力（権力奪取に成功したソ連ないしコミンテルン系左翼）の敗北ではなく、共産主義運動総体の荒廃が生みだした敗北であり、トラウマである。八九年は革命ではなく、反革命の画期である。反革命を成功させた主要な契機は、資本主義の自己修復力の巨大さであるとともに、革命の限りない劣化であった。

プロレタリアートの独裁という「美名」――実は、主権国家内では一党独裁、党内は民主集中制という二重の独裁――は革命運動の組織論としては命数が尽きた。プロレタリアートの代わりに人民とか民衆とかピープル[*3]とかを代入する幾つもの試みにも疑義がある。人民も民衆もピープルも理念としては美しい。最たるものが「マルチチュード」[*4]だろう。確かにそれらはプロレタリアを僭称する党の独裁と、民主主義を僭称する集中制の欺瞞がない点で犯罪的ではない。しかし、致命的なのは、あたかも依拠できるかのように立論された変革主体としてのピープルなり民衆なり人民なりが、実体を伴っていないことである。また「マルチチュード」は、『私たちは九九％だ――ウォール街を占拠せよ』が想定している九九％の不遇層がそうであるように、多様な不遇を抱えた無数の少数の諸階層には、ＫＫＫも在特も含まれてしまう。変革主体としての〈みんな〉はどこにもいない。あるのは無数の敵対的差異である。どうして、総体として変革主体を構成することができようか。

さりとて、無党派個人の連合というのも、市民ネットワークというのも、「実体」としては信じ難い。党派左翼に未来はないということは、そのまま無党派個人がイノセントであることや何かの価値

＊1　拙著『天皇論ノート』は初版が一九七五年に田畑書店、再版が八六年に明石書店から出版。二〇一四年、『天皇制論集Ⅰ』（御茶ノ水書房）に収録。

＊2　ホブズボーム『20世紀の歴史――極端な世紀』三省堂書店、一九九六年。

＊3　「ピープル」という概念を、はじめて既存の階級と対置したのは武藤一羊である。契機は一九八九年の水俣会議、現在、その理念の延長にＰＰ研究所の運動がある。

＊4　ネグリ、ハート『マルチチュード』上下、ＮＨＫブックス、二〇〇五年。「マルチチュード」という概念の恣意性に疑義を呈した拙稿（書評）は、日本寄せ場学会年報『寄せ場』一九号（二〇〇六年）所収。

であることは全く意味しない。この「個人」とは宙に浮いた抽象であるか、既存の諸関係の総和に過ぎない。宙に浮いた抽象は何ものでもなく、既存の諸関係の総和としての個人は制度化されている。私もかつて「無党派の党派性」を肯定的に語ったことを記憶する。だが、変革主体としての「無党派の党派性」は創るものである。

党や党派でなく個人、というのが無意味なのは、ちょうど、精神でなく身体、という二分法が無意味なのとよく似ている。主体としての個人を構想するには、それがどんな個人かが明らかにされなくてはならない。契約も誓約も取り結ばないあるがままの単なる個人は、個人崇拝の対象にも衆愚政治の「主体」としてのマスにもなり得る。強い個も、弱い個も、それ自体、変革主体のユニットたりえない。「ネットワーク」も、単位は個であるから、同じことだ。

経済と政治の生産力信仰

既存の革命論の終わりとは、生産力主義の終わり、という意味をも併せ持つ。これには、二つの意味がある。一つは字義通り、科学の進歩が技術の発展を媒介し、生産性を高め、生産力の発展は善であり、無限であり、革命は生産力と生産関係の矛盾を弁証法的に揚棄し、生産力を飛躍的に発展させる契機でもあるという前提の廃棄を意味する。

もうひとつは政治の「生産力主義」の終わりである。これには二つの側面がある。ひとつは、レーニン以来、党理論は党派・党内闘争こそ階級闘争のエネルギーだという、いわば生産力と生産関係の矛盾の激化こそ革命の到来を導くという理論の比喩ともいうべきドグマを維持してきた。これが党派・党内闘争の賛美と内ゲバの助長の根拠とされ、無益有害な殺戮の動機になった。[*5] 政治の「生産力主義」のもうひとつの側面は、組織の決定と執行に関する能率主義である。これまでの革命論の大勢は戦争モデルで構想されてきた。したがって速度と効率は不可欠である。下級は上級に従え、民主集中、一党独裁は軍隊の組織原則と相似形である。戦争のさなかに敵前で議論などしていられるか、というわけだ。

ロシア革命の際、束の間、〈すべての権力をソヴェトへ〉というスローガンが掲げられたが、これは、党を絶対とする理論とは深刻な矛盾を孕んでいた。コミューンやソヴェト（評議会）やレーテは、大衆の直接民主主義による熟議なしには価値をもたない。熟議は集中を妨げ、時間を要する。拡散と時間は効率の敵である。これが党の論理の最後の盾になる。権力は、蜂起した大衆とその「評議」にではなく、党に収斂したことを歴史は物語る。

組織者集団の器量

だが、党が正しい、上部が正しい、というのはウソである。これも歴史が証明した。組織論の鉄則がウソなのに革命は成功した。負ければよかったなどというのではない。しかし、垂直的上意下達を許すしかなかった大衆の力量は問われなくてはならない。民主主義的熟議を切断する権力の集中が正

＊5　拙稿「ラディカリズムの終焉と再生」、渡辺一衛・塩川喜信・大藪龍介編『新左翼運動40年の光と影』新泉社、一九九九年。

当化されるのは、頂点の独善によるとともに「熟議」が過つ危険の高さと緊急時の決定力の不足によってである。二つの負性は相補的だ。これを覆すには、民意の妥当性と、緊急の必要に応じられる範囲での迅速性が不可欠である。

それを可能にする「力量」あるいは「器量」は、単なる「団結」や「統一」とは次元が異なる。そこでは、民意を牽引する役割を果たす複数の集団の力量が問われる。それぞれの集団は闘争の拠点でもあり、傷ついた者たちのアジールでもありうるような関係を作り上げていなくてはならない。そうでなければ外部の権力や資本にも、内部に生まれがちの悪しき〈権力〉とも拮抗できないだろう。職場横断・地域横断・課題横断の、もっぱら〈実利〉の事案をめぐる結束に支えられた〈理念〉的集団の存在が、国家や資本が引き起こす事態への対応力を超える民意の規定力の産出をはじめて可能にする。誓約内容は〈理念〉に依拠しなければならない。社会契約は虚構だが、この誓約は実態でなくてはならない。

規定性とは説得力であり決定力である。権力が民意に反した場合に権力を覆す力がなければ権力が制覇する。その帰結が泣き寝入りの歴史である。覆す力は、個人にではなく関係に蓄積される。しかし、その関係は、権力や資本や前衛党のような上意下達とは異なった原理に転換されていなくてはならない。そうでなければ、そもそも、権力に抵抗する価値が見出せない。〈革命〉の進展の指標は、対抗的な集団の形成過程の進捗のことである。

そのような主体――それは多元的・複合的な中心を持ち、中心は相互に異なっており、矛盾を孕んでいるが、矛盾の衝突で力を相殺させず、矛盾を力に変える知恵を蓄積している――は、自らが組織した拠点と、拠点に駆け込んできた避難者を権力から防衛し、可能な限り、社会的弱者の権利の保全、制度・政策の改革、行政サービスなど権力に然るべき仕事をさせ、また、その闘いの過程で、闘争主体内部の関係〈作風〉をより豊かなものに刷新する。この過程の蓄積を経て、旧権力から新しい権力への移行が行われれば、新しい権力が旧権力と酷似するという悲喜劇を避けることができる。権力を取るのがいけないのではない。革命権力の名に値しないものには奪取の資格がないというだけのことだ。

Ⅱ　アジールと根拠地

非可逆の共生不可能性

こうした問題意識の由来は、世界的に遍在する〈社会〉の惨状と、これと闘う運動の荒廃への憂慮にある。敗戦から七四年、この国は「アメリカ」への隷属の果てに、無残な未来を回避する選択肢を奪われている。その現状と闘うことを任務とするはずの、この国の政治運動・社会運動は敗北を重ね、政権とも独占資本ともアメリカ政府とも、その他の覇権国家とも闘いを構える力を失っている。「敗北」とは、国家による統治と資本による支配の正当性を人々の側が内面化してしまうこと、その結果、反政府、反資本制の運動が手を拱《こまぬ》き、時には政府や資本に同調し、あるいは助長する体たらくのことをいう。労働運動は、連合、とりわけ権力に翼賛するＪＲ総連や、地域独占を支える電力労連に典型的なように、既得権擁護のための運動と化し、大多数の労働者の利益も主張も代表しなくなっている。現実批判を使命とするはずの言論機関も、大手はことごとく御用化の度を深めている。

それは、二〇世紀には暗黙に前提とされていた、共生可能性を担保する社会的諸装置の機能しない局面が訪れたことを意味する。もちろん、素晴らしかった過去などというのは神話である。ニワトリからアヒルとなったといわれた総評労働運動も、五〇年代後半の一時期を除けば、官公労中心で、成長物語に身をゆだね、非正規の未組織者を顧みなかったし、五〇年前の安保闘争時のジャーナリズムも、一九六〇年六月一七日の「七社共同声明」[*6]に明らかなように、権力の恫喝に脆かった。ただ、社会が負性を自覚し、運動が抑圧をかいくぐりながら絶えず反復再生産され、資本制に抑え込まれない新たな価値と結束のかたち（集団性）を模索してきたというだけだ。

一九七〇年代前半、拙著『天皇論ノート』執筆の折、都会に流出した貧しい男女の、社会からの孤絶の心性が、この国では子殺しに結びつく可能性が高いという仮説を述べた。当時と現在とを対比する統計が存在するのか詳らかにしないが、近年、未必の故意か不作為の殺人に近い幼児虐待致死の報道が増加している。これは親が子殺しや虐待に追い込まれるほどに、社会から連帯や支援や救済の手が及ばない階層の人口比が増大していることを意味するのではあるまいか。

他方、孤絶に反比例して、監視はいよいよ緻密化した。生身の人間の「眼差し」が、コミュニティの瓦解で希薄化する半面、監視カメラによる挙動追跡、カードなどによる電子的監視、バイオメトリクス認証による監視は日々濃密化している。高度成長の渦中に永山則夫が嫌悪し恐れた「まなざしの地獄」[*7]は、高度な電子的パノプティコン＝監視装置に変貌するとともに、秋葉原事件のKを切歯扼腕させた、生身の自分が〈まなざされぬ地獄〉もまた社会を覆っている。いわばやられっぱなし、の構造化である。

赤木智弘の『若者を見殺しにする国』[*8]が書かれたのが二〇〇七年、バブル崩壊元年を一九九二年とすると、この時すでに空白の一五年目が過ぎていたことがわかる。戦争待望論や「丸山眞男をひっぱたきたい」という独特の修辞への好悪を別にすれば、彼は高度格差社会の一五年で構造化された格差の下層の側に生まれる集合的意識を的確に体現していた。

秋葉原事件は、よかれあしかれ戦後史に蓄積されてきたさまざまな〈関係の財〉——人間関係の知恵の深まりとか、事態に対応する感度とかに反映される集団性のことと考えてほしい——が蕩尽され、電子技術を握った新たな社会的権力に収奪されていく画期の象徴であった。同じ二〇〇八年九月、リーマン・ショックが世界経済を襲ったのは偶然ではない。

＊6　六〇年安保闘争のとき、政府の民主主義破壊を批判してきた新聞社に対して、六月一五日のデモで、全学連の国会突入の際にデモ参加者が死に至らしめられたのを機に、デモ隊の暴力反対キャンペーンをはるように政府が恫喝を加え、朝日、毎日、読売、産経、日経、東京、東京タイムスがそれに従う趣旨で出した声明。東京タイムスは廃刊している。

＊7　見田宗介「まなざしの地獄」『展望』一九七三年五月号。『まなざしの地獄』河出書房新社、二〇〇八年所収。

＊8　赤木智弘『若者を見殺しにする国——私を戦争に向かわせるものは何か』双風舎、二〇〇七年。

共生不可能性へのカウンター

しかし、やられっぱなしの構造化にたいするカウンターが、少なくともイメージの次元で顕在化してきたのも、この時期である。二〇〇〇年代はじめから、「貧乏人」の新たな異議申し立ての様々な試行錯誤を重ねてきた松本哉のドキュメント『素人の乱』[*9]が作られたのがこの年だった。ホームレスの越冬を支援する「派遣村」の活動は、この年の冬、二〇〇九年にかけてのことだ。二〇一一年の震災と原発損壊は、修復不能の惨状を呈しているが、戦後日本の、隠蔽されてきた腐朽爛熟を露呈させる芸術表現や対抗的運動の契機となった。

二〇〇六年からこの国の政府は六代にわたって、稀に見る短期政権時代を経験し、決められない政治に飽きた国民は、自民党安倍内閣を選んだ。与党二党と、野党のネオリベ派・ネオコン派を足場とする安倍の様々な火遊び――内政では、金融緩和、消費税増税、働き方改革の推進と、その下での裁量労働（残業代ゼロ）の拡大、クビ切り自由の特区設置、原発再稼働、法人税引き下げ、軍事外交では対中・対韓領土紛争強硬路線、原発輸出、武器輸出禁止三原則撤廃（イスラエルへの武器輸出）、集団的自衛権合憲化・戦争法制による日米共同軍事行動の法的基盤整備、抵抗を抑圧する弾圧立法としての特定秘密保護法、共謀罪――で、さしも鈍感だった世論も激しく揺れている。安倍の戦争準備的行動とアベノミクスが一体であることが明らかになった。景気浮揚には軍需産業以外に頼るものがない。だから、戦争できる国家体制作りに全力を傾注しているのである。

日本政府の現在の立場には幾つか重大な危惧がある。一つは、集団的自衛権合憲化・集団安全保障への参加と対イスラエル武器輸出によって、近隣諸国およびイスラム武装集団から敵国と認定され、軍事的なターゲットになったことである。もう一つは、徹底的な対米従属の下で作られた自衛隊は日米一体でないと全く無力な軍隊であるのに、アメリカの大統領がトランプに代わって、アメリカの軍事・外交政策の不確定要素が一挙に膨張したことである。沖縄を生け贄にして忠勤に励んだつもりのアメリカから、日本が「見捨て」られ、外交カード皆無のまま、対中国・対朝鮮の軍事・外交を自力で推進せざるを得なかった。三つめはアベノミクスによる極端な格差拡大がさらに経済を停滞させて財政危機を招き、福祉政策も教育政策も財源を失ったことである。第四は、安全性を無視した原発再稼働で、致命的な事故のリスクを抱えることだ。軍事的緊張の欲しい安倍内閣は「仮想敵」による原発攻撃を挑発しているようなところさえある。

外に目を転じると、二〇〇九年からのリーマン・ショックの打撃が沈静されていない。二〇一〇年からは、アラブの春の動乱が始まった。チュニジア、エジプト、リビア、イエメンに政権交代が起きたが、混迷は深まるばかりである。危機はシリアにもイラクにもアフガンにも波及している。独裁権力と民主化勢力の緊張に、ISが介入し、IS後退の後には米ロ代理戦争の様相も深まって帰着点は見えない。イギリスはEUを抜け、ドイツでもオーストリアでもフランスでもイタリアでも反移民の排外主義がポピュリストの煽動で蔓延している。

日本において最大の問題は、反政府勢力が、内外の危機に対応する抵抗の政治・変革の政治を対置

＊9 ドキュメンタリー映画『素人の乱』（中村友紀監督）二〇〇八年公開。松本哉・二木信共編『素人の乱』河出書房新社、二〇〇八年。

できないことである。シングル・イシューでは、震災被害地区でも放射能汚染地区でも、さまざまな労働戦線でも、地域住民運動でも、粘り強い闘いを継続している人々や勢力が存在し、戦線は持続している。しかし、それは点や線ではありえても、政治的対峙関係を築くことのできる面や立体の陣形を生みだすことは極めて困難だ。より深刻なのは〈闘う〉という次元以前の、孤絶した人々の退避場が乏しいことである。根拠地や陣地どころか、ろくな避難所（アジール）がない。社会が創造性を取り戻す鍵は、避難所でもあり、運動家の討議のための「カフェ」でもあり、根拠地でもある場と、そこでの持続的関係をどれだけの広がりと強度で生み出せるかにかかっている。〈組織戦論〉とはそれを創出するための模索にほかならない。

Ⅲ　過去の遺産へ

先人の実践モデルと現在

私は、それを過去と未来の結合の作業に求める。作業仮説は、とりあえず戦後史のなかのモデルの再発見・再審である。２・１ゼネストをＧＨＱの命令で中止せざるをえなかったことに象徴される戦後革命の蹉跌までの期間、ラディカルな労働者の自生的な決起を基盤として展開された生産管理闘争。反独占闘争を模索し、その過程で運動組織の結合様式の過去との切断を試みた、常東の山口武秀らをはじめとする農民運動。産別会議が骨ぬきにされた後、総評を鶏からアヒルにした高野実が牽引した時代の、職域の壁、生活域の壁をこじあける〈ぐるみ〉闘争。全国一般・全港湾・全日自労など、日本の労戦では少数だったユニオンの労働運動の原型。地区単位で労組が横断的に結合して企業・官公組織縦割り型の運動の壁を超える運動を展開し続けた地区労（国鉄・教組・自治労・現業官公労・地域の企業の労組の連携）、炭坑労働者の横議・横断・横行運動であった「サークル村」などなど、蓄積された集団的経験の宝庫がある。これらの運動が組織した関係は、陣地とアジールの機能を兼ね備えていた。その幾つかを再審の対象としたい。今日の特権をもたない個人が置かれている無残なまでの分断、孤立を超える方途が、それらを検証することを通じて見えてくるように思えるからである。

地域の共同保育、共同介護の自主組織、難病の患者会、患者親族の会、「問題」を抱えさせられた子ども支援の親たちの会、認知症患者を含む高齢者を抱えた家族の会など、アジール単体の機能を持った団体やプロジェクトは、現代のほうが戦後史の前半よりもはるかに数多く組織されている。行政端末やNGOで、これらの問題に、真摯に取り組む個人も機関や組織も存在する。それらは命や尊厳を防衛する活動の場がアジールの萌芽となり得る。またアジールは局面が変われば闘いの陣地にも変わり得る。

生産管理闘争とストライキ

まずは、生産管理闘争から検討しよう。よく知られているように、敗戦後、読売新聞、京成電鉄、三菱美唄炭坑、日立精機足立工場、日本鋼管鶴見製鉄所、江戸川工業所、高萩炭鉱、など大手企業の生産点で生産管理闘争が行われた。[*10] 一九四六年四月、生産管理に入った労働争議が九四件[*11]あったという。生産管理には、ストライキを行って通常の業務をストップさせ、その上で労組の管理下で行うものと、ストライキとは関係なく平時に、労資が経営協議会をつくり、実施するものがあった。後世からは考えられないような高揚を示したのには、資本・経営が占領軍の意向を図りかね、企業活動を留保ないしサボタージュしていたこと、占領軍が民主化の一環として労働者を後押ししていた時期だったことなどの特殊な歴史的背景が存在する。

ただ、生産管理闘争には、ストライキやサボタージュなどの闘争と違って、労働者自身が集団的に労働し、生産し、経営するという独自の性格がある。それゆえ、資本制社会において持続的に生産管理を続けるためには、金融機関からの資金調達、原料・工作機械などのメーカーからの資材調達、購買者への販売網、技術の調達ないし基幹的な技術者の協力の獲得、不法占拠・背任・横領などという法的制圧を超えるという課題を解決できなければならない。[*12]

これらのなかで唯一、生産管理闘争の主体内部で可能なのは、技術の確保である。敗戦時の生産管理闘争においては、職場の中軸を占める熟練労働者や技師たちが、労組の中心にいた。おそらく、彼らは戦時下の産業報国会運動の時代にも職場の中核を占めていた人材で、労資双方の信頼を得ていた技術者あるいは管理職の末端であったと想像される。

技術の領域以外は、すべて対外的な関係である。したがって、広範囲に長期に生産管理が持続できるということは、生産管理に協力的な民間企業が多く存在し、所有権に基づく訴追が困難なほど権力が弱体化しているという環境が不可欠である。つまり、日本の敗戦期や、一九二〇年代のイタリア[*13]のような、革命期あるいは秩序の混迷期にしかありえない。

関根弘（あの詩人の関根弘であろうと思う）は、彼の「ストライキ論」[*14]のなかで、ローザ・ルクセンブルクの『スパルタカス綱領』の一節を引く。

労働者は、彼等自身を資本家が生産過程に於て使用する単なる機械たることから、この過程の能動的な思慮深き指揮者に転化せしめねばならぬ。彼等は、凡ゆる社会的富の唯一の所有者たる共同社会の活動的責任感を習得せねばならぬ。彼等は、使用者の鞭なくとも仕事に対する熱意を、資本家的酷使者の拍車なくしても最高の生産性を、桎梏なくしても訓練を、支配なくしても統制を、それぞれ発揮しなければならぬ。

その上で、関根はこう書く。

労働者による生産管理に、革命的意義を付与するばかりではなく、革命の端緒的形態としてこれ

＊10 『労働年鑑』昭和二二年版、『生産管理闘争』（『情況』臨時増刊号、一九七四年）。
＊11 前掲『生産管理闘争』年表。
＊12 前掲『労働年鑑』昭和二二年版。小池浩「労働者生産管理の限界」、前掲『生産管理闘争』。
＊13 『エコノミスト』一九四六年四月一日号「争議の焦点『生産管理』」。
＊14 関根弘「ストライキ論」、前掲『生産管理闘争』、ローザの引用もそこから孫引き。

を理解したいと思うのだ。革命とは階級諸関係の変革を意味するものであり、暴力は単に対抗的意義を有つに過ぎない。(…)革命そのものが暴力ではないのである。革命は創造に富んでおり、生産過程に結実する。この意味に於て労働者による生産管理の桎梏の打破され行く過程そのものは革命でなければならぬ。このことはもちろん日和見を意味しない。[*15]

最後の一文が唐突に見えるが、おそらく暴力による権力奪取に一面化される革命の概念に疑義を呈し、革命とは、労働者自身による生産管理を機軸に据えた集団的想像力の発露だと言いたかったのだろう。暴力ではなくて創造だ、という文言からは、政治権力を取る前に、想像力の地平で変革の主体がどれだけ豊かであり得るかが社会変革の質を決定するという関根の直観が響いてくる。

無賃輸送の敢行で有名な京成電鉄の生産管理闘争[*16]を、国鉄争議の罷業・怠業と対比しながら、宮島次郎が次のように書くとき[*17]、念頭に置いていたのもよく似たことではなかっただろうか。

いまの日本の争議の大きな方向としてはどうしても生産管理、経営管理でなくてはならないのではないか、そしてとくに国鉄、逓信というような巨大な官業労働に生産・経営管理が実現したとき、日本の労働者のつくりだした労働者による生産・経営管理は、真に世界に誇るに足る一般性を獲得し(…)日本の民主々義革命の前進に偉大な寄与をもたらすのではなかろうか。

(…)北海道の三井、三菱美唄の採炭率の上昇を見よ。京成電車では争議前三十本の運行が四十本になった。マツダランプ[*18]ではまえに三百個ないし四百個だった一日の電球生産高が、経営管理によって三千個近くに上っている。

生産性の上昇を本位に考えすぎていることはともかく、ストライキやサボタージュなど生産を〈とめる〉闘争と正反対の〈つくる〉闘いがもたらす共感の意義は注目に値する。NHKと電力産業のストライキに関して、これによく似たことが、中野重治の小説[*19]にも出てくる。

僕らはだまされている。そして共産主義者たちがだまさせている。(…)ラジオがストライキをやって放送を投げだした。どうして共産主義者がいっそういいプログラムで放送することを、そして官僚と戦うのはいい放送をすることだということを国民に知らせるように忠告しなかっただろう。また電気労働者のなかの共産党員は、なぜ、変圧器をどしどし修繕して、ふやして、電球、電熱器を配って、駅や藪の下や焼けあとの要所に街灯をつけて、農村へ電気を引いて、それで電動もみすり器をひろめて、その費用を政府もち資本家もちとして、争議が解決しても、ふやした

＊15　同前。
＊16　「京成電鉄闘争」、前掲書。
＊17　宮島次郎「生産管理の波紋」、前掲書。
＊18　マツダランプというのは東芝製の電球。
＊19　中野重治『五勺の酒』。

街灯、農山村の電柱はそのままにすることにして、そこで争議になったら日本があかるくなったというようにするよう組合を動かさなかっただろう。

広く大衆に支持される闘争手段を模索する労働者の創意工夫が、同時に労働の創造性の発揮ともなることこそ、最高の労働運動であり階級闘争ではないかという含意がそこにはある。ここには、共産党員中野重治の、当時の共産党執行部の労働運動の指導・牽引の仕方への批判という意味合いも込められている。この小説が、友人の共産党員に対して書かれた非党員の手紙という体裁で書かれていることに注目したい。

「巨象のような統一労働同盟」と生産管理

敗戦直後のこの時期は、（松岡駒吉、西尾末広ら戦争協力派の）社会党右派から共産党まで、労働運動の全潮流を統一的に組織する「巨象のような統一労働同盟」[*20]をめざす、高野実、荒畑寒村、山花秀雄、安平鹿一、島上善五郎らの社会党左派系の路線と、社民のダラ幹とは一線を画するという共産党主流の路線の対立があった。生産管理闘争の最盛期は、まだ、共産党の牽引する産別会議が発足する前で、「巨象のような統一労働同盟」の可能性が残っていた。労働組合は大衆運動なのだから、ヘゲモニーさえもっていかれなければ、右から左まで、全勢力を抱え込んでいることが最善である。

生産管理闘争の担い手の中心（周辺部には、企業が生産サボタージュをしているからやむなく、という穏健派もいた）は、党員かどうかは別としてコミュニストだったと想定できる。党の指令で闘争したわけではないが、共産主義革命を見据えた激しい戦術だから、党外からは背後に共産党の影がちらついて警戒された。荒畑寒村でさえ、生産管理を「馬鹿の一つ覚え」と批判し牽制している。[*21] 荒畑の批判には、「大統一労働同盟」が必要なこの時期に、右派を刺激する極左戦術を控えるべきだという含意もうかがえる。

生産管理闘争は、他方、自生的で個別性・自主性に委ねるしかない運動であるがゆえに、上意下達による党の支配を重視する共産党中央にも警戒された。いずれにせよ、資本制社会の真ん中で、労働者のへゲモニーで労働・生産を遂行しようというのだから、現場の強烈なエネルギーが反復して再生産されていないかぎり、長期に広範囲に持続するのは困難な運動だった。

共産党と右派の、双方のセクト主義によって、高野実らの「巨象のような統一労働同盟」の構想が崩された。共産党は産別会議を主軸に左派組合を党の統制の下に置く方向に舵を切り、生産管理からストライキへ戦術の機軸を転換する機会を待っていた。

二・一ゼネストに対する占領軍の禁止命令が、「解放軍」の幻想を打ち砕いたことが大きな転換点となった。ストライキさえ認めなくなった占領軍が、生産管理という、資本制生産の根幹を揺さぶる労働運動を許容し続けるわけもなかった。それを見極めて勢いづいた資本家・経営者は、一気に弾圧に踏み切り、大量解雇が全国各地の企業で相次いだ。権力も資本・経営を支援した。労働組合は、ス

＊20　高野実『日本の労働運動』岩波新書、一九五八年。
＊21　前掲、関根弘「ストライキ論」から孫引き。

トライキで抵抗するしかなくなった。かくて、生産管理闘争は、労資の闘争の時空から放逐されていくことになる。敗戦直後の日本における生産管理闘争の自発性と創造性について、後年、藤田若雄が次のように書いている。

〔読売、京成、鋼管鶴鉄の生産管理闘争の展開は〕マッセン・ストライキ状況下の戦闘的従業員組織（工場単位に選出する労働者ソヴェト選出組織に注目して、工場ソヴェトと呼ぶことにする）の運動として理解し得るものであって、誓約集団の系譜を持つ労働組合の運動ではない。人民裁判的ないし大衆的団体交渉と生産管理は明白に、マッセン・ストライキ状況下の日本の工場ソヴェト運動であった。[*22]

藤田はここで、飢餓と失業を契機とする自然発生的なマッセン・ストを、「誓約集団」としての革命政党が、権力としてのソヴェトの組織化という意味での革命に飛躍させなくてはならないと論じている。そこには革命とは単に権力を取ることではなく、生産過程の「能動的な思慮深き指揮者に転化」する自治力だという視点がうかがえる。現実変革を担う大衆には、互いを支え合う関係の紐帯が不可欠だ。

他方、藤田は「誓約集団」を（共産主義革命の）政党と考えているようにみえる。これには違和感がある。革命のための誓約を交わした同志の集団ということと、レーニン主義の単一前衛党の間には千里の径庭がある。

半面、筆者は、個の集合や個を単位としただけのネットワークに信を置かない。ピープルやマルチチュードなどの抽象された理念的民衆概念は実態と対応しない。世代を超えて抑圧され、貧困の底に沈み、言葉さえも奪われた極限的に不遇な群衆の範疇にはKKKやISにリクルートされる兵士も入ってしまう。あるがままのマルチチュードはポピュリズムの操作対象だ。

〈群衆〉が現実変革の政治として機能するには、戦略的規定力が必要だ。またその戦略が物質化されるには、担い手となる大衆の関係の紐帯が不可欠だ。だから、運動の具体的な足腰の担い手と抽象的理念とに橋を架ける複数の多重的な「誓約集団」という概念は魅力的だ。「誓約集団」とは、異なる場の異なる具体的課題を背負った集団であり、相互に、必要に応じて協議し、共闘し、連合する、多数の並立した集団であるしかない。

Ⅳ　矛盾は力に変わり得るか

「自立演劇」――戦後労戦のサークル運動

大橋喜一・阿部文勇編『自立演劇運動』[*23]によると、「自立演劇」の劇団とは「工場経営内に（…）つ

＊22　藤田若雄『日本労働争議法論』東京大学出版会、一九七一年。
＊23　大橋喜一・阿部文勇編『自立演劇運動』未來社、一九七五年。

くられた勤労者で組織する劇団で、その創造活動は自主的なものであるが、活動は労働組合運動の線に沿って行う、従って非専門の劇団」であり、その演劇活動は、「資本主義社会を変革すべき歴史的任務を担う労働組合運動のなかの、その文化芸術運動としての、労働者自らの手による演劇活動」と定義されている。露骨に言えば階級的労働運動の芸術的宣伝煽動活動である。

敗戦直後の第一期労働者演劇の高揚期は、ちょうど生産管理闘争が高揚する時期と重なりあっていた。弾圧が来るのが生産管理本体より文化活動のほうが後であったために、四九年頃まで運動は継続した。だが、「自立演劇」は一旦、レッド・パージ、産別会議の凋落とともに職場から放逐されて崩壊する。五〇年代に、政治色の一掃が行われたのち、「工場経営内」ではなく地域の労働者のサークルとして「自立演劇」は復活する。本来の目的とは異なるけれどもプロの作家も生まれている。[*24]

敗戦直後、東京自立劇団協議会（東自協）に組織された第一期の自立演劇の拠点となったのは、大日本印刷、日立亀有、日立大森、日電三田、日本光学、日本製靴、三菱下丸子、小西六淀橋、第一生命、簡易保険局、商工省、東芝小向、国鉄新橋、国鉄大井、国鉄上野（国鉄は全国各地に演劇サークルが組織された）、神戸製鋼、三井鉱山本社、石川島重工、井華産業などだった。このほか一九四七年までに、大同毛織愛知稲沢工場、横浜葡萄座、京都島津製作所、京都簡易保険局、大阪中電、三菱電機伊丹、など全国各地に演劇サークルが結成され、各都道府県単位の自立劇団連盟が組織されていった。[*25]第一期は主に、産別会議結成とともにそこに帰属した共産党直系の組合の職場内サークルによる演劇運動だった。

「再生」後の「自立演劇」は、党中央や職場の共産党細胞の意向から、「自立」した。「自立」には二つの意味がある。ひとつは五〇年に再建された東自協は「左翼政治色を一掃し」「明るく楽しい演劇愛好家の集まり」という看板を掲げざるをえないほど左翼勢力が追いつめられた、という意味での共産党からの自立ある。もうひとつは、「資本主義社会を変革すべき歴史的任務を担う労働組合運動のなかの、その文化芸術運動としての、労働者自らの手による演劇活動」を、党の直接的統制から解放したということである。「自立演劇」の復活は総評労働運動が、ニワトリがアヒルになる過程と呼応している。

五〇年代半ば、六全協[*26]で「極左冒険主義」を自己批判した（と称する）共産党は、サークルの組織化に力を注ぐようになる。この組織方針には、垂直的上意下達を抑制しつつ、「資本主義社会を変革すべき歴史的任務を担う労働組合運動のなかの、その文化芸術運動」に共産党の影響力を及ぼし続けようとする意図があった。いかに垂直的指導の「傲慢」を反省し、「謙虚」を旨とすることを宣言し

＊24　自立演劇出身の劇作家には、第一期に堀田清美（日立亀有）、原源一（日立亀有）、大橋喜一（東芝小向）、鈴木元一（国鉄大井）、鈴木政男（大日本印刷）、第二期に宮本研（麦の会）などがいる。

＊25　大橋・阿部前掲書。

＊26　一九五五年に開かれた日本共産党第六回全国協議会。五一年からの武装闘争路線を清算し、五〇年に所感派（五五年までの共産党主流派。呼び名の由来は、米軍占領下での平和革命路線を批判したコミンフォルムに対して「所感」という形式で異論を唱えたことによる）と国際派（五五年までの反主流派。コミンフォルム＝国際友党の批判を支持したため、この名で呼ばれるが、主流派とコミンフォルムの取引により、コミンフォルムの批判を支持した側が異端の烙印を捺されることとなった）に分裂していた党の統一を図る決議を行った。

た当時の共産党とはいえ、文化運動を大衆の自由に委ねることを決断したとは到底考えられない。大衆路線を推進し、その広がりと成果を党の方針に基づいて刈りとろうと意図したに違いない。しかし、少なくとも、直接的な党中央の統制は相対化され、さまざまな潮流が生まれ、議論が起きた。

一九五八年、九州一円と山口県の労働者の文化・芸術のサークル運動を基盤に「サークル村」という連合体とその機関誌（編集委員会　上野英信、木村日出夫、神谷国善、田中厳、谷川雁、田村和雅、花田克己、森一作、森崎和江）が生まれた。*27「サークル村」は、こうした党の方針の変化を見てとった谷川雁や上野英信らによる、文化・芸術を媒介とする、一種の党内闘争であったと推測される。

東京や大阪を中心とした「自立演劇」でも、サークル活動を基盤に、議論を起こし、その活力で停滞を切断しようとする試みが起きた。この点では、「サークル村」と呼応している。「反応工程」「日本人民共和国」「メカニズム作戦」「明治の柩」「ザ・パイロット」などの作品で知られ、一九五〇年代から六〇年代の戦後戯曲史の稜線を作った劇作家の一人である宮本研は、第二期自立演劇の運動家であった。宮本は一九五九年、サークル演劇の停滞を総括する文章で次のように書いている。

「一人が百歩前進するよりも、百人が一歩前進すること」——これが、これまでわれわれを支配していたサークルの指導原理である。しかしながら、このテーゼに従って、われわれは、果たして一歩前進することができただろうか。（…）「みんな仲よく手をとって」などという、童謡めいた感傷をはたき落そう。そして、創造への構えをとった戦闘的集団として、われわれのサークルを再組織しよう。それ以外に、縮小再生産の絶え間ない過程を断ち切る方法はないのだ。（…）交、流とは本来異なった内容をもつ二つの個体どうしのぶつかり合いであり、そして、内容とは質の問題であり、質とは高さの問題である。だとすれば、交流とは必然的に異なった二つの質がその高さにおいて相手を圧倒しようとすることによって同時に又自分も高めてゆく運動としてとらえねばならない。[*28]（宮本研「この停滞をどう破るか」『テアトロ』一九五九年五月号、傍点筆者）

この挑発に対する反応が幾つもあり、議論はある程度活性化した。だが、活性化は分裂を促し、一九六〇年一二月の、東京職場演劇懇談会合同公演「日本人民共和国」を最後に、統一体としての懇談会の活動は終わった。

『サークル村』――〈工作〉の揺籃

先述の宮本の文面には、「サークル村」創立宣言[*29]（谷川雁「さらに深く集団の意味を」）と響き合うものがある。とりわけ、「交流とは」の部分は、明らかに「サークル村」を念頭に置いていると推測される。長くなるが『サークル村』創刊宣言を抜き書きする。

＊27　機関誌の創刊は一九五八年九月。発刊の経緯については新木安利『サークル村の磁場』（海鳴社、二〇一一年）参照。

＊28　大橋・阿部前掲書。

＊29　『サークル村』創刊号、一九五八年九月。

一つの村を作るのだと私たちは宣言する。奇妙な村にはちがいない。薩南のかつお船から長州のまきやぐらに至る日本最大の村である。（…）

いまや日本の文化創造運動はするどい転機を味っている。この二、三年うち続いた精算と解体への方向を転回させるには、究極的に文化を個人の創造物とみなす観点をうちやぶり、新しい集団的な荷い手を登場させるほかはないことを示した。労仂者と農民の、知識人と民衆の、古い世代と新しい世代の、中央と地方の、男と女の、一つの分野と他の分野の間に横たわるはげしい断層、亀裂は波瀾と飛躍をふくむ衝突、対立による統一、そのための大規模な交流によってのみ越えられるのであろう。（…）

新しい創造単位とは何か。それは創造の機軸に集団の刻印をつけたサークルである。（…）サークルとは何か。その発生を民族の伝統のうちに探れば、共同体の下部にあった民衆の連帯感とその組織にあるだろう。（…）

狭い意味で、今日の日本のサークルとは文化サークルのことであり、その他のサークル的組織とは機能を異にしている。共同体の眼で見るならば、政党、労組などは一種の戦士共同体であり、青年婦人の組織などは会議共同体、協組や文化サークルは生産共同体であるといえよう。（…）労組は主要な機能として外側に階級斗争という分裂的要求をもつがゆえに、内部の統一をいやが上にも高めなければならないし、サークルは外側に集団創造という統一的課題をもつために、内部のはげしい断層からエネルギーを汲まなければならない。（…）だから労組とサークルの不統一を問題にする際に、無条件にあるべき姿として両者の完全一致を前提にすることはかえって結果としては分裂をもたらす。（…）

こゝで工作という機能の位置づけが問題になる。単純に表現すれば、高くて軽い意識と低くて重い意識を衝突させつゝ同一の次元に整合するという任務である。このことは当然に工作者をして孤立と逆説の世界へみちびく。彼は理論を実感化し、実感を理論化しなければならない。知識人に対しては大衆であり、大衆に対しては知識人であるという「偽善」を強いられる。（…）

集団という一個のイメージを決定的な重さでとり扱うこと、創造の世界でのオルガナイザーを創造の世界で組織すること——私たちの運動はたゞそれだけをめざしている。[*30]（傍点筆者）

「サークル村」とは、芸術・文化運動を、サークルに腰を据えて自分たちの手で活性化させ、そこでの「内部闘争」を介して共産党のヘゲモニーを奪取しようとする九州地区の共産党反対派の政治であった。それは、権力（比喩的には機動戦）への緊張によって維持される〈陣地〉形成運動だった。

〈組織戦〉挑戦と蹉跌

「サークル村」の目的は、六全協で緩んだ統制の隙間をかいくぐって文化・芸術運動の前衛的ヘゲモニーと、その下での反対派の大衆的活性を確立することにあった。『月刊炭労』一九五八年九月号に掲載された上野英信の長崎県江口炭鉱事故のルポルタージュ「裂」で、上野が行った炭労批判が削除されたため、『サークル村』にノーカット版を収録[*31]するなど、当初から少数左派の労組・革新政党の反中央言論の拠点という色彩を鮮明にしていた。

「サークル村」は「文化」「芸術」に関する運動――厳密には既存の文化批判、芸術批判――を媒介に、岩手県、東京都、神奈川県、静岡県、岡山県などの文化運動の活動家の投稿も寄せられるなど、他地域との「交流」にもある程度成功した。大都市の応援団には『思想の科学』の鶴見俊輔、日高六

＊30　絓秀実が、五〇年代の東京南部の労働者のサークル運動と対比しながら、信じ難いことをいっている。「谷川雁の『サークル村』はプロフェッショナルなもの書きの育成という意味合いが強いでしょう。事実、『サークル村』からはプロフェッショナルなもの書きが輩出されるわけです。それがいいかどうかは、また別問題ですが」（「特集討議・『1968』という切断と連続」『悍』創刊号、二〇〇八年）
よくも出鱈目を言えたものである。

確かに、創刊宣言の文面には、「もしこの状況が続くならば、われわれの創造がついに素人の手すさびに終わる」とあるし、創刊の目的は「創造の世界でのオルガナイザーを創造の世界で組織すること」だとも書かれているが、これをもってサークル村の目的はプロフェッショナルなもの書きを作ることだというのは牽強付会である。何がどのように組織され、いかに行動したか、しなかったかが重要だ。

労働戦線に基盤をもつ共産党の反対派の活動家たちが、プロフェッショナルなもの書きを作るために、二〇〇にもなろうかという素人の労働者文化サークルを組織して機関誌を出すなどという面倒なことをするだろうか。またもし、それが目的だったとすれば、ほとんどそれは徒労に終わったと言わざるを得ない。

第一巻四号に載った「九州・山口サークル地図」42サークル（八県横断）の内訳は、文学22、合唱7、学習4、演劇2、映画4、話し合い1、新聞1、美術1である。たしかに文学が過半を占めているが、これだけ活動目的が多様だと、プロのもの書き養成など不可能だろう。第二巻一号の鹿児島県加世田市の31サークルの内訳は、映画1、合唱5、読書15、学習1、文学2、演劇1、母親学級1、青年団文化

部1、生花2、不明2（さざなみグループ、白百合グループ）である。加世田市の場合は、文学サークルは例外的で、中軸は読書会である。読書会からプロのもの書きは生まれまい。二巻二号の熊本県の部は31サークルのうち26が文学で、合唱2、音楽1、話し合い1、学習1となっていて、これは文学サークル中心といえる。だが、二巻三号に載った大分県では40サークルのうち、文学4、美術4、読書6、学習11、生活改善1、音楽7、演劇2、人形劇2、生活記録2、教育1であり、文学サークルは十分の一である。二巻四号の佐賀・長崎の42サークルの内訳も、合唱22、読書4、映画1、演劇8、学習2、ダンス1、文学4、で、合唱サークルが過半である。これでサークル地図の掲載は終わっている。地域に広がる労働者の文化サークル（一部は職場が基盤である）の連合とはいえても、どう見てもプロのもの書きを生む基盤ではない。

　ちなみに『サークル村』に関与した「もの書き」について見ると、谷川、上野はオルグする側だから、『サークル村』でプロになったわけではない。森崎和江の女性坑夫の聞き書き「スラをひく女たち」の連載（全六回）は確かにデビュー作『まっくら』（理論社）の初稿であるが、『サークル村』で執筆した文章がなくても、彼女は職業的文筆の道を自分で切り開いたに違いない。石牟礼道子の作品も何回か掲載されているけれども、彼女が『サークル村』がなかったらデビューできなかったと考える人はいない。中村きい子も同様である。河野信子は優れた思想家だが、どちらかといえば生涯無名の思想運動家である。労働歌「がんばろう」を作詞した森田ヤエ子（その詞が共産党によって「もえつくす女」から「もえあがる女」に修正を強いられた経緯については、谷川雁「日本の歌」（『影の越境をめぐって』現代思潮社、一九六三年所収）参照）も五回誌面に登場しているが、彼女もまたプロのもの書きという立場とは無縁であった。ほかに参加サークル出身の「有名人」はいない。そもそも、『サークル村』の書き手たちにとって、文章を書く目的は、プロの書き手として自分を売りだすこととは別なことであった。絓は、己の甲羅に似せて穴を掘ってはいけない。

＊31 『サークル村』一九五八年一〇月号。

郎、『新日本文学』の針生一郎、関根弘などが誌面に登場しているし、運動の飛躍にコミットしようとした痕跡は随所に見受けられる。「サークル村」は、全国交流誌の創刊も提言[*32]するところまで辿りついたが、後述の過程で頓挫し、実現しなかった。

文化サークル運動の「交流」による集団的な革命の知の獲得を介して、谷川はさらにその向こうに、左翼運動総体のヘゲモニーを奪取する欲望を抱いていたと推測される。一九六〇年に刊行した詩集のあとがきに記した「私のなかの瞬間の王は死んだ」とは、詩人廃業宣言である。詩人＝芸術家を廃業した谷川は、散文執筆を除けばオルグ専業を目指した。

創刊宣言の発表以後、誌面は様々な論争を生んでおり、谷川以下、運動の推進主体も批判にさらされている。[*33]また労働戦線の停滞や共産党の政治に対する批判や反批判に誌面が割かれた。まさに様々な断面での「激しい断層、亀裂は波瀾と飛躍を含む衝突、対立による統一、そのための大規模な交流」が行われている。八県にまたがる「交流」と工作の「村」をつくり、そこで、「村」（集団）のなかの矛盾対立の経験を通して、自身が作り、自身が帰属する集団とは何かを自問する、集団の知的作業を行うことに、わずか三年の運動であったが、生きている限りでの「サークル村」は成功した。

しかし、批判の自由を抑圧する共産党の統制は日々強まり、「サークル村」は薄氷を踏むような脆弱な基盤での活動を強いられた。そしてついに、一九六〇年五月で機関誌は一旦休刊している。安保と三池の闘争の頂点の時期である。七月、谷川の脱党（党は除名で応じた）、大正炭鉱労組の中心的活動家、杉原茂雄、小日向哲也、沖田活美が除名された。八月には彼らを中心に共産主義者同志会が結成され、炭労・共産党からの独立宣言が行われた。さらに杉原を隊長として「大正鉱業労働者危機突破隊」が結成され、やがてこれが大正行動隊となる。[*34]『サークル村』は九月にガリ版刷りで再刊された。「再出発のために」の文面からもあきらかなように、『サークル村』（九州サークル研究会）は、大正炭鉱労組の最左派を形成してきた大正行動隊グループを中軸に再出発した。九州全域のサークル運動の結節点という機能から、炭坑闘争の最後の闘いの思想運動的拠点へと性格転換することを余儀なくされたのである。

大正炭鉱労組における大正行動隊の活動は労組員に強く支持され、役員選挙の結果、組合執行部の中心に行動隊のメンバーが送り込まれることになる。[*35]しかし、大正炭坑争議は、政府のエネルギー転換政策が確固不動の既定方針である以上、これを覆す力を中小炭坑の一労働組合が単独で持ち合わせているわけはなかった。『サークル村』は六一年の、七月八月九月と休刊し、一〇月に最終号（通巻三四号）を出して終刊した。

この後の大正行動隊の運命は悲惨である。五月に副隊長山崎一男の妹里枝のレイプ殺人事件が起きた。一二月容疑者が逮捕されると、それは行動隊の隊員だった。大正行動隊の解散を求める意見と、

＊32　「『全国交流誌』発刊準備について」『サークル村』五九年四月号。
＊33　創刊宣言批判には、中野秀人「『サークル村』創刊宣言について」『サークル村』五八年一二月号。星野正平「サークル＝共同体論への疑問」同誌五九年一月号。
＊34　新木前掲書。
＊35　同前。

組織防衛のために、事件の責任を深く追及するのを回避しようとする志向とが行動隊内で衝突した。森崎和江は前者の立場、谷川雁は揺れながらも後者の立場を選んだ。男女としての二人の関係は、これを契機に崩壊する。[*36] 渦中で、被害者の兄山崎一男が鉄道に飛び込自殺するという事件が起きた。

後は一瀉千里であった。大正炭鉱の倒産、大正炭鉱労組の分解と退職者同盟の結成、現存するコミュニティに収斂していく労働者の意識と、論理の抽象化、組織の全国化（全国誌構想）を進めようとする谷川との軋轢、谷川と森崎の決別、「東京へゆくな　ふるさとを創れ」と書いた谷川雁自身の大正炭鉱からの離脱などが三、四年のうちに進んだ。「サークル村」運動は、一挙的に歴史遺産と化した。[*37] しかし、それは、この運動が提起した思想・文化・芸術運動を介した〈組織戦〉構想が顧みるに値しないということを意味しない。知るにつけ、耐えがたい様々な思いを誘う負の刻印を抱え持ちながら、「サークル村」と大正行動隊の〈組織戦〉は、今日、闘う集団のかたちを模索するに際しての様々な示唆をわれわれに与える。

V　関係の危機の長い道程

一九八〇年代の〈危機〉

一九八四年、私は世界規模での構造的な危機の要因を述べた上で、こう書いている。

「最大の問題は、危機を危機として受けとめ、これを克服すべき主体の社会意識が危機の内部にとり込まれ腐敗し、変革主体として自らを登場せしめ得ないという点にある」[*38]

つづけて、中曾根内閣の「戦後政治の総決算」のスローガンに反応しながら、「我々が、生活次元で既存の生活保守主義を総括することができず、運動の次元での宗派主義を克服しえぬまま敵の戦後決算と対決することになるならば、敗北は必至であるといわねばならない」[*39]と似たようなことを書いた。一九八七年には、もう少し踏み込んでいる。

＊36 『サークル村』、大正炭鉱労組、大正行動隊をめぐる相克と、谷川と森崎の訣別の経緯については、森崎和江『闘いとエロス』（三一書房、一九七〇年）に詳しい。

＊37 後退局面のなかで、谷川雁は、杉原茂雄（大正行動隊隊長）、井上光晴らと北九州労働者「手を握る家」建設期成会が結成している。賛同者に、井上俊夫、奥野健男、木下順二、武井昭夫、浜田知章、長谷川龍生、日高六郎、吉本隆明、関根弘、黒田喜夫、などがいる（新木前掲書）。大正炭鉱争議の支援団体「後方の会」もカンパを呼びかけた。その会員に、大沢真一郎、定村忠士、谷川（吉田）公彦（谷川雁の弟）、山口健二などがいた。一九六二年四月、「手を握る家」は完成した。他方、『サークル村』結成時から構想されていた全国誌の代替として、「自立学校」が構想された。しかし、大正炭鉱閉山後、大正行動隊の後をついだ大正鉱業退職者同盟（さらに大正退職者同盟シンジケートと改名）の中心を占めた炭坑労働者は、谷川雁が構想する、こうした思想運動の全国化の動きに激しく反発したという。その間の経緯は、前掲の新木安利の著書に挿入されている河野靖好の注釈に詳しい。森崎和江の『闘いとエロス』とは認識がかなり異なる部分があり、併読の必要がある。

＊38 拙稿「現代危機とは何か」『講座　現代と変革Ⅰ』新地平社、一九八四年。

＊39 拙稿「危機に立つ戦後国家」『講座　現代と変革Ⅱ』新地平社、一九八四年。

高度成長のはてに無産の民衆——賃労働と資本の関係がある以上、不可避的に繰り返し再生産されるあちら側とこちら側の関係において、決してあちら側でないすべての者——が喪失した能力の最大のものは、自立・自主・自救の能力、つまり、自分たちの面倒を集団的に見切ってゆく能力であり、それを奪回しなければどうにもならない、ということである。客観的にみると、我々は、すべてを企業や行政にあずけることにいつの間にか馴れ、ついに、ひたすら鼻面とられて引き廻される以外のいかなるすべも失ってしまったのだ。[*40]

主体の危機という用語は古色蒼然としているが、資本の抑圧や収奪とか、権力の暴力性以上に、反権力の立場に立つ側の社会的勢力が、勢力としての態をなさなくなっていることが深刻な問題だという認識は、時が止まったかのように共軛である。

他方、隔世の感も禁じ得ない。当時、国際社会は冷戦下であった。国内においてはまだ、経済成長率が一九八八年に戦後復興以後では最高（六・七九%）を記録していたし、労働のME化（マイクロエレクトロニクス化）への危惧が議論されていたが、無人化された製造ラインでの生産性の高い技術が賛美されていた。産業空洞化は憂慮されていたが、それでも労働契約は、終身雇用がまだ基本的には維持され、トヨタかんばん方式に象徴される系列化が生み出す収奪と、重層的抑圧委譲ともいうべき下請けへのしわ寄せや、量販店などでのパート労働の、低賃金や雇用調整機能（使い捨て）がイシューになっていた。

国鉄・電電公社・郵政の民営化を梃子とした労戦解体攻撃は熾烈化していたけれども、しかし、まだ総評はあった。官公労は健在で、国労も、教組もまだ闘っていた。将来の危機的状況を察知した労組は年金問題に積極的に取り組んでいた。一九八五年がプラザ合意の年であり、ここからバブル経済へと舵が切られる。一九八七年には、『フロムエー』に初めて「フリーター」というネーミングが登場し、サービス業を中心とした高学歴非正規雇用者が、有閑青年の新しいライフスタイルとしてもてはやされ始めた時期でもあった。

二一世紀——ケアに飢える弱者

それから三十数年のあいだに、事態は急展開する。日本のバブル経済絶頂期の一九八九年にベルリンの壁が壊され、やがてソ連が崩壊した。「グローバリゼーション」という名の世界単一市場化が進み、世界大の弱肉強食の時代に入った。アメリカによるユニラテラリズムが猖獗を極め、その渦中にこの国のバブル経済も雪崩的に崩壊した。冷戦終結以後の世界は、国民国家終焉の時代とも言われた。九六年から金融ビッグバンが始まり、九七年にはアジア経済危機に見舞われた。ミレニアムの境界で、ITバブルとその崩壊が続いた。「空白の十年」というフレーズが独り歩きした。一〇年にわたるアメリカのユニラテラリズムが引き寄せた二〇〇一年の九・一一事件と、報復の応酬の時代が幕を開けた。経済的には投機的金融取引が規模において、少なく見積もっても実体経済を数倍は凌駕し圧倒する時代に入った。〇八年からのリーマン・ショックにはじまった世界金融危機が何よりの症例である。

＊40　拙著『高度成長の社会史』農山漁村文化協会、一九八七年。

格差が拡大して一部の企業と階層にマネーが集積し、対極に圧倒的多数の貧困層が形成された。世界市場の辺境地域が食い荒らされるだけでなく、収奪は資本制の中枢地域の下層住民にも及ぶ。日本では二〇〇三年に非正規雇用が三割を超えた（二〇一八年は三八％）。それでも人件費の負担は企業にのしかかり、正規雇用者に対しても賃金引き下げ、残業不払いが横行し始めた。〈関係の危機〉が生んだ抵抗の不可能がどこに帰結したのかが、目の当たりに露呈した。

被害はとりわけ、〈無縁〉の境涯に放置された人々に及び、かれらの生存が脅かされた。二〇一五年一月一〇日のＮＨＫニュースが知らせたところによると、一一〇番に、本来の目的でない通報が頻繁になされていると警察が明らかにした。「パチンコで勝てない」「医師が薬を出してくれない」「寝たいのに眠れない」「ウナギを食べたら骨があった。ウナギに骨があるのか」……等々。パチンコやウナギで笑ってはいけない。要するに独居者のいてもたってもいられないつぶやきが、一一〇番に集中してしまうのである。直截に「一人でいるのが寂しい」という電話が少なくないとニュースは伝えた。

孤独の叫びの受け皿が警察なのである。もちろん、「命の一一〇番」の電話窓口は内閣府も設置しているし、地域社会には類似の目的のＮＰＯも少なくない。しかし、権力・資本と闘う側は、死に瀕した孤独な人間の声をうけとめる自前の窓口とそれをささえる足腰が、縦横に用意されていないことが意味するものにこそ目を注ぐべきだろう。

孤独のＳＯＳの電話の行く先が警察つまり国家でなくても、信用のおけるところとは限らない。怪しげな宗教団体かもしれない。貧困ビジネスやブラックな介護ビジネスの組織かもしれない。この事実は、労働戦線の非力化以上に深刻である。命の危機に瀕した孤独者を救えない社会的勢力には権力や資本と戦えないからだ。

アジールの構築を

三・一一の東日本大震災に際して、汚泥のなかから被災者の人命を救ったのはほとんどが自衛隊員だった。死者の埋葬を組織的に進めたのも彼らだった。災害対応も組織の目的だから当然と言えば当然だが、被災者の感謝は救った人と組織に集まる。自衛隊は、消防や医療隊ではないから、常に対応が至適であったかどうかは分からない。しかし、それでも人命を救ったのは主に彼らだった。自衛隊が基地で振りまく害悪は否定すべくもない。しかし、少なくとも彼らには二つの顔がある。

人命救助で点数を稼ぐ自衛隊は欺瞞だと批判する「第三者」も少なくなかった。批判者の多くは左翼である。だが、批判者の多くは批判するだけで救助に手は貸さない。ボランティアが現地に入るようになって、救命に寄与した人々の中に、左翼や反権力派も交じっていたが、それまでにはかなりの時差があったし、左翼に確たる方針があったわけではない。

天皇明仁・皇后美智子夫妻が被災地を見舞い、避難所の高齢者たちは親愛と崇敬の念を喚起された。これにもまた「欺瞞」という批判が行われた。夫妻が被災者の癒やし手であるのは、彼ら個人が〈欺瞞〉を弄したからではない。制度の本質が欺瞞であるからだ。それ以上に、〈こちら〉に力がないからだ。その自己認識を絶対に誤ってはならない。日常・非日常を問わず、人々の深い苦痛や哀しみの癒やしや怪我人・病人・瀕死者の救助を預かる受け皿に左翼がなり得ている事例は稀である。

むしろ、大過去のほうが、避難所の機能を「お上」に逆らう勢力が備えていた。いわゆる「大逆事件」で一網打尽にされた大石誠之助（医師・キリスト者）、内山愚童（僧侶）、森近運平（農業技術者）などが地域社会で得ていた信頼は、人々の命や暮らしに寄り添う、頼りがいのあるリーダーないしオルグとしてであった。亀戸事件で警察に殺された平沢計七（友愛会系）や川合義虎（第一次共産党）たちも、地域の労働社会の世話人としての力量を隣人から買われていた。水平社の地域組織にも似たような機能があった。同時代の生活協同組合や農民組合ももちろんである。一九二〇年代後半から三〇年代にかけても、労働運動や協同組合運動が地域社会に根づいて命と暮らしの支えの機能を果たしていた。

戦後でも、「ぐるみ闘争」のできた高野実時代の炭労や、現業労働者が組織した単産にはそういう互助機能はあった。地区労で強靭な活動が実践されていた地域には、担い手は国労・自治労・教組の活動家が機軸でも、同様の懐の深い自助・相互扶助機能が備わっていた。関西生コン労組や、全港湾傘下の労働者などには、この機能が今も生きている。それらの力は、イデオロギーの「正しさ」とは別の、労働社会全体を互助・共助の網で包み込む規定力である。そもそも、労金という金融機関が争議資金の調達機関であるとともに、労働者の生存を保全するための金銭上の緊急避難の装置でもあったことを想起しよう。いつしか単なるせこい金貸し業・資金運用機関に変質した。農協も同じだ。

労組やその地域連合体、生協、農協、女性運動団体、部落解放同盟などの相互扶助機能を持つ中間団体――金のある組織は既得権益保全団体に変質した。金のない組織は疲弊してすり切れた――の劣化は、結果として弱者を吹き曝しの市民社会の寒風に晒す。その結果、彼らの何割かが天皇夫妻の癒やしに心を寄せる（鎖国的戦後民主主義）か、それも拒否してネトウヨを先兵とする自主憲法制定、差別排外主義（戦後レジーム解体）に走る。

緊急避難の機能を、広義の反政府勢力の組織が担えない限り、その勢力は現実定義力を維持できない。運動が力あるものとなるには、運動母体の足腰がアジール[*41]の機能を備えていなければならないのである。名はサロンでもカフェでもパブでも名前は何でもいい。困窮者が悩みを相談したり、闘いの協議をしたりするために自由に寄り合える場所だ。

往々にして、実質的な「不入」の権をわがものとした自治力をもつ強力な中間団体は、組織の維持が自己目的化されると、各種の黒い利権の巣窟ともなりうる。現実変革をめざす集団が組織する自治機構としてのアジールは、それらと絶対的な一線を画さなくてはならない。一線を担保するのは、アジールの担い手の〈誓約〉、すなわち権力との緊張関係と、寄り合う人々の運命に対する忠誠である。

そのようなアジールに〈歓待[*42]〉されるべき人々は、少しでも介護を要するすべての独居老人、障害者、ＤＶ被害者の子ども、女性、育児ノイローゼなどの問題を抱えた人々（ときに彼らはＤＶ加害者にもなりうる）、学校、職場、地域でのいじめ（強請・暴力・ネグレクト）被害者、登校拒否など問題を

＊41　そもそもは「聖域」。統治権力の及ばない場所である。網野善彦『無縁・苦界・楽』（平凡社、一九七八年）、伊藤正敏『寺社勢力の中世』（ちくま新書、二〇〇八年）参照。ここでは、『山椒大夫』で、国分寺の曇妙律師が厨子王を庇って山椒大夫の家来を追い返すシーンを思い起こしてほしい。つまりは様々な危機や問題を抱え込んだ人々の駆け込み寺のイメージである。

＊42　一応、デリダ『歓待について』（ちくま学芸文庫）を念頭に置いて書いている。

抱えた子どもやその保護者、失業者、ニート・フリーターなど準失業の貧困者、ひとり親とその家族、程度を問わず精神衛生上不安定な老若男女、トラウマを抱えた犯罪被害者、生きづらい環境にある障害者・受刑者家族や、元受刑者、差別や法の壁に苦しむ外国人などなど、列挙すれば限りがない。集まってくる人々相互に対立や矛盾があっても、それをトータルに引き受ける力量がアジールの運営主体には求められる。

アジールの組織形態は、労組や、寺院・教会や、反差別運動団体が直営する場合もあろうし、幾つもの団体や個人が寄り合ってNPOを組織したり、任意団体で運営したり、自治体の末端機関を「横領」したり、事情に応じて千差万別であるしかない。避難所建設こそ世界を変える闘いの最深部である。避難所の組織者は、同時に各種団体の抵抗や、要求闘争の担い手でもあるという多重役割を担うことになる。彼らは文字通りオルグである。彼らはアジールをオルグし、アジールでオルグし、本来帰属する団体でオルグする。それが現代の工作者だ。[*43] 工作者は自然には生まれない。工作者の〈学校〉が必要なのである。

VI　統一戦線と「工作者」

共産党の野党共闘論と国会開会式出席

二〇一六年一月四日、六九年にわたって出席したことがなかった国会開会式に共産党が出席した。[*44]

共産党の欠席理由には歴史的転変がある。綱領に天皇制の廃止が書き込まれていた時代は、天皇制を認めないから、天皇の出る開会宣言の場にいることには同意しないというものだった。二〇〇四年に天皇制の存廃を主権者の意思に委ねると決断した後は、儀式の様式が民主的でないという理由で出席を拒否した。二〇一六年一月に出席した目的は、天皇制を支持・容認する野党との戦争法制廃案をめざす共闘の妨げを除去するためである。

志位委員長は、野党共闘の必要性について、戦争法制廃案にむけて共闘が必要ないまは「好き嫌いを言っている時ではない」と語った。ネット上ではラディカリストを自認する個人、そして小さな紙メディアでは新左翼機関誌——彼らは「左翼小児病」だ——が、気持ちよさそうに共産党の開会式出席を決定的な天皇制の容認とみなして、その「転向」を叩いている。

天皇が出席する国会の開会式に、共産党が出ることの是非の基準は、それが戦争法制廃案闘争など直面する政治課題で、他の野党との共闘に寄与するかどうか、ということだけである。天皇が国会を召集し、開会を宣する儀式は、たしかに現憲法の下での民主主義の限界を露呈させるものだ。しかし、共産党が開会式に出ようと出まいと、天皇制反対を標榜してきた勢力が、現実に劣勢を強いられ続けてきたことに変わりはない。共産党が開会式に出ることで改めて屈服させられるわけではない。具体

*43 「工作者」の概念は、谷川雁『工作者宣言』（中央公論社、一九五九年）を念頭に置いている。
*44 開会式の天皇出席への抗議の意思表示は、一九四八年、参議院初代副議長だった社会党の松本治一郎（部落解放全国委員会委員長）が、天皇への拝謁儀礼を拒否した「蟹の横這い事件」が唯一の事例である。

的な課題をめぐる政治判断の基準の優先順位は、直面する争点への緊急性によって決定されるべきである。

戦争法制を廃案にし、改憲を阻止したい勢力は、自民党・公明党（および維新・旧希望など野党の改憲勢力）の議席を劇的に減らせるか、改憲発議を不能に追い込めるか、だけを考えればよい。気になるのは、せめて他の野党（当時の民主、現在の立憲民主）などと、水面下で選挙協力のネゴシエーションぐらいは済ませたのか、ということだけである。そもそも、議員はカッコいい立派なことを言うために報酬を得ているのではない。政治目的貫徹のために泥をかぶる決意こそが議員の使命である。問われているのは拱手傍観しながらただ「正論」を吐くのか、泥をかぶってでも最低の目的を果たすのかの選択である。

朝日新聞で毎月連載されてきた、長谷部恭男・杉田敦の対談で、長谷部恭男が、選挙における主権者の投票行動に関して、自分の「真心」に忠実に投票したのでは望ましい結果が得られない、と述べていた。[*45] 政治的な問題への態度表明には、個人（戸坂潤のいった自分「一身上」の真実[*46]）の次元と運動論（政治的効果）の次元があり、二つを分けて考える必要がある。現実政治に対する批判者個人にとって、「真心」とはおのれ一身の真実、いわば人生の美学的基準のことだ。具体的には、当落を度外視して支持する候補者に投票する、政治不信の深さゆえに誰にも入れない、などが考えられる。その結果、自分の票が死票になり、自分の政治批判が無駄になることは厭わない、ということに繋がる。

長谷部は、この際それはまずいと言っているのである。長谷部の見解は、政治の素人である一般主権者でさえ、ただ「真心」に忠実であるだけでは、選挙法のからくりの下での数の論理で動く現実政治においては、自己の意思や思想を政治に反映できない、ということだ。選挙民が、もし戦争法制を覆したいのなら、民主党（当時）など大嫌いでも、自民党と民主党が一騎討ちになっている選挙区では民主党に入れなさい、ということである。ただの人でもこの程度のダブルスタンダードには耐える必要があるのだ。いわんや運動家においてをや、政党の党員だったらいうに及ばず、ということである。

共産党の国会開会式出席問題にはこの基準を適用すべきである。天皇制という究極的な統治形態の問題が大切でないわけがない。しかし、天皇制の存否は遺憾ながら国会での争点ではない。戦争法制のゆくえをめぐって憲法九条が死活の境界を彷徨っているのである。その上、天皇制は、共産党が国会の開会式に出席しなければ消えてなくなるわけのものではないし、出れば強化されるものでもない。戦争法制反対（廃案）の共闘のための迂回戦術という自覚があっての方針変更ならばすべては共闘の成功可能性のみにかかる。労組が、平和協定で争議権を放棄する労働協約を結ぶのとは違う。出席した後も政治的立場は一切拘束されない。

懸案の政治案件（戦争法制の恒久化と改憲発議の阻止）を達成するためには手を組む相手の「好き嫌い」（天皇制支持者か反対派か）などどうでもいいはずだ。それに、小林節が言うほど天皇制廃止が共

＊45　朝日新聞二〇一六年一月一〇日付朝刊。
＊46　戸坂潤「思想としての文学」（全集第四巻）に、「一身上」の具体性と「一身外」の具体性の関係について述べられていることを念頭に置いている。

産党のはるか彼方の夢ではないにしても、どのみち即刻廃止できる情勢にないことは明らかだ。この程度の「妥協」（少なくとも見栄えが良くないことは確かだが）で事態が左右される類の問題ではない。それとも共産党をこの一件で批判して盛り上がっている「新左翼」の人々は、あすにも天皇制を廃絶できるのに共産党が裏切ったから廃絶できなくなったとでも考えているのであろうか。

佐野・鍋山の転向の反復だとかいう議論も大げさの限りである。これは共産党の転向ではないし、そもそも佐野・鍋山が許し難いのは「転向」したからではない。転向後、沈黙すればよかったものを本気で天皇制を信奉し侵略戦争に〈翼賛〉したからである。

どのみち天皇制の潰し方は、今共産党が国会開会式に欠席することとは全く別の次元で構想されなくてはならない。アジールの組織化が進み、抵抗運動の組織化が進み、人々のあいだに、制度としての天皇制が条文として残存していても屁でもなくなる関係を構築できるかどうかが先決である。

己の「真心」と戦術的二枚舌

われわれもまた「戦術的二枚舌」が必要な局面に遭遇することは避けられない。天皇制に反対の立場の人間や団体にとって、天皇制や日米安保条約を是認しているが、戦争法制や共謀罪には反対のすべての人、核持ち込みを阻止できず、経費も思いやり予算で日本が負担しなければならない膨大な米軍基地が存在し、それが集中的に沖縄に置かれていることに反対のすべての人と、戦争法制・共謀罪の無効化・沖縄基地過重負担一掃・安倍内閣の改憲阻止を基本とした運動を作ることが喫緊の課題である。とりあえずそれ以外の一致できない案件は伏せる覚悟が必要である。主張を捨てるのではない。

隠すのである。今危機に瀕している「オール沖縄」は、その結果成立した。

その場合、己の「真心」の表明は、個人の発言か親密圏での発言に限定するよう自制することが必要となる。当面する政治目的のための「真心」の秘匿と、一身の「真心」は、いわば「戦術的二枚舌」の関係に置かれる。政治の素人である選挙民でさえ「真心」の抑制が必要だというのに、己の「真心」への忠誠ゆえに直面する政治目的のための抑制を拒むことは運動家の不誠実にほかならない。己一身の真実を持たない者は信じるに値しない。しかし、己一身の真実にひたすら充たされている者は、共にことを謀る対象ではない。

花田清輝はこう書いている。

組織がなりたつばあい、人間という概念は、すでに実体概念から函数概念へ置き換えられているのではあるまいか。そのとき、もはや人間の魂と肉体とは切断されているのではないか。それならば、組織を人間的結合と呼ぶよりもむしろ非人間的結合と呼んだほうが適切であろう。[*47]

花田清輝は、その後に、あの「名言」を記した。

すでに魂は関係それ自身になり、肉体は物それ自身になり、心臓は犬にくれてやった私ではない

＊47　花田清輝「群論——ガロア」『復興期の精神』講談社文芸文庫。

か。[48]（否、もはや「私」という「人間」はいないのである。）

長谷部のいった「真心」とは花田のいう「実体概念」としての「人間」、それを唯一絶対とするのは「僕」や「私」だけが大切な「世のヒューマニスト」[49]にほかなるまい。この一文の直前に花田はこうも書いている。

人情にまみれ、繁文縟礼にしばられ、まさに再組織の必要なときにあたって、なおも古い組織にしがみついている無数のひとびとをみるとき、はたして新しい組織の理論を思わないものがあるであろうか。さらに又、再組織された後の壮大な形を措いてみせ、その不能性を証明されると、たちまち沈黙してしまうユトピストのむれをみるとき、問題の提起の仕方を逆にして、まず組織の条件の探求を考えないものがあるであろうか。[50]

「戦術的二枚舌」は保守党がよくやる争点隠しとは違う。争点隠しは人々を欺く手法である。「戦術的二枚舌」は、人々の関係を、互恵・互助・相互扶助の成熟に向けて溶融させていくための方法である。湯地朝雄は、花田の発言を次のようにパラフレーズしている。

組織が、実体概念としての人間ではなく、函数概念としての人間（人間と人間の関係）の問題である以上、どんな関係のもとに組織が成り立つかという「組織の条件」が問題になります。（…）

古い組織にしがみついている人々や壮大な夢を措いてみせるだけのユトピストたちの種は今も尽きません。そういう人々が、「すでに魂は関係それ自身になり……」という、組織の条件探求についての言葉を、人間の条件探求についての言葉であるかのように思い込んだり、また、組織と人間を対立させて、組織は非情冷酷だとか非人間的だとかいって、沈痛な顔をしてみせたりするのです。[*51]

長谷部が言った、自分の「真心」に忠誠を尽くすことを一義とする人、戸坂潤が言った、「一身上」の真実を絶対化する人、花田や湯地の「ユトピスト」や「ヒューマニスト」はほぼ共軛だ。彼らには、「戦術的二枚舌」は、裏切りや後退や転向に見える。花田に倣えば「所詮、組織とは関係がないのではなかろうか」。[*52]

＊48　同前。
＊49　同前。
＊50　同前。
＊51　湯地朝雄「『復興期の精神』の思想とその背景」、小川町企画主催の講演会『花田清輝――その芸術と思想』第一回、一九九六年一一月二九日の記録（www3.gimmig.co.jp/hanada/yuji.html）。
＊52　花田前掲書。

「工作者の論理」との異同

運動の組織者には今日でも、「戦術的二枚舌」は不可欠である。運動の組織者が、己の倫理的イノセンスだけを基準にしたら、当面の運動で「勝つ」ことの優先順位は、無限に低下してゆくだろう。この「二枚舌」は、一方で、信仰告白の言語から、運動家・組織者・工作者を解放する。その点で谷川雁が言った「工作者の論理」[*53]と通じる。個人の「真心」、良心、イノセンスは、それだけでは、現実の諸関係を変える規定力になり得ない。それを骨身に染みて自覚することが、組織戦の要諦である。

しかし、両者には多少のずれがある。谷川は、〈大衆には大衆のことばで、知識人には知識人の言葉で〉という当時の革新派の「戦術的二枚舌」を根底から転倒した。谷川は〈インテリには大衆の言葉で、大衆にはインテリの言葉で〉語るのが「工作者」だと言った。挑発の言葉が必要だということだ。高踏的なインテリには、一見俗耳に入りやすいが生活の奥底から湧きだす大衆のことばを代弁して、インテリの「真心」を関節外しするべく挑発した。このスフィンクスの謎を解いたインテリは筋金入りになる。それが谷川の言う「ヘヴィ・プロレタリアート」[*54]だ。インテリが生活者の日常性から浮いていれば組織者たりえない。

また、抽象嫌いの大衆には、生活者の即自的欲望の外部の地平の存在を告知する、抽象のことばとの対決を要求した。この対決をクリアした大衆が「ヘヴィ・インテリ」[*55]である。谷川がそういう筋金入りの大衆を必要だと考えたのは、即自的大衆は、どんなに優れた行動者でも、そのままでは筋金入りの組織者にはなり得ないからだ。谷川の構想していた「偽善の道」つまり「工作者の論理」のアクロバティックな反転は、眼前にとりあえず即自的には信じ得る大衆運動が存在し、それを質的に飛躍させるための戦略だった。一九六〇年前後の政治運動の高揚期の今から思えば〈幸福な危機意識〉に起源があった。

それに対して、今ここでいう「二枚舌」は、現実を根底から変えるために、〈不在〉の主流派展開の運動を、一から作り出そうとする意図に発している。それは、うっかり触れれば被支配階層の分断をもたらすような主題を回避して、時間を稼ぐための道を模索する迂回戦術でもある。単なる後退戦ではない。後退しながら、「組織の条件」を模索する試行錯誤の途である。谷川雁の工作者の論理が、相対的に幸福な危機意識から生まれたとすれば、この「二枚舌」は、〈人民の海〉など消えてしまった不遇の時代に希望を灯す模索にほかならない。

たとえば首都圏反原発連合（反原連）主導の反原発の首相官邸前行動や、戦争法制反対運動・共謀罪反対運動の個々の参加者は、多くの場合「真心」「己一身の真実」によって参加したに違いない。しかし、そこには幾つもの「二枚舌」「偽善の道」を駆使する潮流の組織者いた。前衛政党の綱領や方針によらない組織者たちが「真心」とは別の運動組織化の構想を持って、互いの差異を留保しつつ運動を組織したことを、わたしは既存の運動からの発展だと考えている。

＊53　谷川前掲書。
＊54　同前。
＊55　同前。

VII　アジール建設と組織戦

再びいう〈アジール〉を組織せよ

敗戦七〇余年の過程で背負わされた、反政府闘争、反権力闘争の後退につぐ後退と、その間の弱者の側、闘う側の関係の瓦解という負債を、未来の闘いの歴史にむけて返済するのには長い時間を要する。われわれはいま失地回復のための長い長いローン返済期にいる。失地回復とは再生産力の再獲得である。再生産力とは、命と命が備えている知恵である。

知恵の根幹は自助・相互扶助であり、自助・相互扶助を現実化する関係構築力である。また、関係構築力を生み出す想像力である。それらを産出するのは、いわば魂の学校である。ここでいう魂とは、現実を変える力の産出力のことである。死にそうに寂しい人が一一〇番に電話してしまう社会に革命もクソもないからだ。

老若男女すべてにわたる瀕死の人間のケアを保障する力を組織しよう。問題を抱えた困窮者・煩悶者の苦痛や怒りや悩みを引き取る空間を保証しよう。さまざまな活動・運動に関与している人々が相談や討議――津村喬のいう横議・横行・横結[*56]――の媒介となるサロン、カフェ、パブを作り出そう。

運動とか闘争という次元の手前にあるものが重要だ。なぜなら、闘争の手前で、権力への抵抗を志向する勢力は、あらかじめ敗北しているからである。だからこそ、そこに現実諸関係を変える力の再生産を可能にする陣形を構築できるかどうかの鍵がある。それは、集団性が担保するコミュニケーションのコードと相互扶助のエートスである。「左翼」の大多数はそれに無自覚なまま、革命とか現実変革という〈抽象〉を信じてきた。その結果、ギリシャ神話の予言者カサンドラのように、いくら「正しい」ことを言っても、誰にも信じてもらえなくなった。この無力が見抜かれた。見抜かれたから舐められた。

舐められた「左翼」のするべきことは、力をつけることである。力とは、日常性百般の諸問題（広義の生活相談）への懐の深い応答能力であり、そのための、関係の場、つまりはアジールの充実・強化である。能力とか力量以前に、まずは感度・流儀・作風を、といったほうがよいかもしれない。

左翼がカサンドラの非命を避けるにはこの道しかない。失地を回復するまでは、批判者をして語るに任せよ、である。沖縄と「本土」の関係にも通じるが、歴史が生んだ負の遺産を物質的過程で処理するほうが先である。生きる場で繋がれる関係が生まれる前に、ことばだけで手を取り合っても、力は生まれない。罵りあうのはなおさら不毛だ。

＊56　藤田省三『維新の精神』、津村喬『横議横行論』参照。

補足的論点

天皇制と日本資本主義のことなど

あとがきにかえて

資本制と統治形態

一般的な「あとがき」の前に、幾つかの論点に触れておきたい。本書で十分に展開できなかった最大のテーマは、戦前・戦後の二つの天皇制という統治形態と、日本資本主義との関係である。近代国民国家の統治形態は、独裁（法的正統性のない実効支配）、立憲君主制、共和制のいずれかである。高度に発達した資本制国家では、共和制もしくは立憲君主制のいずれかの統治形態が選択されてきた。国連加盟一九三ヶ国のうち、君主制国家は三〇ヶ国に過ぎない。しかし、「先進」資本主義国家の中では必ずしも共和制が大多数というわけではない。イギリス、スペイン、北欧諸国、ベネルクス三国、日本などは現在でも立憲君主制である。また、君主あるいは君主に類する独裁的権力を維持している有力な国家がイスラム圏に幾つか散見される。逆に第二次世界大戦以降に独立したいわゆる「新興国」では、実質はどうあれ形式上の統治形態は共和制が主流である。

資本主義圏における国民国家の統治形態の「選択」は、その国家の下で資本制を発展させる原動力となった階級ないし社会的勢力の性格によって決まる。他国と戦争し敗れた場合の敗戦国の統治形態は、戦勝国の占領統治の意図によって左右される。

「維新」の権力と資本制

「維新権力」の統治は天皇の権威に依拠した下級武士による実効支配で始まった。「維新」の権力移動自体はブルジョワ革命ではない。しかし、天皇の「神権」を背負った「維新権力」（太政官政府）が推し進めたのは、急速な資本主義化であった。

太政官政府は版籍奉還（一八六九年）から廃藩置県（一八七一年）の過程で、旧幕藩体制下の領主と藩士の主従関係を切断し、武士階級を没落させ資本主義的な労働力を産出する一方、幕藩体制下の藩主は華族に叙して明治国家の新しい特権層へ横滑りさせた。七二年には土地永代売買を解禁し、七三年には地租改正、七六年には秩禄処分を行って近代的土地所有への道を開いた。この過程で急速な本源的蓄積が推進され、第一次産業革命が開始された。

一八七二年には鉄道敷設が開始され、富岡製糸工場が設立された。国営で次々開設された工場が、七四年から十数年かけて次々と民間の財閥に払い下げられた。業種は製糸・紡績・製糖・麦酒・硝子・炭鉱・鉄山・銀山・銅山・造船・鉄道など多岐にわたった。

金融資本の育成も政府が主導した。国立銀行条例が一八七二年に制定され、一八八二年には日本銀行が設立された。江戸時代の大手両替商であった三井、住友、鴻池が明治期の財閥へ移行した。明治に入って成立した財閥には、三菱、渋沢、安田、浅野、大倉、古河などがある。

この過程から明らかなことは、日本資本主義は天皇の「神権」によって正統性を担保された権力によって育成されたということである。その結果、「維新」からさほどの時を経過せずに、高度な資本制経済が成立し、権力に育成された独占資本が市場を支配した。

明治憲法と資本制

自生したブルジョワジーによる市民革命で樹立された欧米の近代国民国家の場合は、資本主義化の推進をブルジョワジーの「権利」として自己正当化する国家構想を伴うので、自由と人権の保障が統治の原理に組み入れられ、経済による自然淘汰の正当化と政治的権利保障が均衡する。「神の見えざる手」と「道徳感情論」の思想が併存するのである。

「明治国家」には、後者が著しく欠落していた。憲法制定に際しても、国民主権・基本的人権・立憲主義といった近代政治の基本を形作る観念はネグレクトされた。その結果、日本社会の近代化は過酷で一面的な淘汰の論理で推進され、高度な資本主義が定着した。

治安維持法が改悪された時（一九二八年）、国体の変革と私有財産の否定を目的とする行為の最高刑が死刑とされたのは象徴的である。私有財産は「国体」と一体と考えられ、「国体」と等しく不可侵とされたのである。

戦前の日本資本主義批判

日本資本主義を解体の対象としてはじめて本格的に論じたのは野呂栄太郎の『日本資本主義発達

史』である。野呂とコミンテルンとの関係が生じる前に執筆されたその「第一編」のなかで、野呂は次のように述べている。

明治維新は、明らかに政治革命であるとともに、また広範にして徹底せる社会革命であった。それは（…）たんなる王政復古ではなくして、資本家と資本家的地主とを支配者たる地位につかしむるための強力的社会変革であった。

（…）明治維新が、反動的なる公家と、同様に本質的には封建意識を脱却しえない武家との意識的協力によって遂行せられたということは、（…）わが政治的組織がながく今日にいたるまで反動的専制的絶対的性質を揚棄しえないゆえんである。（『野呂栄太郎全集』上巻、新日本出版）

飯田鼎が「野呂栄太郎と『日本資本主義発達史』研究」（『三田学会雑誌』七四巻五号）で指摘する通り、当時の野呂は、「わが政治的組織がながく今日にいたるまで反動的専制的絶対的性質を揚棄しえない」ことを認識しつつも、「明治維新」を政治革命であるだけでなく社会革命として認識しており、その「革命」の性格を、ブルジョワ革命と考えていた。野呂にとって次の革命は社会主義革命しかありえなかったと飯田はいう。

コミンテルンと野呂の共鳴

二七年テーゼには、これと対応する次のような記述が存在する。

一八六八年の革命は日本における資本主義の発展に道を拓いたものである。然しながら政治権力は封建的要素たる大地主、軍閥、皇室の手中にあった。日本国家の封建的特質は単に前期過去の伝統的残存物、廃物的遺物に過ぎざるのみならずそれは資本主義の原始的蓄積にとって極めて便利な道具であった。日本資本主義はその後の全発展の全過程にわたってこの道具を巧妙に利用した。(山辺健太郎・石堂清倫編『日本にかんするテーゼ集』青木文庫)

飯田は、この段階における支配構造について、「二七年テーゼ」が「現代日本は資本家と大地主とのブロック、しかも覇権が資本家に属するブロック——により支配せられている」とあること、さらには「日本においてはブルジョワジーがすでに権力を握っており(…)日本の資本主義発展の水準がすでに著しく高度に達し、ここにおいてブルジョワ革命は直接に社会主義革命、すなわち資本主義それ自体に対する革命に迄発展するであろう」としている点に着目する(同前)。また、統一戦線の問題に関連して「天皇制は重要な役割を与えられず、労農同盟の直面する問題が、天皇の打倒にあるとは全くのべられていない」(飯田、前掲論文)ことに注意を喚起する。

野呂の修正と反ファシズムの労農同盟

しかし、その後、野呂は自らの理論の一部に重大な変更を加えはじめる。飯田によると、転換の契機となった論文は、「日本資本主義発達の歴史的諸条件」(一九二七年一二月、『野呂栄太郎全集』上巻所収)である。野呂は、明治維新がブルジョワ革命であったとする立場を後退させ、小作料が資本主義的地代ではなかったという「後進性」をもって、明治維新の性格を絶対主義の成立と定義する立場へと移行を開始する。維新の性格のみならず、一九二〇年代の日本社会における小作料も封建的性格であると強調した。やがて、地代の性格をめぐって労農派の櫛田民蔵と野呂は激しく論争した。

野呂の「変化」は、コミンテルンの三二年テーゼを先取りする性格を有するものだった。それは、コミンテルンが、ヨーロッパでのファシズムの台頭に直面して、全世界的なプロレタリア革命の発展よりも、反ファッショ統一戦線を重視せざるを得なくなったことと関連している。反ファッショ統一戦線とは、端的に言えばファシズムと立ち向かう労農同盟のことである。この同盟には共通の敵が不可欠である。三二年テーゼでは、統一戦線の共通の敵として「天皇制打倒」が強調されることとなったと飯田は見る。共産党員の任務を一義とした野呂は、このような政治的な動機から、自身の理論を修正したのである。

講座派・労農派の対立の背景

三二年テーゼにおいて高く評価すべきなのは、近代天皇制という日本に固有の統治形態での特殊性に着目することなしに、統治形態を転覆することはできないという認識に立ったことである。もっとも、それは近代天皇制が、絶対主義の権力であるという認識が妥当だということを意味しない。

他方、猪俣津南雄、櫛田民蔵らコミンテルンの拘束を受けない労農派の理論家は、日本資本制が高度に発達した段階にあると、ありのままに認識した。その点で労農派は講座派に優越する。しかし、労農派は、高度な日本資本主義が、天皇制という固有の統治形態の下で発達したという事実の重要性を看過した。これは致命的なことだった。

ちなみに、コミンテルンは、一九三一年の一年間だけ「政治テーゼ草案」（山辺・石堂、前掲）で、日本の革命は社会主義革命であるという見解を取った。その認識は労農派と多くの点で類似していた。しかし、コミンテルンは一転して「三二年テーゼ」でそれを全否定しただけでなく、共産党と一線を画していた労農派を、いわゆる「社会ファシズム論」の立場から、ファシズムを利する正面の敵だとして、激しく攻撃した。かくして労農派と講座派は、理論的にだけでなく、政治的に対立することとなった。

見失われてはならなかったこと

講座派左翼は日本の革命戦略を社会主義革命から絶対主義天皇制打倒へと舵を切ることによって、日本資本主義の封建遺制を過剰に重視するあまり、その高度な発達に目を塞いだ。他方、労農派は、日本資本制の高度な発達に着目した対価として、日本国家の統治形態の、見逃してはならない固有性である天皇制を看過した。ではどのような認識が望ましかったのか。およそ次のように整理できる。

①一八六八年の「明治維新」は武士階級内部の政権奪取によって遂行された。②それ自体はブルジョワ革命ではない。③しかし、「維新権力」は政権奪取後、一時期はコミンテルンさえもブルジョワジーによる覇権の掌握を認識するまでに資本主義を高度化させた。④それを可能にした統治形態は近代天皇制である。天皇制という統治形態は近代化・資本主義化に向けて国民を総動員する装置であった。⑤しかし、近代天皇制は、天皇の宗教的権威を正当化するために、古代の律令制国家を権威

づけていた「信仰」を密輸入した。⑥そのため、高度に発達した資本制の上に成立した国家の統治形態が、封建性を飛び越えて神話によって正当化されるというミスマッチを生んだ。⑦「維新権力」の下での経済発展が、ブルジョワジーの自生的な階級的力量でなされたものではなかったため、欧米のブルジョワ革命のように個人の権利を制度的に保障する志向に欠けた近代国家となった。⑧皮肉にもそれが、暴力的に資本主義を発展させる推進力となった。

コミンテルンによる偏向を免れたとしても、帝国主義戦争が回避できたとか、労働者階級が勝利できたとかいうことはできない。しかし、それがなければ、日本は絶対主義国家かブルジョワ国家か、とか、小作料が封建的地代か資本主義的地代かといった不毛な論争は回避できただろう。また、労農同盟（統一戦線）を実現する目的で掲げられた「天皇制打倒」を絶対視し、凶暴な弾圧を誘導する愚は回避できたに違いない。天皇制の存在を重視することと、弾圧を誘導する戦略を絶対視することとは別のことでなければならなかった。

占領統治が生んだ戦後天皇制と日本資本主義

講座派・労農派の論争の時期の後、権力による弾圧の激化と戦争への総動員の過程に入り、講座派のみならず労農派も社会民主主義者もリベラリストも、ことごとく弾圧の対象となった。そしてついに日本資本主義と天皇制国家は敗戦によって一旦壊滅に追い込まれた。

日本資本主義と天皇制国家の「処置」は、占領軍に委ねられた。日本資本制の機軸をなしてきた一五の財閥は経済民主化の指針によってＧＨＱによって解体されたが、独占資本の支配はＧＨＱの意向に即して再編され復活した。GHQは天皇制を換骨奪胎して存置し、天皇の権威のもとに日本政府が政策を執行する体制を確立した。GHQは、その日本政府に命じて占領政策を遂行させたのである。

資本主義圏の国民国家においては、資本制社会は政治権力に総括される。戦前日本の資本主義化が、一見古代的な装いの神権天皇制権力によって急速度で推進されたのに対して、戦後日本の資本主義の復興と「発展」は、GHQの指示の下、戦前と同じ天皇を権威とする権力によって急速度に推進されたのである。

共産党の戦後天皇制認識

加藤哲郎の『象徴天皇制の起源』によれば、アメリカの占領統治計画の大綱はイギリスや、モスクワ、延安にも伝えられていた。モスクワや延安に滞在していた野坂参三は、占領軍の天皇制存置の方針を知っていた。

獄中で非転向を貫いた幹部が出獄すると、共産党はアメリカ軍を解放軍と規定した。この規定は占領政策の基調が「民主化」の時代には、現実との矛盾を生まなかった。しかし、GHQの政策の基調が「反共」に転ずると様相は一転した。二・一ゼネストの禁止、政令二〇一号による公務員ストライキの禁止、団体等規制令の適用によるレッド・パージの本格化と対応して、共産党は政治闘争の機軸を反米愛国に切り替え、米日反動と闘う立場を取った。

綱領には天皇制打倒が掲げられていたが、共産党は天皇制打倒を主題とする闘争を展開しなかった。理由は、①モスクワも延安も存置を黙認していること、②国政の権能を有しないと憲法がその地位を規定した天皇を、政治闘争の俎上に載せることの理論上の困難、③反米を前面に押し出す以上、天皇支持者をも味方に獲得しなければならないという判断、④主権者の意識状況を考えると、支持を得られそうもないこと、などが考えられる。

新左翼の戦後天皇制認識

六〇年安保闘争で注目された第一次共産主義者同盟（共産同《ブント》）の経済理論は、宇野弘蔵に依拠するところが大きい。これは、日本資本主義の発展の実勢を把握し、共産党の対米従属論を批判することに寄与した。しかし、広義の労農派の末裔である宇野派の理論には天皇制批判の観点はなかった。

共産同は――統治形態とは、主権者の幻想の共同性に支えられることによって、はじめて成立するものである以上、日本国家に固有の幻想の共同性の内実がいかなるものかを把握するのは不可欠の手続きであったにもかかわらず――打倒対象の統治形態の固有性を精緻に分析するモチベーションが欠いていたように見える。ちなみに革命的共産主義者同盟全国委員会（中核派）の本多延嘉には「天皇制ボナパルティズム論」という論文がある。しかし、国政への権能のない天皇を媒介とする戦後の統治形態をボナパルティズムと呼ぶのは無理筋であろう。また、第二次共産主義者同盟のさらぎ徳治には『天皇論』という著作があるが、この理論が新左翼の天皇制認識の主要な傾向となったことはなかった。

新左翼の政治スローガンの大きな枠組みは、長期にわたって安保粉砕・基地撤去・日本帝国主義打倒を共通項としているが、当面の現実性から乖離して空語化し、活力が枯渇している。日本国家に固有の幻想の共同性の内実と敗戦後にそれが存置された経緯についての歴史認識と、日米安全保障条約が意味するものが統一的に把握され提示されていなければ、スローガンに説得力が生まれるわけがない。

永続する「対米従属」の謎

レーニン主義の原則に基づけば、帝国主義国家の革命家の任務は「自国帝国主義打倒」と相場が決まっている。六〇年代以降の日本は間違いなく高度に発達した資本制国家である。したがって、新左翼の社会主義革命派は、反米闘争ではなく、自国の権力の打倒を闘争の目的とした。しかし、植民地でも従属国でもなくなって久しい日本は、アメリカの占領統治のフレームを脱することができず、長期にわたる「対米従属」の下にある。しかもそれは、占領統治時代の従属とは様相を異にしている。

アメリカは軍事的協力を条件に日本経済の早期復興と海外進出を支援した。対価は、日本全土、とりわけ沖縄での軍事基地の自由使用と費用負担であり、治外法権的「日米地位協定」であった。七〇年代、安定成長期に入った日本の経済力はアメリカを凌駕し始める。次第に経済摩擦が激化したが、ある時期までアメリカ政府は日本の経済発展への支援を間接的な自国への投資と考えていたふしがある。なぜなら、日本にプールされた財は、アメリカが必要に応じてそこから調達できる資源とみなしたからである。やがて余裕を失ったアメリカは、九〇年の日米構造協議以降、その財の貪欲な回収に乗り出す。日本の政権は、「民益」はおろか「国益」にも反してまでも、アメリカの要求に従い続けた。様々な「規制緩和」の要求に基づいて、関税障壁・非関税障壁を取り払った。銀行・保険・証券会社の大量参入を認めた。湾岸戦争の多額の戦費を負担した。日米新ガイドライン関係国内法で、アメリカの戦争への動員体制を合法化した。イラク戦争に自衛隊を出動させた。自衛隊と米軍との一体化のために集団的自衛権を合憲とし、戦争法制を制定した。法外に高額な武器の購入を政府は次々に約束している。

占領統治の地政学の差異

植民地でも従属国でもない高度に発達した資本主義国家の異様なまでの他国への従属を合理的に説明する原理が不可欠だ。東西冷戦の段階から後の歴史過程では、高度に発達した資本制国家は、往々にして国家間の争闘関係には入らず、共通の〈敵〉と対峙するために提携する。典型的なモデルの一つがEUであり、もうひとつが日米軍事同盟である。二つのモデルには、ともに敗北した帝国主義国家、ドイツと日本が関与している。ヨーロッパでは、相互に矛盾を孕む大国間の軋轢を抱えながら、水平的提携関係が成立した。アジア太平洋での日米の提携では両者の関係が垂直的である。この提携関係の彼我の差異は占領統治の地政学的差異に淵源する。

地政学的差異とはどういうことか。ドイツは単独占領でなく、西ドイツは「自由主義圏」の戦勝国の共同統治、東ドイツはソ連が統治した。アメリカは地理的に遠隔すぎ、他の戦勝国は国力が疲弊しており、マーシャルプランで復興させてもらうのが精一杯だった。その結果、西ドイツに特定の一国が絶大な影響を行使することは不可能だった。この環境で西ドイツは急速に復興・発展した。そして、ヨーロッパ統合への歩みを牽引し、東西ドイツ統一後、二〇〇七年にはEUという巨大な政治経済共同体を形成した。

他方、日本はほぼアメリカの単独占領に近かった。戦争終結前後から、米ソ冷戦が激化した。また、中国の内戦では国民党よりも中国共産党が優勢だった。アメリカはソ連と国境を接し、朝鮮半島で中ソと軍事的に対峙していた。日本は唯一無二の反共の軍事戦略の拠点であった。それゆえアメリカは、被占領国日本を早期に復興させて民心を馴致し、安定的な軍事基地使用の拠点とすることが不可欠だった。

そのため、天皇制を存置し、間接占領によって、その目的を達成した。象徴天皇はアメリカの意向に沿った日本の政権の権威づけの役割を担った。アメリカは、靖国国家護持など極東軍事裁判を否認する事案を除いて、皇室神道・皇室祭祀の温存、「紀元節」復活、政権政党の改憲論などを容認した。対価として政権は、アメリカの軍事外交戦略への全面的な支持、基地の自由使用、費用負担、治外法権的特権の行使をもって報いた。かくて、米日の間には垂直的提携関係が成立した。

ただこの場合の「アメリカ」とは、単なる巨大な覇権を掌握した国民国家という範疇を超えて、国境を超えてグローバル資本主義を代表しようとしてきた〈ワシントンの政府〉であり、トランプがその地位を降りようと試みるまでは軍事的にも「世界の憲兵」でありつづけてきた。また、それに「従属」する日本もまた、発達を極めた高度な資本制国家である。日本の「従属」は本来、政府に選択の余地のある従属である。関係は垂直的だが、提携なのである。よって、右のような意味での〈ワシントンの政府〉や軍事力を敵とすることと、日本の権力を敵とすることは、決して矛盾しない。占領期から五〇年代のように、反米が愛国を意味するわけではないのである。

反米右翼はどこにいるのか

ナショナリズムの志向は、政府や支配階級によるアメリカへの忠誠の対価として許容されるというパラドクスが生まれた。戦前の天皇主義者の主流は反米の旗幟を鮮明にすることを「伝統」としていた。ところが、戦後の天皇制は占領軍が延命させたものだった。天皇裕仁がアメリカに忠誠を尽くしていると知ってしまったのだから、天皇主義者はアメリカに楯突くことはできない。こうして右翼にとっての反米主義の根拠は消滅した。「新右翼」と呼ばれたグループがかろうじて存在したが、主流は圧倒的に親米反共である。

親米反共とは、アメリカが敷いた戦後日本のレールに寄り添い流れに掉さすことを意味する。細かい離合集散はさておき、その行き着く果てが日本会議に包摂されるグループである。日米地位協定の抜本改訂さえ、日米協議の俎上に載せることができない安倍晋三が、いまでも内心では「対米自立」を企てていた岸信介の衣鉢を継ごうとしているのであれば、致命的な自家撞着に陥っているといわざるを得ない。

脱原発運動の中などに、あたらしい反米右翼の潮流があると聞く。もしそうだとしたら、それこそが新たな「民族派」の名に値することになるだろう。

「日本文化」とは何か

「賤民文化の精神世界」を推敲していて、「日本文化」という概念の意味するところが改めて気になった。文化とは通常、人間集団に共有される言語・身体・宗教を基軸とするスピリチュアリティ・

習俗・黙契あるいは暗黙知などをいう。エドワード・B・タイラーは、「知識、信仰、芸術、道徳、法律、慣行、その他、人が社会の成員として獲得した能力や習慣を含むところの複合された総体」（『原始文化』）と定義した。この定義に従えば、一つの社会の文化の構造や支配的傾向は、支配階級に牽引されるものとならざるを得ない。そのことを、一応承認する前提で「文化」という概念を用いた。

それというのも、ロシア革命直後、労働者階級の文化的貧困に直面したレーニンが、プロレタリア文化の形成という課題に難渋し（和田あき子「ロシア革命における人間変革の思想」、江口朴郎編『ロシア革命の研究』中央公論社）、まずは「ブルジョア文化の『価値あるもの』を全大衆に受け継がせること」（堀内孜「レーニンにおける教育――文化変革の視座と論理」『学校経営研究』二号）を課題とせざるを得なかったという事実を等閑視できなかったからである。

しかし、支配的な構造とその〈外〉との境界にある文化は存在する。近代以前に賤民が担った芸能・伝承をそのようなものと想定して「賤民文化の精神世界」を書いた。そこにはイデオロギー的包摂の力が働く。だから安易に対抗文化と呼びうるものではない。ただ、そこには単層的な支配的構造への包摂を拒む契機が歴然と存在し、現実社会が強いる賤民の「身のほど」の制約に抗っている。その「あわい」に光を当てるのが主題であった。

引用した三島由紀夫の文化観では、文化の境界と国家の境界が暗黙に同一視されている。また文中でも指摘したように、単層的な日本文化が自明の前提とされている。この二点については、同意し難いと明記しておく必要があろう。

「戦後国体」という呼称について

豊下楢彦は、『安保条約の成立』や『昭和天皇の戦後日本』で、日米安全保障条約が「国体」となったと指摘している。白井聡の『国体論』は、安保条約が憲法より上位の「国体」だという認識を示した。「国体」は水戸学に淵源し、明治期に日本の統治形態の固有性を語るための概念として援用された近代天皇制と不可分一体の概念である。

成り立ちからして、自国・自民族中心、他民族排外主義を正当化するイデオロギーであることは一目瞭然である。戦後、天皇制が存置されたことによって、そのイデオロギーが延命していること、したがって憲法三原則や権利条項の思想との矛盾を抱え込んだ統治形態であることを「国体」というターム自体が示唆している。それを印象づけるのに最も適当な用語であると考えて、常にかっこをつける心積もりで、戦後日本の統治形態をあえて「戦後国体」とたびたび表記した。

天皇・皇后の呼称について

天皇・皇后という表記に難渋した。ハーバート・ビックスに“*Hirohito and the Making of Modern Japan*”という著作がある。この著作が翻訳されると『昭和天皇』という題名になる（講談社学術文庫）。原書にはファーストネームが用いられていて敬称などつけられていない。題名からも批判的視座からの呼称であるという含意が伝わる。ところが「天皇」の日本語の語感には、現代にも敬称のニュアンスが残っている。それを回避するための、裕仁や明仁の公職を示すほかの用語はない。

さりとて、すべて裕仁、良子、明仁、美智子といったファーストネームで表記したのでは、公的地位にあるがゆえの言動と個人の言動を区分できない。蔑称であることを明示したい人はカタカナ表記を用いる。筆者は、呼称の次元ではニュートラルにしたいと考えた。よって、文中での区分に混乱があるかもしれないが、一応、原則として、公的言動か私的言動か、の文脈に即して、天皇・皇后をつけたり外したりしたことをお断りしておく。

本書出版の経緯など——狭義のあとがき

本書の原型は、御茶の水書房から『天皇制論集第二巻　現代反天皇制運動の理論』という書名で、二〇一五年刊行予定であった。第一巻が天皇制の対象化、第二巻が無化・解体への模索、第三巻が天皇制と差別意識・差別構造の分析という位置づけだった。第二巻の入稿原稿を完成させて出版社に送ったが、二年間保留され、キャンセルの通告を受けた。先方からオファーのあった企画だったので愕然とした。同時に、これも刊行予定で入稿済みだった編著『叢書ヒドラ　批評と運動Ⅱ』も、それ以降に予定されていたⅢ～Ⅴもキャンセルされた。理由は詳らかでない。

急遽、版元を改めて探す羽目となり、杉村昌昭氏から二〇一七年秋、航思社の大村智氏を紹介していただいた。原型にあった原稿と、『叢書ヒドラ　批評と運動Ⅰ』に書いたもの、Ⅱに書いて眠っていたもの、その後になって別の紙誌に書いたものを含めて、出版企画として再検討をお願いすることになった。

天皇制の歴史的責任や、「一木一草」にも宿るといわれる天皇制の観念体系に対する自分自身の倫理的負荷の克服といったテーマを、決して等閑にするのではないが、どのように始末するかという主題に重点を移したほうが、より実りが多いのではないかと考えながら、原稿を整理した。そういう意味では、第Ⅰ部3章、第Ⅱ部1〜2章、第Ⅴ部が、本書の眼目といえるかと思う。

なお、本書の原稿整理や校正の作業と時期的に重なった『変革のアソシエ』三五号に書いた原稿と、本書と同じ題名の『コモンズ』での連載「天皇制と闘うとはどういうことか」(Ⅰ〜Ⅷ)は収録しなかった。

最後に、刊行の機会を与えて下さった航思社の大村智氏と、仲介の労を取って下さった杉村昌昭氏には深く御礼申し上げる。

(二〇一九年四月)

初出と解題

第I部　日本君主制の制度悪を問う

第1章　天皇制と闘うとはどういうことか……未発表（2015年6月執筆）

御茶の水書房から刊行予定であった『天皇制論集第二巻　現代反天皇制運動の理論』での樋口陽一さんとの対談に先立って、筆者の問題意識を樋口さんにお読みいただくためもあって執筆した原稿である。

第2章　安倍政治・立憲主義・反天皇制……未発表（2015年7月実施）

『天皇制論集第二巻』のために行われた対談の本体である。企画がキャンセルされたため、樋口陽一さんの了解を得て本書に収録した。本文註2の樋口陽一氏と奥平康弘氏の「立憲主義」の異同に関して補記しておきたいことがある。校正の段階で、樋口氏から、奥平氏との「立憲主義」理解の違いについて、奥平康弘『憲法を生きる』（日本評論社、二〇〇七年）の一八一〜一八三頁を参考にしてほしい、というメッセージが届いた。

それによると、両者の差異が、単に奥平氏が「立憲主義」を権力に対する主権者の命令ととらえる傾向が強く、樋口氏は主権者への猜疑心から主権者自身の権力行使への抑制という契機を重視する、という一般論にとどまらず、奥平氏の側から、憲法九条および自衛隊違憲論の論拠との関連で具体的に明らかにされている。

奥平氏は、樋口氏の立憲主義を、「近代ヨーロッパ的な内実をもつ法源」として「超実定憲法的な意味合いを持つ一つの体系」と考えているのではないか、と推測している。そこから、立憲主義それ自体は自衛隊を排除するものではないが、日本国憲法の第九条の下では許されない、という立場が導かれるではないか、と。それに対して、アメリカで語られる「コンスティチューショナリズム（constitutionalism）」は実定法的な体系として考えられていて、「何でも実定主義でいけばよいとは思わない」が、「憲法を守るということが立憲主義であるとすれば、九条を守れということも『立憲主義』だろう」というほうが自分にはわかりやすいと、奥平氏は述べている。

第3章　集合的幻想の起源と占領統治七十余年の欺瞞……………『福神』19号（2018年5月）

日蓮宗本国寺の僧侶で、演劇集団「発見の会」所属の演出家でもある上杉清文が主宰している福神研究所で、二〇一六年三月から毎月行ってきた、天皇制批判の講座で話してきたことのうち、現代天皇制論に直結した部分の草稿をもとに、福神研究所の不定期の機関誌『福神』に書き下ろした。

第Ⅱ部　生前退位と占領政策の陥穽

第1章　何よりもダメな〈主権者《われら》〉……………未発表（2018年5月執筆）

もとになった二つの原稿がある。『戦旗』2017年8月号と『情況』2017年冬季号である。重複を回避するために改稿して掲載した。

第2章　明仁「八・八メッセージ」から天皇制解体を考える……………『情況』2018年冬季号

『情況』二〇一八年冬季号に、川満信一氏との往復書簡、および往復書簡への仲里効氏のコメントが掲載された。この原稿は、そのなかの、筆者の執筆した部分である。第Ⅰ部第3章の後半や、第Ⅴ部と重なり合う運動論的な言及がここにもみられる。文脈を整理して重複を回避することが難しかったので、そのまま掲載した。

第Ⅲ部　戦後天皇制国家と沖縄

第1章　安保・沖縄・憲法に対する「本土」の歴史的責任……………未発表（2015年6月執筆）

『叢書ヒドラ　批評と運動Ⅱ』に掲載する予定であったD・ラミス氏へのインタビューに向けて、あらかじめ筆者の問題意識をラミス氏に読んでいただくために執筆した原稿である。あとがき末尾に書いたように、叢書企画は『天皇制論集第二巻』と同様、キャンセルされた。

第2章　沖縄と「本土」の間――天皇・安保・辺野古基地……………未発表（2015年8月実施）

『叢書ヒドラⅡ』のために行ったD・ラミス氏へのインタビューだったが、D・ラミス氏の了解を得て本書に収録した。安保法制反対運動の時期、安保粉砕基地撤去を叫ぶ「本土」の運動の空論性と、沖縄の一部に根強いとされる「本土」への基地引き取り要求とどう向き合うかが主題であった。

第Ⅳ部　〈聖なる天皇幻想〉は何を生み出したか

第1章　日本近代国家の宗教性をめぐって……………『プランB』終刊号（2014年1月）

『プランB』の終刊に当たって、発行人村岡到氏からの求めに応じて執筆した。問題意識の骨格は〈近代国民国家における支配は、第一に資本制、第二に政治権力、第三に幻想の共同性、の三つの位相から構成されている。市場と権力が措定した法に正当化された暴力だけでは統治は貫徹できない。国家権力が、近代以前の政治的権威を継承した近代国家においては、「国民」の国家に対する集合的な畏敬と親和の意識の対象は宗教的性格を帯びている。日本近代国家における宗教的権威はどのようなものか〉というものだった。これが起点となって、この問題意識は、その後書いた原稿に反復して語っている。念のため付け加えておくと、君主制が廃絶されて共和制国家が成立したとしても、「国民」は宗教的呪縛から解放されない。共和制国家でも、「国民」に対して、「日々の国民投票」（ルナン）というような、国家の価値を正当化する宗教的権威への信仰に代わる、虚構の紐帯への「信仰」が要求される。

第2章　賤民文化の精神世界……………………………拙著『賤民文化と天皇制』（1984年）

三十年以上前に書いて発表した原稿だが、執着があったので、改稿の上収録した。制度としての天皇制の虚構は明治になって権力の側の統治の必要から作られたものだが、その虚構を可能とするような民衆の精神史が、中世から蓄積されており、それ自体は単純に否定すべきものでも、無視してよいものでもないことに読者の注意を喚起したかった。

第Ⅴ部　統合切断に向かう〈組織戦〉

〈組織戦論〉序説……前半『叢書ヒドラ　批評と運動Ⅰ』（2015年8月）、後半未発表（2015年12月執筆）

前半は「〈組織戦〉論ノートⅠ」として、『叢書ヒドラⅠ』に掲載、後半はⅡへの掲載を予定して、二〇一五年後半から「〈組織戦〉論ノートⅡ」を執筆、二〇一六年には入稿段階にあったが、Ⅱ以降の刊行がキャンセルされた。今回、刊行に当たって、できる限り、一つの原稿としての統一性を考慮しつつ、改稿した。そもそも天皇制論として書き始めたものではないが、天皇制という統治形態の始末を模索する運動論・組織論として考えれば、大いに関連すると考えている。

【著者略歴】

菅　孝行 （かん・たかゆき）	1939年生まれ。評論家、劇作家。 舞台芸術財団演劇人会議評議員、ルネサンス研究所運営委員、河合文化教育研究所研究員。 著書に『戦う演劇人』（而立書房、2007年）、『天皇制論集第１巻　天皇制問題と日本精神史』（御茶の水書房、2014年）、『三島由紀夫と天皇』（平凡社新書、2018年）、編著に『佐野碩　人と思想』（藤原書店、2015年）など。

カバー、表紙写真｜北島敬三
カバー：1988 東京
表　紙：1989 ニューヨーク

天皇制《てんのうせい》と闘《たたか》うとは どういうことか

著　者｜菅 孝行
発行者｜大村　智
発行所｜株式会社 航思社
〒113-0033 東京都文京区本郷1-25-28-201
TEL. 03（6801）6383 ／ FAX. 03（3818）1905
http://www.koshisha.co.jp
振替口座　00100-9-504724
装　丁｜前田晃伸
印刷・製本｜倉敷印刷株式会社

2019年4月30日　初版第1刷発行
2019年12月10日　初版第2刷発行

ISBN978-4-906738-37-3　C0031
（定価はカバーに表示してあります）

天皇制の隠語《ジャーゴン》

絓 秀実　四六判 上製 474頁　本体3500円（2014年4月刊）

反資本主義へ！　市民社会論、新しい社会運動、文学、映画……様々な「運動」は、なぜ資本主義に屈してしまうのか。日本資本主義論叢からひもとき、小林秀雄から柄谷行人までの文芸批評に伏在する「天皇制」をめぐる問題を剔出する表題作のほか、23編の論考を収録。

風景の死滅 増補新版（革命のアルケオロジー2）

松田政男　四六判 上製 344頁　本体3200円（2013年11月刊）

風景＝国家を撃て！　遍在する権力装置としての〈風景〉にいかに抗うか。21世紀の革命／蜂起論を予見した風景論が甦る──死滅せざる国家／資本との終わりなき闘いのために。

存在論的政治　反乱・主体化・階級闘争

市田良彦　四六判 上製 572頁　本体4200円（2014年2月刊）

21世紀の革命的唯物論のために　ネグリ、ランシエール、フーコーなど現代思想の最前線で、9.11、世界各地の反乱、3.11などが生起するなかで、〈下部構造〉から紡がれる政治哲学。

戦略とスタイル 増補改訂新版（革命のアルケオロジー4）

津村 喬　四六判 上製 360頁　本体3400円（2015年12月刊）

日常＝政治＝闘争へ！　反資本主義、反差別、核／原子力、都市的権力／民衆闘争……〈いま〉を規定する「68年」の思想的到達点。「日本の68年最大のイデオローグ」の代表作。

横議横行論（革命のアルケオロジー5）

津村 喬　四六判 上製 344頁　本体3400円（2016年3月刊）

「瞬間の前衛」たちによる横断結合を！　全共闘、明治維新、おかげまいり、文化大革命など古今東西の事象と資料を渉猟、「名もなき人々による革命」の論理を極限まで追究する。

平等の方法

ジャック・ランシエール　市田良彦・上尾真道・信友建志・箱田徹 訳

四六判 並製 392頁　本体3400円（2014年10月刊）

ランシエール思想、待望の入門書　世界で最も注目される思想家が自らの政治思想と美学思想を、すべての自著をもとに平易に解説するロング・インタビュー。格好の入門書。

哲学者とその貧者たち（革命のアルケオロジー8）

ジャック・ランシエール　松葉祥一・上尾真道・澤田哲生・箱田徹 訳

四六判 上製 416頁　本体4000円（2019年1月刊）

政治／哲学ができるのは誰か　プラトン、マルクス、ブルデュー……彼らの社会科学をつらぬく支配原理を白日のもとにさらし、労働者＝民衆を解放する「知性と感性の平等」へ。